이주의 사회학

국제이주와 이주자

김정규 지음

명인문화사

이주의 사회학: 국제이주와 이주자

제1쇄 펴낸 날 2026년 1월 20일

지은이 김정규
펴낸이 박선영
주 간 김계동
디자인 전수연

펴낸곳 명인문화사
등 록 제2005-77호(2005.11.10)
주 소 서울시 송파구 백제고분로 36가길 15 미주빌딩 202호
이메일 myunginbooks@hanmail.net
전 화 02)416-3059
팩 스 02)417-3095

I S B N 979-11-6193-161-6
가 격 25,000원

• • •

이 저서는 2022년 대한민국 교육부와 한국연구재단의 지원을 받아 수행
된 연구임 (NRF-2022S1A5C2A04093484)

차례

서문

21세기는 '이주의 시대'라 불릴 만큼, 국경을 넘는 이동이 일상화된 시대로 시작하였다. 국경의 장벽이 낮아지고, 전 세계 어디에서든 일하고 거주할 수 있는 자유로운 이동의 시대가 올 것이라는 기대가 확산되었다. 그러나 동시에, 대규모 난민 유입과 빈곤 탈출을 위한 이주자의 증가에 대한 불안 역시 고조되었다. 이러한 상반된 전망 속에서, COVID-19 팬데믹은 인류의 이동성에 중대한 제약을 가하며 '이주의 지구화'에 급제동을 걸었다. 국경은 다시 단단히 닫혔고, 여권의 효력은 사실상 정지되었으며, 국적과 시민권은 국가의 진입을 가능하게 하는 거의 유일한 자격이었다. 국민국가의 위상은 오히려 강화되었고, 시민권은 더 이상 상징에 그치지 않고 삶의 경계를 결정짓는 실질적 권력으로 작동하게 되었다.

팬데믹이 종식된 이후 세계는 다시 이동을 재개하였으나, 그 양상은 이전과 같지 않다. 세계화의 흐름은 약화되었고, 보호무역주의가 본격적으로 부상하였으며, 미국을 비롯한 여러 국가에서는 이주자에 대한 규제와 배제가 강화되었다. 그러나 이러한 정책 변화에도 불구하고, 국제이주는 사라지지 않는다. 역사적으로 국제이주는 끊임없이 반복되어 왔으며, 글로벌 불균형의 심화, 기술 발전, 그리고 통신 인프라의 확산 등은 향후 국제이주의 증가를 더욱 가속화할 것으로 전망된다.

이러한 배경 속에서 이주자가 새로운 사회에서 직면하는 삶의 조건 또한 변화하고 있다. 그들은 제도적 장벽과 시민적 배제, 사회적 차별과 경제적 불평등 속에서 지속적으로 '타자화'되어 왔다. 자민족 중심주의의 재부상, 권력의 비대칭, 사회적 편견과 낙인은 이주자의 일상을 여전히 고립시키고 배제하는 요인으로 작동한다. 그런데 최근 국제질서의 불안정성은 이러한 이주자 문제의 해결을 한층 더 복잡하고 어려운 과제로 만들고 있다.

이 책은 이러한 현실 인식을 바탕으로, 국제이주와 시민권, 그리고 이로부터 파생되는 사회적 경계, 차별, 권력, 인정의 문제를 통합적으로 고찰하고자 한다. 전반부(1~7장)에서는 국제이주와 시민권, 그리고 복수국적 정책을 중심으로 이주의 조건과 구조를 살펴본다. 시민권의 '가격'이라는 문제의식 아래, 국가가 어떻게 이주를 전략적으로 조건화하고 선별적으로 수용하는지를 분석한다. 특히 한국 사회를 중심으로 복수국적 제도가 어떤 방식으로 이주자를 포섭하거나 배제하는 수단으로 작동하는지를 집중적으로 다룬다.

중반부(8~22장)는 이주자에 대한 사회적 시선, 편견과 차별의 구조와 기제를 분석한다. 인종과 민족의 구별 짓기를 통해 형성되는 편견은 이주자를 낯선 존재, 나아가 위험한 존재로 구성하며, 정서적 반감과 제도적 차별을 정당화하기 위해 사용된다. 이러한 과정에서 상징권력에 의한 상징적 폭력으로 이주자에게 차별이 부과되는 방식에 대해 고찰한다. 그리고 '범죄자', '위험 요소'라는 프레임이 이주자의 타자화를 심화시키며, 사회적 배제를 제도화하는 것에 대해서도 논의한다. 그리고 이를 바탕으로 이주자들이 실제로 겪는 사회적 불안과 공포, 그리고 정당한 보호의 결여 문제를 실증적 사례와 함께 분석한다.

후반부(23~27장)는 다문화주의와 다원주의, 인정의 정치학, 환대의 개념을 통해 평등한 공존의 가능성을 모색한다. 또한 최근 주목받고 있는 '부유한 이주자' 현상에 주목하며, 자본을 매개로 한 선택적 환대, 계급적 이동의 재구성, 그리고 이들이 경험하는 재영토화된 삶의 조건에 대해 탐색한다. 이들은 기존의 타자성과는 다른 방식으로 사회에 편입되며, 계급과 이주의 문제를 교차적으로 사고하게 만든다.

　이주는 더 이상 특정 계층이나 국가에 국한된 예외적 현상이 아니다. 오늘날 이주는 글로벌 자본주의, 기술의 진보, 그리고 국가 전략이 교차하는 지점에서 발생하며, 다양한 정치·사회적 쟁점을 야기하고 있다. 따라서 이 책은 하나의 정답을 제시하려는 시도보다는, 국제이주라는 복합적 현상을 다양한 층위에서 성찰하고자 한다. 이주자와 관련한 사회학적 이론과 현실의 교차점에서, '타자'로 규정된 이방인에 대한 기존의 통념을 넘어서, 함께 살아가는 공동체의 조건에 대해 보다 윤리적이고 현실적인 고민을 독자들과 함께 할 수 있기를 바란다.

2026년 1월
저자 김 정 규

01

시민권의 가격, 공짜는 없다

재선에 성공한 미국의 트럼프 대통령은 새로운 비자 프로그램인 '골드카드^{Gold Card}' 제도를 도입한다고 선언했다. 골드카드는 미국정부가 판매하는 영주권으로 가격은 500만 달러에 이른다.[1] 골드카드가 시민권을 의미하는 것은 아니고 영주권^{Green Card}과 동일한 수준의 혜택을 제공하는 것이다. 영주권을 취득하려면 가족초청, 직장, 투자 등 이민 비자를 받기 위해 요구되는 여러 조건들이 충족되어야 한다. 그러한 조건들이 충족되더라도 수 년 간의 기다림의 시간이 지나야 비로소 영주권을 받을 수 있다. 그러나 새로운 골드카드는 500만 달러만 내면 바로 얻을 수 있는 '럭셔리 영주권'이다. 물론 이민법이 요구하는 여러 조건에 부합하고 5년 이상이 지나면 시민권을 신청할 수 있다.

트럼프 대통령은 전 세계의 많은 부유층이 이 카드를 구매해 미국으로 이주할 것이라고 전망했다. 그는 이들이 미국에서 성공을 거두고, 많은 세금을 납부하며, 더 많은 일자리를 창출하게 될 것이라고 주장했다. 또한 개인이 이 금액을 감당하기 어려울 경우, IT 기업을 비롯한 여러 회사들이 우수한 외국 인재를 영입하면서 스폰서로서 그 비용을 부담할 수도 있다는 제안도 내놓았다. 이로써 미국의 영주권은 세계에서 가장 비싼 가격의 영주권이 되었고, 이러한 과정을 거쳐 시민권까지 취득하게 된다면 미국 시민권 역시 세계에서 가장 값비싼 시민권이 될 것이다. 다시 말해, 지금 미국 시민권을 가진 사람들은 태어날 때부터 500만 달러의 자산을 지닌 채 인생을 시작한 것이나 다름없다.

미국인들은 과연 지구상에 존재하는 수많은 나라의 국민들보다 그만큼 더 높은 가치를 지닌 존재들인가? 미국에 거주한다는 사실만으로 개인의 삶에 그러한 수준의 가치를 부여할 수 있는 것일까? 막대한 비용을 들여가며 미국의 영주권이나 시민권을 획득하려는 사람이 실제로 얼마나 될지도 의문이다. 그럼에도 불구하고 이러한 이민정책을 마치 자랑거리인 양 과시하는 것은, 실질적인 정책 효과보다 미국 시민권의 상징적 위상을 부각하려는 의도가 더 크다고 볼 수 있다.

미국은 대표적인 이민 국가로서 세계에서 가장 많은 이주자들이 몰려드는 곳이다. 미국의 이민 비자는 여러 형태가 있다. 크게 보면 5가지 정도로 구분해 볼 수 있는데, 가족초청 이민, 취업이민, 다양성 이민 그리고 난민이나 망명으로 인한 이민이다. 가족초청 이민은 미국 시민권 또는 영주권을 가지고 있는 사람이 가족을 초청하는 것으로 전체 이민 비자 중 60~70% 정도를 차지한다.[2] 그 다음이 미국에서 취업하여 영주권을 받는 경우가 10~15% 정도 된다. 다양성 이민은 추첨을 하여 영주권을 부여하는 것을 말한다. 일종의 영주권 로또라고 할 수 있다. 상대적으로 이민자가 적은 나라 출신들을 대상으로 일정한 자격조건을 갖추고 신청한 사람에 대해서 추첨하여 영주권을 부여함으로 미국 시민들의 출신국별 다양성을 확보하려는 제도이다. 난민과 망명을 통해 미국에 정착하려는 사람들에게도 인권 보호의 차원에서 영주권을 부여하기도 한다.

이처럼 미국은 다양한 형태의 이민 비자정책을 시행하고 있는데, 여기에다 트럼프 대통령은 골드카드 제도를 도입함으로써 부유하거나 회사에서 영주권 스폰서를 해 줄 수 있을 정도가 되는 뛰어난 능력을 가진 이민자를 유치하겠다는 의도이다. 이와 대조적으로 불법체류 이민자에 대한 추방정책은 국가의 경계 설정과 이민자 선별의 정치학을 드러낸다. 이는 미국 내 필요 이민자와 비필요 이민자를 이분법적으로 구분함으로써,

불법체류자는 국가 경제와 질서에 위협이 되는 타자로 규정하는 한편, 자본과 역량을 갖춘 이민자에게는 여전히 '기회의 땅'으로서의 미국을 유지하려는 이중적 담론을 정당화한다. '위대한 미국을 다시 위대하게 만들기 Make America Great Again' 위해서는 이에 걸 맞는 위대한 국민이 필요하다. 이러한 담론이 작동하기 위해서는 가난한 이주자가 아닌, 자본과 능력을 보유한 이주자들이 선호 대상이 되어야 한다. 이는 실제로 불법체류 이주자들이 미국 경제에 필수적인 노동력을 제공하고 있음에도 불구하고, 그들의 기여는 체계적으로 은폐된다. 대신, 미국은 부유하고 역량 있는 이주자들이 자발적으로 선택하는 '기회의 국가'라는 이미지를 재생산한다. 따라서 미국의 강화된 이민정책은 국가 정체성과 이민정책의 정당성을 강화하려는 정치적 프로파간다라고 할 수 있다.

미국의 이민 비자 중 EB-5 투자이민 제도가 있다. 이른바 '미국 투자이민'으로 불리는 제도는 일정 금액(현재 기준으로 80만 달러)의 자본을 미국에 투자할 경우, 투자자와 그 가족에게 영주권 취득 자격을 부여하는 방식으로 운영된다. 이는 이민 자격을 자본과 연결시킴으로써, 국가의 이민정책이 경제적 능력에 따라 접근성을 차등화하고 있음을 보여준다. 따라서 미국에서 살 수 있는 권리를 돈을 주고 구입할 수 있는 제도가 이미 존재하는 것이다. 그런데 '골드카드'는 기존 투자이민 제도와 근본적으로 다르다기보다는, 영주권의 가격을 80만 달러에서 500만 달러로 6배 이상 끌어올린 일종의 프리미엄 상품에 불과하다. 미국은 모든 이들이 흠모하는 땅이며, 세계 어떤 나라와도 질적으로 구분되는 '위대한 국가'라는 자부심이 이러한 정책의 밑바닥에 깔려 있다. 그러므로 그러한 땅에 살기 위해서는 그만한 가격을 지불해야 한다는 시장 논리가 작동한 것이다.

또 한편, 미국에 필요한 사람들만 선택적으로 받아들이겠다는 국가 이기주의도 함께 작동한다. 돈을 들고 오는 사람은 좋은 사람, 그렇지 않은 사람은 미국인들의 이익을 빼앗아가는 사람으로 간주한다. 물론 정치적 이슈는 단순할수록 잘 먹혀 들어가서 효과적으로 그 목표를 달성하기에 용이하다. 그렇지만 그것은 어느 정도라도 사실과 부합할 경우에만 효과적이다. 이민자들에 대한 부정적인 태도는 신고전주의 경제이론에서 주장하는 바와 같이 이민자들이 노동력을 공급함으로써 토박이 노동자들의 일자리를 위협한다는 것에 주로 기인한다. 비록 일자리를 빼앗는 것까지는 아니더라도 이민자 노동력 공급은 기존 토박이 노동자들의 임금 상승을 억제하는 요인이 될 수 있다. 지배집단이나 권력층은 이 점을 부각시켜 인구 비율이 높은 노동자 계층의 불만을 이주자에게 돌리도록 유도하며 지지를 확보하려 한다. 이민자들은 공짜로 시민권을 획득하고, 나라의 사회적, 경제적 자원을 침탈하는 사람들로 악마화된다. 그러나 선진국으로 이주한 가난한 이민자들은 대부분 그 나라를 더 부자 나라로 만든 일등 공신이다. 세계 최고의 부자 나라인 미국도 스스로를 이민자의 나라라고 하지 않는가?

과거와는 달리 최근의 이주자는 크게 두 부류로 나눌 수 있다. 먼저, 교육수준이 그리 높지 않고 특정 업무에 대한 숙련도도 높지 않은 사람들이다. 예를 들어 미국으로 이주한 사람들 중 29%가 고등학교도 졸업하지 못한 사람들이다. 미국인들의 경우 고등학교 미만 비율이 8% 밖에 되지 않는다.[3] 그러므로 이주한 국가에서 이주자들이 숙련된 기술이 필요한 공장 노동자 등으로 바로 취업하는 것은 어렵다. 그것보다도 더 못한 일용직이나 3D 업종에 취업하게 되는데, 이러한 업종은 선진국 국민들이 대부분 꺼려하는 일이므로 오히려 일할 사람을 찾기 어려운 분야이다. 그러나 누군가는 반드시 해야 할 일이므로 그 일자리를 이주자들이 채운다.

반면, 앞선 경우와는 상반된 배경이나 목적을 가진 이주자들도 상당수 있다. 새로운 이주 추세라고 할 수 있는 고학력 이민자의 선진국 유입 증가이다. 선진국이 더 나은 직업적 환경과 삶의 질을 보장한다고 믿기 때문에 고학력자들이 이주를 결정한다. IT 산업은 대표적인 예라고 할 수 있다. 미국의 경우 2022년 통계에 따르면, 학사이상의 학력을 소유한 이민자들이 35%나 된다. 미국에서 태어난 미국인들의 학사 학위 이상 비율인 36%와 거의 같다. 특히 인도와 파키스탄 등의 서남아시아에서 이주한 사람의 72%가 학사 학위 이상 소지자이며 그 외 아시아지역, 캐나다, 유럽 출신들은 50% 내외의 수준으로 상대적으로 고학력자의 비율이 높다.[4]

　이주자의 학력은 중요한 개인적 자산 중 하나이다. 개인적 자산을 많이 가지고 이주할수록 성공적인 이주가 될 가능성이 더 크다. 그런데 국가 출신별로 이주자의 개인적 자산의 정도가 다르다. 예컨대 미국으로의 이주자의 수가 가장 많은 멕시코 출신의 고학력자 이민자는 9% 그리고 중앙아메리카 출신은 12%에 불과하다. 교육수준이 높은 사람은 이주하자마자 고소득의 안정적인 직업을 구하거나 개인 사업을 시작할 수 있는 가능성이 더 크다. 그러나 그렇지 못한 이주자들은 불안정한 일용직이나 허드렛일부터 시작하며, 대부분 척박한 삶을 살아간다. 다시 말하면, 자산을 많이 가지고 이주해 오면 더 나은 삶이 보장된다. 그렇다 공짜는 없다.

　한편, 이주자들이 자원을 많이 가지고 오든 그렇지 않든, 이들이 기존 토착 시민들과 본격적으로 일자리를 두고 경쟁하는 경우는 드물며, 설령 경쟁이 발생하더라도 그 영향은 극히 제한적이다. 이주자들은 경제가 좋을 때 더 많이 이주해 오는데, 그것은 일자리가 그만큼 많기 때문이다. 경기가 좋으면 토박이 노동자들은 보다 나은 일자리를 차지하고 그 빈자리를 이주자들이 채운다. 반대로 경제가 좋지 않아 사업이 축소되어 일자리가 줄어드는 시기에는 이주자들의 유입은 줄어들 수밖에 없다. 이주는 이주자들의 합리적 선택의 결과이다. 강제적인 이주나, 전쟁이나 재난 등 어쩔 수 없이 떠나야 되는 난민의 처지가 아니라면 말이다. 일자리가 없는데도 생존을 위해 국경을 넘는 결정은 전혀 합리적 선택이라고 보기 어렵다. 이주자가 유입된다는 것은 그들이 일할 만한 일자리가 있다는 것이다. 부분적으로 토박이 노동자와의 일자리 경쟁이 있다고 할지라도 대부분의 일자리는 서로 겹치지 않는다. 따라서 이주자는 경제 성장과 경기 회복에 긍정적인 역할을 하고 있다고 보는 것이 타당하다.

그러나 국가나 사회의 다수집단이나 권력자는 자신의 이익을 극대화하거나 지켜내기 위해서, 아니면 지배의 정당성을 확보하기 위해 소수집단에게 자신들의 허물을 덮어씌우곤 한다. 인종, 민족, 그리고 출신국가별 분리는 가장 쉽게 나와 남을 구분할 수 있는 기준이다. 따라서 이주자의 분리는 배제의 정치를 위해서 가장 효과적인 이용 수단이 될 수 있다. 특히 지배집단 내부의 정치 세력이 권력 획득을 두고 치열하게 경쟁할 때, 배제의 정치가 가장 극단적인 형태로 나타난다. 경쟁에서 이기기 위해서 내편과 네 편, 나와 남을 구분하는 것이 더 유리하다고 생각되기 때문이다. 내편은 표를 받을 수 있는 다수집단인 반면 배제되어야 하는 집단은 선거권조차 없는 이주자들이다. 이주자들은 다수집단의 이익을 해치는 사람들이라는 낙인이 부과되고, 그들을 희생양 삼아 다수집단의 이익을 옹호하는 정책을 손쉽게 펴 나간다.

이주자들의 사회적, 경제적 기여와는 별개로 지배집단은 이주한 사람들을 그렇게 좋은 눈으로 보지 않는다. 설사 국가 정책적으로 필요에 의해 이주자를 환영한다고 하더라도 정도의 차이는 있지만, 자신의 동네에 낯선 사람들이 들어와서 사는 것을 흔쾌히 환영하지는 않는다. 그러므로 유권자의 대부분인 지배집단을 의식하면 정치인들이 이주자들을 위한 정책을 펴는 것은 그리 쉬운 일이 아니다. 유권자들의 호응을 받지 못할 뿐 아니라, 까딱 잘못하면 표를 잃을 수도 있기 때문이다. 지배집단이 이주자에게 기대하는 바는, 경제적으로 필요한 분야에서 성실히 일하며 문제를 일으키지 않고 특정 지역에 모여 지내다가 일정 시간이 지나면 본국으로 돌아가 주는 것일지도 모른다. 그러나 그것 또한 지배집단의 희망에 불과하며, 현실에서는 잘 이루어지지 않는다.

국경을 넘는 이주는 대부분의 사람들에게 인생에서 가장 중대한 선택 중 하나다. 그냥 가고 싶다고 훌쩍 떠나는 여행과 같은 것이 아니다. 여행도 제대로 하려면 치밀한 계획이 있어야 하며 비용도 많이 들어간다. 그럴진대 국경을 넘는 이주는 말할 것도 없다. 외국으로 이주하려면 실제적인 비용이 많이 든다. 서류를 작성하고 이주를 신청하는 일에도 만만치 않은 비용이 들고, 이사하는 일, 새로운 곳에서 정착하는 비용도 많이 든다. 개발도상국 출신의 이주노동자의 경우 거의 모든 재산을 이주를 하는데 투자한다. 불법이주자는 더 많은 비용이 들 수 있다. 불법적인 방식으로 국경을 넘기 위해서는 종종 문서를 위조하거나, '코요테'라 불리는 밀입국 중개 조직에 상당한 금액을 지불해야 하기 때문이다.

따라서 공짜로 국경을 넘어 온 이주자들은 없다. 전 재산에 가까운 비용을 이미 지불한 사람들이다. 그냥 그저 돈 좀 벌어보려고 맨몸으로 와서 이익을 훔쳐가려는 사람들이 아니다. 여기에 더하여 '심리적인 비용'도 추가로 지불하고 있다. 이주자들에게 부과되는 편견, 차별, 낙인으로 인한 스트레스, 낯선 곳에서 살아가는 어색함, 새로운 문화에 대한 적응과 동화 등 토착시민들이 경험하지 않는 많은 것들을 이주자는 떠안고 살아가야 한다.

그러므로 이주자들이 공짜로 살면서 아무런 대가 없이 혜택만 누린다는 일부 사람들의 주장은 사실을 왜곡하는 것이다. 이는 지배 권력을 유지하거나 강화하기 위한 선전에 불과하다. 더 나아가 영주권이나 시민권에 값을 매겨 거래하는 정책은 이주자들에 대한 명백한 차별정책일 뿐만 아니라, 국가와 시민 공동체 전체의 이익을 해치는 일이다.

💡 주

1 "트럼프의 '영주권 장사'…"72억원에 '골드카드'" 판다." 『경향신문』. 2025년 2월 26일, https://www.khan.co.kr/article/202502262123025
2 Jeanne Batalova, "Frequently requested statistics on immigrants and immi-gration in the United States," *Migration Policy Institute* (March 2025).
3 Pew Research Center, "What the data says about immigrants in the U.S," https://www.pewresearch.org/short-reads/2024/09/27/key-findings-about-us-immigrants/
4 Moslimany, M., & Passel, J. S. "What the data says about immigrants in the U.S.," *Pew Research Center* (2024).

02

밖으로 밖으로, 이주의 꿈

기술과 문명의 발전에 힘입어 세계가 급속히 글로벌화 되면서 국경선은 옅어지고 있다. 한 국가에 머무르지 않고 국경을 넘어 떠나는 사람이야 말로 시대적 운명을 온 몸으로 받아들이는 상징이 되었다. 이미 1980년 후반 대기업 총수가 외친 "세계는 넓고 할 일은 많다"라는 한 마디 말은 온 나라를 흔들었다. 그가 출간한 같은 제목의 자전적 에세이는 베스트셀러가 되어 한국의 모든 청소년들이 읽어야 할 필독서가 되었다. 치열한 경쟁의 시대에 자기 주도적인 삶을 살아야 한다는 것이 그 책의 주된 내용이었다. 그러나 많은 사람들의 뇌리에 꽂힌 것은 세계는 넓다는 것과 그 곳에는 할 일이 있다는 것, 다시 말하면 국경을 넘어 새로운 기회를 찾아 떠나라는 것이었으며, 당시 큰 반향을 일으켰다.

한국은 1970~1980년대를 거치면서 고도의 경제성장을 해왔다. 1988년 서울 올림픽을 성공적으로 치른 것은 국민들이 큰 자부심과 자신감을 가지게 된 계기가 되었다. 이즈음에 기업과 정부가 성장의 동력을 국경을 넘어 해외로 본격적으로 돌리게 된 것도 해외 진출 신드롬의 한 원인이었다. 여기에 본격적으로 엔진을 단 것이 바로 문민정부를 주창한 김영삼 대통령의 '세계화 선언'이다. 새롭게 다가오는 21세기는 국경이 사라지고, 정보, 지식, 기술 수준이 국가의 부를 결정할 것이라는 것이 핵심 내용이었다. 국제간 인적, 물적 교류의 확산을 통해 하나의 지구촌이 만들어 질 것이라는 예측과 함께 김영삼 대통령은 "세계중심국가를 이루기 위한 발전 전략은 모든 부문의 세계화"라고 선언하였다. 그리

고 21세기 혁명적 변화에 대응하는 국가 생존 전략이 '세계화'라고 주장하였다.[1]

국가 주도의 세계화 전략은 영어교육의 중요성과 맞닿아 있었다. 원래부터 도구과목으로 영어는 주요 과목이었지만 이후 영어는 너무나 중요한 과목이 되었다. 학교에서 뿐만 아니라 남녀노소 할 것 없이 영어 학습의 열기가 온 나라를 뒤덮었다. 이 시기의 세계화는 한국인이 해외로 진출하는 것을 의미하였고, 모두들 그렇게 이해하였다. 대학에는 '글로벌'이라는 단어가 모든 교육의 목표가 되는 듯 그것을 내걸지 않은 곳은 찾아보기 힘들었다. 그런데 말로만 글로벌을 외치는 것이 아니라 실제 대학 교육 프로그램에서도 어학관련 교육이 확대되고, 다양한 국가로의 해외연수 프로그램이 생겼다. 해외 인턴이나 해외 문화탐방과도 같이 큰 비용이 드는 프로그램도 교육부 등에서 지원받은 교육사업 등을 통해 학생들이 큰 재정적 부담 없이 참가할 수 있었다. 세계 시민의 덕목을 가지지 않으면 미래의 리더가 될 수 없을 뿐 아니라 생존경쟁에서도 살아남을 수 없다는 염려가 대학을 감쌌다. 학교마다 외국인 교수를 채용해서 영어 강의도 늘이고 의무적으로 학생들이 외국어 강의를 듣게 하였으며, 졸업을 위해서 일정 정도의 외국어 성적을 제출해야 하는 규정을 만든 학교들도 생겼다. 글로벌 대학 또는 세계로 향하는 대학은 우리나라 대학의 중요한 교육 모토로 자리매김하였으며, 국경을 넘어 밖으로 나가는 것이야 말로 미래 인재들이 마땅히 해야 할 일 인양 당연시 되었다.

사실 한국인의 해외 진출은 훨씬 이전부터 본격적으로 진행되었다. 해방 이전 조선 말기 고종 시대부터 국내의 어려운 경제 사정을 피해, 또 일제 강점기의 억압을 피하고자 많은 이들이 고향을 떠나 일본, 중국, 러시아, 하와이 등지로 삶의 터전을 옮기기 시작했다. 한국인 디아스포라가 시작된 것이다. 그러나 당시의 이주는 개인이 결정하고 개인이 주도하여 이루어진 것이다. 그러나 광복 이후 1962년 '해외이주법'이 제정 된 후에는 국가 주도의 이주가 이루어지기 시작했다. 이 법의 제정 이유는 당시 폭발적으로 증가하는 국내 인구를 해외이주를 통해 조절하여 경제 안정을 기하고, 국위를 선양할 목적으로 해외이주를 할 수 있는 사람들의 자격과 허가 사항 등을 규정하기 위해서였다.[2] 그렇지만 그 이면에는 국내에 남아도는 인력을 외국으로 보내서 일하게 함으로써 송금을 통해 외화를 벌어들이려고 하는 의도가 있었다. 다시 말하면 해외이주법을 만든 것은 국가가 국민을 해외로 이주시켜 송금 경제를 통해 국내 경제에 도움을 받기 위한 것이 주요한 이유라고 할 수 있다.

이 법에 따라 1962년 브라질로 농업이주가 이루어졌다. 미국의 이민법이 1965년 개정되어 이민이 완화되자 많은 사람들이 미국으로 떠났다. 1963년에는 독일과 '광부 협정'을 맺었으며, 1971년에는 '간호사 협정'을 체결하였다. 이 협정에 따라 1977년까지 8,000여 명의 광부가 당시 서독으로 갔으며, 1만여 명의 간호사가 독일 병원으로 파견되었다. 원래 계획은 3년 후에는 한국으로 돌아오는 것이었지만 이들 중 절반 이상이 현지에 남아서 지금까지 독일의 한국인 교민사회를 이루는데 주축이 되었다. 또 한편, 1970년대 말에서 1980년대 초에는 한국 건설업체들이 중동에서 건설 수주를 많이 하자 건설 노동자를 사우디아라비아, 아랍에미리트 등에 파견하였다. 당시 국내 상황은 오일쇼크로 인해 경제적으로 상당히 어려운 처지에 있었다. 그래서 국내 고용의 문제를 해결함과 동시에 외화벌이까지 하는 역할을 맡은 중동진출 건설노동자들은 국가경제에 큰 기여를 하였다.

그러나 역사적으로 이루어진 국가 주도의 해외이주는 국가에 일정한 기여를 했음에도 불구하고, 국민들 사이에서 자랑스럽고 긍정적인 이주의 역사로 기억되지는 않는다. 가난한 시대에 그것을 극복하기 위해 어쩔 수 없이 선택할 수밖에 없었던 사건으로 여기기 때문이다. 글로벌 시대 선진국 반열에 오른 한국의 위상은 높아졌고, 글로벌 리더로 우뚝 서는 것이 우리에게 주어진 사명이라고 뇌리에 깊게 새겨져 있는 때에 과거의 노동이주 위주의 해외 진출은 더 이상 기억하고 싶지 않다. 과거와는 단절한 새로운 시대의 해외 진출은 도전적이며, 진취적이고, 자랑스러운 것이어야 한다. 따라서 국가 주도의 세계 진출 전략은 자칫하면 과거를 떠올리게 하고 국민들로부터 호응을 얻기 보다는 그 반대의 결과를 낳기 쉽다.

이를 단적으로 보여주는 사례가 2015년, 박근혜 대통령이 무역투자 진흥회의에서 '중동 진출'을 제안했을 때 국민들 사이에서 강한 반발이 일었던 사건이다. 박근혜 대통령이 이 같은 제안을 내놓은 배경에는 침체된 내수 시장 상황과 글로벌 경제환경 속에서 해외 투자 유치와 세계 시장 진출을 모색하려는 의도가 있었다. 이는 박대통령이 내세운 '창조경제' 기조와도 맞물려 있었다. 그런데, 대한민국이 텅 빌 정도로 청년들에게 중동으로 일자리를 찾아 나가라고 한 대통령의 우스갯소리는 큰 반감을 일으켰다.[3] 박대통령은 아마도 과거 그녀의 아버지 박정희 정권 시절, 중동에 건설노동자들이 대거 진출해 한국 경제성장에 기여했던 경험을 떠올리며 그런 발언을 했던 것으로 보인다.

그러나 중동진출은 당시의 청년들에게는 이루고자 하는 꿈이었을지 몰라도 세월은 모든 것을 바꾸어 놓았다. 1970년대와는 달리, 오늘날의 중동은 상황이 크게 변화했다. 청년 실업률이 높은 데다 정치적 불안정성과 문화적 차이까지 더해져, 중동 진출이 현실적으로 어렵다는 여러 반대 의견이 제기되었다. 그러나 청년들과 국민들의 마음이 상한 것은 중동이 살기 좋고 일하기 좋은 곳이라는 이미지보다 한국보다 문화적으로 또한 경제적으로도 못하다는 인식이 깔려 있었기 때문이다. 정부의 계획은 한국보다 더 못한 나라로 청년들이 힘든 일을 하도록 내보낸다는 것으로 받아들여졌고, 그 계획은 국민의 자존심을 긁어 놓았다. 중동은 더 이상 '세계는 넓고 할 일은 많다'에 포함되는 지역이 아니었다. 세계는 넓지만, 우리가 갈 곳은 정해져 있다고 생각하는 청년들이 반감을 드러낸 것은 당연한 것이었다.

실제로 한국산업인력공단의 해외 취업 통계를 보면 2014년 1,679명이 해외 취업한 반면 2024년에는 5,720명이 해외 취업해서 10년 동안 약 3.5배 증가하였다. 증가 추세는 2020년과 2021년의 코로나19 시기에는 잠시 멈칫했지만 이후 급속히 회복되어 지속적으로 늘어나는 양상을 보여주고 있다.[6] 그러나 해외 취업국가는 몇 나라에 한정되어 있다. 최근 2023년과 2024년을 기준으로 하면 일본과 미국이 1,500명 내외로 엇비슷하게 가장 많다. 그 다음이 베트남, 호주, 싱가포르인데 약 250~300명 수준이고, 캐나다, 중국, 독일이 150~200명 정도를 차지하고 있다. 아랍에미리트와 인도네시아가 100명이 조금 못 미친다. 이렇게 10개 나라가 전체 해외 취업 국가의 80% 정도를 차지하는 것을 볼 때, 특정 국가를 중심으로 해외 취업이 이루어지고 있다는 것을 알 수 있다.

지역적으로 보면 주변국인 일본과 중국, 그리고 미주대륙에는 미국과 캐나다, 유럽에서는 독일, 동남아시아에서는 베트남, 싱가포르, 인도네시아, 중동에서는 아랍에미리트 그리고 오세아니아에서는 호주이다. 미국, 캐나다, 호주는 선진국이면서 이민이나 이주에 상대적으로 개방적인 국가이다. 베트남, 싱가포르, 인도네시아는 동남아시아에서 한국 기업이 많이 진출한 곳이며 경제가 활발한 국가이다. 독일은 유럽에서 외국인 이주자가 가장 많은 국가 중 하나이며, 아랍에미리트는 중동에서 가장 개방적이며 경제적으로도 큰 발전을 이루고 있는 국가이다. 선진국이면서 이주에 개방적인 국가, 그렇지 않다면 경제적인 발전이 활발히 이

이주의 사회학: 국제이주와 이주자

루어지고 있으면서 한국 기업의 진출이 많은 국가라는 공통점이 있다.

　단기적인 해외 취업을 위한 이주와 달리, 삶의 터전을 외국으로 옮기는 경우에는 특정 국가에 이주가 집중되는 경향이 더 뚜렷하다. 해외이주자의 수는 해마다 차이는 있지만 최근 몇 년 동안 3,000명에서 4,000명 정도가 매년 이주하고 있다. 그런데 이주자의 80% 정도가 4개국에 집중되어 있다는 점이 단기 해외취업과는 다르다. 이주자의 절반이 미국으로 이주했으며 그 다음이 캐나다이다. 그리고 나머지 두 국가는 호주와 뉴질랜드이다.[5] 이들 국가는 선진국이면서, 영어를 사용하고, 이민으로 이루어진 국가라서 이주에 대한 개방성이 높은 국가들이다. 이외에 주변국인 일본과 동남아시아의 싱가포르, 말레이시아, 베트남, 필리핀 그리고 유럽의 독일 정도라고 할 수 있다.

　해외취업과 이주는 통계적으로 중복될 수 있으며, 해외취업 비율이 높은 국가는 일반적으로 해외이주 비율도 높은 경향을 보인다. 그런데 취업은 하지만 이주는 하지 않는 단기 체류국가들도 있고 그 반대로 해외취업은 그리 많지 않지만 이주가 많은 국가들이 있다. 예컨대, 아랍에미리트와 인도네시아는 해외 취업은 제법 해도 이주자는 많지 않다. 다시 말하면 취업기간 동안만 거주하다가 돌아오는 사람들이 대부분이라는 것이다. 베트남의 경우 취업도 많이 하고 해외이주도 일정 정도 하는 것으로 나타나지만, 자세히 살펴보면, 이주의 대부분이 결혼으로 인한 이주이다. 따라서 베트남도 한국 기업의 진출로 인해 일시적 파견 근무자가 거주하긴 하지만, 일반적으로 이주 목적지로 선택되는 국가는 아니다. 반면, 이주자 수는 적지 않지만 해외 취업 사례는 많지 않은 국가로는 뉴질랜드와 필리핀이 있다. 이들 국가는 취업보다는 생활환경 등을 이유로 이주가 이루어지는 곳이다.

　국경을 넘어 취업하거나 이주하는 한국인들의 수는 점점 늘어나고 있다. 그렇지만 통계를 살펴볼 때 세계가 넓은 만큼 다양한 국가로 진출하는 것은 아니었다. 한국보다 더 나은 선진국으로, 그렇지 않다면 한국 기업들이 많이 진출해 있는 곳으로 이주하였다. 그러나 최근에는 이주 국가의 수가 점점 다양해지고 있어서 그러한 추세는 조금씩 변하고 있다. 선진국으로 이주하는 사람들의 특성은 큰 변화가 없지만, 개발도상국이나 후진국으로 이주하는 사람들은 한국의 변화된 위상에 걸맞게 나름의 자부심을 가지고 있다. 왜냐하면 그러한 국가에 이주하는 대부분의 사람들이 최하층의 비숙련 이주노동자로 이주하는 경우는 거의 없기 때문이다.

이러한 사실을 놓고 볼 때, 박근혜 대통령이 제안한 중동지역으로 일자리를 찾아가라는 것은 국내 청년 인구를 외국으로 보내는 것도 문제였지만, 청년과 국민 모두의 자존심을 건드렸기 때문에 더 큰 비난을 받은 것이다. 중동지역은 바로 오래 전 건설 노동자의 이미지를 떠올리게 했다. 오늘날에는 기회가 있다면 외국으로 나가지만, 무턱대고 아무 곳에나 가지는 않는다. 그렇지 않으면 차라리 한국에 남는 편이 낫다는 생각이 널리 퍼져 있다.

과거에는 해외에서 돈을 벌어 송금하고, 해외로 일자리 찾아 떠나는 사람들을 부러움의 대상으로 보았다면, 지금의 해외이주는 국내의 치열한 경쟁을 벗어나기 위한 대안으로 부상했다. 많은 사람들이 외국에서 자아를 실현하고, 새로운 기회를 찾으며 미래를 향한 열정을 실현하기 위해서라고 하지만 그 밑바닥에는 현재의 어려운 경제적 사회적 형편이 놓여 있다. 그리고 그 상황을 벗어나고자 해외이주를 꿈꾼다. 그렇지만 해외이주에 대한 생각은 지나치게 추상적인 수준에 머물고 있는 것도 사실이다. 어떤 나라에 갈지, 가서 무슨 일을 할지, 직장을 구하기 위한 자격 요건이 무엇인지, 영주권이나 시민권을 취득하기 위해서는 어떤 조건이 있는지 등 구체적인 계획과 방안이 없이 막연하다.

만 15세에서 39세 한국 청년을 대상으로 해외이주 고려 경험과 이유에 대해서 2017년부터 2021년까지 시행한 조사 결과는 해외이주에 대한 사람들의 생각을 보여준다.[6] 해외이주를 고려해 본 사람들의 비율은 국내의 사회경제적 상황과 어느 정도 상관관계가 있었다. 가장 높은 비율은 2017년 36%였는데, 글로벌 금융위기 이후 경기 침체 국면이 계속해서 이어진 때였다. 소비 심리지수도 2008년 금융위기 이후 가장 낮은 수준으로 하락한 시기였다. 그 다음 해인 2018년에는 해외이주를 고려한 사람이 14%로 뚝 떨어졌다. 그 해에는 세계경제가 여전히 좋지는 않았지만 한국 경제는 수출과 민간 소비가 증가하고 그 전해보다는 견실한 성장세가 나타났다. 2019년에는 다시 29%로 해외이주를 생각하는 사람이 증가하였는데, 미국과 중국의 무역 갈등으로 보호무역이 확산됨에 따라 한국의 경기도 악화되어 디플레이션 논쟁까지 있을 정도로 경제적 상황이 불안한 시기였다.

그 다음 해인 2020년에는 20%로 다시 줄었고, 2021년에는 13%로 더 줄어들어 해외이주를 고려한 사람의 비율이 조사기간에 걸쳐서 가장 낮았다. 이때는 코로나19로 인한 팬데믹으로 인해 세계 경제는 물론 한국 경제도 아주 좋지 않은 시기였다. 한국경제가 좋지 않아도 사람들이 해외이주를 고려하지 않은 것은 한국이 가장 성공적으로 팬데믹에 대처한 나라 중 하나였기 때문이다. 당시 한국 말고 갈 수 있는 나라가 없었을 시기였다는 것도 이유가 되지만 해외이주에 대한 생각은 미래에 대한 것이기 때문에 반드시 당시의 세계적 상황만이 영향을 주었다고 보기는 힘들다. 오히려 한국이 팬데믹에 가장 잘 대처한 나라라는 국민적 자부심이 더 큰 영향을 주었다고 생각된다. 이처럼 해외이주에 대한 생각은 국내외의 사회경제적 상황과 밀접한 관계가 있음을 알 수 있다.

해 마다 해외이주를 고려한 사람들의 비율은 차이가 있지만, 해외이주를 고려해 본 이유에는 공통점이 있었다. 가장 큰 이유는 '행복한 삶을 위해서'였다. 그 다음이 '새로운 사회에 도전'이었다. 또 다른 이유로는 더 나은 교육환경, 자기계발, 애 낳고 키우기 힘들어서, 취업난, 빈부격차, 높은 집값 등이 있었다. 해외이주를 고민하는 가장 큰 이유가 더 나은 행복을 추구하기 위한 것이라면, 이는 현재 삶에 만족하지 못하고 있음을 의미한다. 이주는 새로운 도전이기도 하지만 사람들이 국경을 넘는 것은 현재의 삶의 조건을 향상시키기 위해서이다. 그러므로 행복을 찾아 삶의 조건을 향상시키기 위해서는 한국보다 더 잘 사는 선진국으로 가야하고, 이주자에게 개방적이고, 좋은 환경을 제공하는 국가여야 한다. 미국, 캐나다, 호주, 뉴질랜드와 같은 국가들이 바로 한국인들에게 삶의 질이 높은 곳으로 매력적으로 보이고 실제로도 그곳으로 가장 많은 이주를 하는 것은 그래서 당연해 보인다.

또 한편, 5년 동안 수행된 이 조사에서 눈여겨 볼만한 부분은 해외이주 생각이 가장 높았던 때가 2017년의 36%이고 가장 낮았을 때는 2021년의 13%이었다는 점이다. 비록 2017년에 한국의 경제적 상황이 어려웠다고 해도 절대 빈곤이나 삶의 박탈을 이야기할 정도로 한국의 경제적 수준이 파탄 난 것은 아니었다. 그럼에도 경쟁이 치열하고 기회가 없다고 판단되면 국경을 넘어 밖으로 떠날 생각을 하는 사람이 40%에 육박한다는 것은 곱씹어 생각해 봐야 한다. 반면에 코로나19 팬데믹으로 인해 한국의 위상이 가장 높았던 시기인 2021년에도 10%가 넘는 사람이 떠날 생각을 했다는 것은 어떠한 국가라도 국민의 10% 정도는 외부 상황과는 관계없이 다른 국가로 삶의 터전을 옮길 잠재성이 항상 존재하고 있다는 것을 보여준다.

국경을 넘는 이주는 마음만 먹는다고 쉽게 할 수 있는 것은 아니다. 여행을 잠시 다녀오는 것과 해외에서 살아가는 것은 질적으로 전혀 다르다.

잠시 동안 해외여행을 떠나도 계획하고, 비용을 준비하고, 짐을 챙기는 일이 쉽지 않다. 삶의 터전을 국경너머로 옮기는 일은 이와는 비교가 되지 않을 정도로 힘을 쏟아야 한다. 비록 해외에 일자리가 있거나 초청하는 가족이 있어도 다른 나라로의 이주는 현재 자신이 터하고 있는 상황과 비교하여 결정한다. 난민이나 재난 등으로 인해 어쩔 수 없는 경우를 제외하고 해외이주는 매우 이성적으로 판단을 내린 합리적 선택의 결과이다. 그러나 그러한 선택을 한다고 해도 해외이주가 성공적으로 이루어질 것이라는 보장도 없다. 미국, 캐나다, 호주, 뉴질랜드와 같은 선진국으로 이주를 한다고 하더라도, 그곳도 집값, 물가, 취업, 문화적 차이 등의 문제에 맞닥뜨리게 되면 기대와는 전혀 다른 어려움을 겪을 수 있다.

그러므로 삶 전체의 성공과 실패를 가를 수도 있는 해외이주에 관해 막연히 생각을 가지고 있는 것과 그것을 실천하는 일은 다르다. 그렇지만 어떠한 일을 염두에 두고 있는 사람만이 기회가 왔을 때 과감히 실행할 수 있는 것처럼 평소 해외이주에 대해서 관심을 가지고 생각해 보는 사람이 많다는 것은, 어떤 동기가 부여되었을 때 해외이주로의 가능성도 그만큼 크다는 것을 의미한다. 적당한 정도의 사람들이 국경을 넘어 오가는 일은 지극히 자연스러운 일이다. 그러나 국민의 40%에 가까운 사람들이 자신의 삶의 조건이 나빠진다고 해서 자신의 나라를 떠날 것을 생각하는 것은 우려스러운 일이다. 해외이주의 결정은 미래의 삶에 대한 결정이기 때문에 자신이 거주하는 국가의 현재 상황보다 미래에 대한 기대 또는 절망이 더 중요하게 영향을 미친다. 아무리 노력해도 자기 집을 사는 것이 불가능하고, 빈부의 격차가 커서 상대적 박탈감이 커지고, 아이 돌봄에 어려움을 겪고, 지나친 경쟁으로 인해 좋은 일자리를 찾기 힘들며, 교육과도 같은 계급상승의 도구가 부자들에게 집중되어 있다고 여겨진다면, 보다 더 행복한 삶, 다시 말하면 더 나은 삶의 질을 추구하기 위한 국경 밖으로의 이주는 가속화 될 수밖에 없다. 그럴 때 이들이 떠난 빈자리를 누가 채울 것인가?

💡 주

1 "김영삼 대통령의 세계화 선언: 세계중심에 우뚝 서는 풍요롭고 편안한 나라를 만들자." 『국정신문』, 1995년 2월 6일, https://www.korea.kr/archive/governmentView.do?newsId=148741834

2 황은주, "한국인, 세계 속에 뿌리내리다." 국가기록원 https://theme.archives.go.kr/next/koreaOfRecord/immigration.do

3 ""니가 가라, 중동" 청년들이 '중동'에 갈 수 없는 이유." 『경향신문』, 2015년 3월 30일, https://www.khan.co.kr/article/201503301843361

4 한국산업인력공단 해외취업 통계정보, 2025. 02.13, https://www.data.go.kr/data/15083272/fileData.do

5 해외이주신고자 현황 통계표, 재외동포청, https://www.index.go.kr/unity/potal/main/EachDtlPageDetail.do?idx_cd=1684

6 "청년사회-경제실태조사." 한국청소년정책연구, 2017-2021, https://kosis.kr/statHtml/statHtml.do?sso=ok&returnurl=https%3A%2F%2Fkosis.kr%3A443%2FstatHtml%2FstatHtml.do%3Fconn_path%3DI2%26tblId%3DDT_402004N_012%26orgId%3D402%26

03

포섭과 배제의 시민권

세계화의 가장 큰 특징 중의 하나는 국가의 경계인 국경선이 흐려지는 것이다. 기술과 자본이 국경을 넘어 자유롭게 이동하고 사람들의 왕래도 더 빈번하게 이루어진다. 출신 국가, 민족, 종교, 인종 등의 구분에 의해 화해할 수 없을 것 같은 영역들이 허물어져서 낯선 사람들끼리의 소통이 원활하게 이루어지고, 새로운 관계를 이룰 수 있는 세상을 향해 나아갈 것이라는 희망 섞인 기대는 세계화와 늘 함께한다. 그러나 기술과 자본, 그리고 물류의 이동과 사람들의 이동은 질적으로 다른 차원의 문제이다. 아무리 국경선이 옅어지더라도, 그래서 쉽게 경계를 넘어 오갈 수 있게 된다고 할지라도 다른 나라 사람들의 집단으로 들어가서 함께 살아가는 것은 쉬운 일이 아니다. 이방인이 자신의 공간에 들어올 때 처음부터 두 팔 들고 웰컴하는 경우는 거의 없다. 잠시 손님으로 다녀가는 방문객이라면 기꺼이 반갑게 맞을 수 있겠지만, 함께 같은 공간에서 오랫동안 살아가는 것은 다른 문제이다. 낯선 사람이 오면 먼저 살피고 경계한다. 이방인들이 자신들에게 무해하고, 이익을 준다고 판단될 때에야 비로소 함께 사는 것을 허락한다.

그런데 이주자의 유입이 자신들에게 도움을 준다고 할지라도 그들에 대한 편견과 차별의 문제가 또 따른다. 이주자들의 관습과 규범, 그리고 문화적 통합은 가장 기본적인 문제라고 할 수 있다. 또 한편, 대다수의 이주노동자들은 본국에서의 사회경제적 지위도 낮았던 사람들이다. 이들은 이주한 국가에서도 가장 낮은 사회경제적 지위에 처하게 될 가능성이 높아서 계급적인 차별도 겪을 수 있다. 이주 지역과 시기에 따라서도 문제가 발생한다. 특히 대도시 지역에 짧은 시간 동안 많은 수의 이주자가 유입하면 그 지역은 그들을 수용하기 힘들어진다. 그러할 경우 이주자의 삶의 형편에도 영향을 미치지만, 도시와 지역공동체도 어려움에 처한다. 이주자와 관련한 절차를 모두 관리하고 통제하는 주체는 국가이기 때문에 법과 제도를 통하여 국가는 이주자의 유입을 적절하게 유지하기를 원한다.

국가들마다 상황이 다르기 때문에 이주자 유입과 관련한 절차와 조건이 다르지만 공통점이 있기도 하다. 외국에서 온 이주자들에게 먼저 일정한 기간동안만 머무를 수 있는 허가증인 비자를 주고, 거주 기간 등 여러 조건이 만족이 되면 영구 거주할 수 있는 영주권을 부여한다. 그리고 최종적으로 시민권을 주어 국가의 구성원으로 받아들인다. 이러한 단계적 과정을 통해 국가는 먼저 국경 밖에 거주하는 사람과 그 안에 거주하는 사람들을 구분하고, 국경 안으로 들어오는 사람들은 법으로 정한 거주 자격과 조건에 따라 지위를 부여한다.

이주자들의 입장에서는 새로운 나라에 거주하려면 최종적으로 영주권이나 시민권을 가져야 제도적 보장을 받을 수 있다. 그러나 국가가 그 권한을 독점적으로 갖기 때문에 이주자들이 끊임없이 시민권 인정에 대한 요구를 하는 것은 당연하다. 국가 입장에서도 이주자들이 기존 국민들과 함께 살아가야 하는 사람들이라면 국민들과 동일한 의무와 권리를 부여하는 것이 이익이다. 이주자에게 국민으로서의 지위를 부여하면 국가에 대한 충성심이나 애국심을 높일 수도 있다. 이주자에 대한 시민권 부여를 우려하는 시각 중 하나는, 이들이 출신국에 더 강한 충성심을 가질 수 있다는 점이다. 그러나 시민권을 부여할 경우, 그렇지 않을 때보다 이주국에 대한 소속감과 애국심이 증대될 가능성이 높다. 또한 이주자들이 출신국과 이주국 양쪽에 걸쳐 정체성과 생활 기반을 유지하는 것은, 국가 입장에서 손실보다는 오히려 외교적·경제적 자산으로 작용할 수 있다.

그럼에도 불구하고 기존 국민들과 국가는 외부에서 온 이방인 이주자에 대한 경계를 쉽게 내려놓을 수 없다. 국가는 국민이 누구인지를 명확히 하고 다른 나라의 국민들과 구별하고자 한다. 국민의 지위가 부여된 사람들에게는 의무와 권리를 부여함으로써 국가를 구성하는 책임 있는 사람으로서의 역할을 하도록 한다.[1] 다시 말하면, 국가 안에서 권리와 평등의 공평성은 개인이 정하는 것이 아니라 국가에 의해 부여된다. 국가는 따라서 누구에게 국적 또는 시민권을 부여할지 자격 요건을 법적 제도적으로 정해 놓고 그것에 따라 구성원들을 구분한다. 시민권 부여는 어느 국가를 막론하고 '포섭'과 '배제'의 원칙에 따라 이루어진다. '포섭'이란 국가의 이익에 부합한다고 판단되는 경우, 국적이나 시민권을 비교적 용이하게 부여하여 이주자를 국민으로 받아들이려는 정책 방향을 말한다. 반대로 '배제'는 특정 집단을 국민으로 인정하지 않으려 하거나 구성원으로 편입시키지 않으려는 국가의 노력을 의미한다. 그리고 시민권 부여 여부는 이주자의 민족적·인종적 특성이나, 시민적 자격 요건을 어디에 두느냐에 따라 포섭과 배제의 대상이 뚜렷하게 달라진다.

일반적으로 단일민족으로 구성된 국가는 혈통을 중요시 하는 경향이 있다. 그래서 국적이나 시민권을 부여할 때 기존 구성원들과 동일한 민족이나 인종적 배경이 있는 사람들에게는 포섭정책을 사용한다. 예컨대 한국은 혈통을 중요시 하는 대표적인 나라이다. 부모 중 1명이 한국인이라면 그 자녀에게는 한국 국적이 부여된다. 세계 어디에 살아도 이 원칙은 동일하게 지켜진다. 해외에서 태어나서 한국에 살아본 경험이 없고 한 번도 방문한 적이 없더라도 한국 국적은 부여된다. 반면, 동남아 출신 이주노동자가 한국에서 오랫동안 일하다가 자녀를 출산해도 그 자녀에

이주의 사회학: 국제이주와 이주자

게 자동으로 한국 국적이 부여되지 않는다. 그 자녀가 한국에서 교육받고, 한국말 밖에 할 줄 모르고, 부모님의 국가에 한 번도 가본 적이 없더라도 한국 국적을 가질 수가 없다. 따라서 배제의 전략이 더 우월하게 작동한다.

한편, 시민적인 권리를 강조하는 국가들이 있다. 미국, 캐나다, 호주 등 주로 이민으로 이루어진 국가이거나 단일 민족 정체성이 상대적으로 약한 국가들이 여기에 속한다. 이들 국가는 혈통보다 멤버십을 더 강조한다. 따라서 국가의 영토에서 태어났다면 출신국, 민족, 인종 등과는 상관없이 멤버십인 시민권/국적을 부여한다. 이들 국가는 혈통보다는 시민적 권리를 중요하게 생각하여 국가와 국민과의 관계를 계약적으로 보는 경향이 강하다. 그래서 시민 또는 국민이 되기 위한 합의된 법적인 조건을 충족하면 국가 구성원으로 받아들인다. 그러므로 혈통을 강조하는 국가보다는 상대적으로 시민권/국적의 취득이 용이한 측면이 있다. 따라서 배제 보다는 포섭의 원리가 더 강하게 적용된다.

그렇지만 민족 국가냐 이민 국가냐 하는 것만이 시민권의 포섭과 배제 전략을 뚜렷이 나누는 것은 아니다. 예를 들어, 민족국가의 배경이 뚜렷한 한국은 미국에서 영주권을 가지고 한국 국적으로 살아가는 부부에게 태어난 아이에게는 한국 국적을 자동으로 부여한다. 그 아이는 미국에서 자라서 한국어를 잘하지도 못하고, 김치와 된장국도 싫어하며, 한국에 단 한 번 온 적이 없더라도 한국인 국적을 가진다. 그러나 달리 생각해보면 민족은 혈통뿐만 아니라 같은 문화적 특성을 공유한 집단이다. 따라서 문화적으로 완전히 다른 한국인 2세에게 멤버십을 부여하는 것은 한편으로는 이방인을 포섭하는 것이라고 할 수도 있다. 또 한편, 미국과도 같이 시민적 권리가 중시되는 이민 국가는 자기의 영토에서 태어나지 않았더라도 미국인 부모를 가진 사람이라면 시민권을 부여한다. 따라서 혈통주의를 채택하지 않는 것은 아니다. 오히려 세계화가 본격화되고 이주자의 이동이 활발해진 오늘날에는, 국가가 민족국가인지 시민국가인지 여부보다도 국가의 이익에 따라 포섭과 배제의 전략을 유연하게 조율하는 방식이 더 두드러지게 나타난다.

　동계 올림픽 한국의 아이스하키 대표선수들을 보면 이 팀이 정말 한국 대표팀이 맞는지 순간적으로 의문이 들 수 있다. 그 이유는 러시아를 비롯한 동유럽의 아이스하키 강국 출신 선수들로 팀이 대부분 구성되어 있기 때문이다. 올림픽은 국가 간 대항전이기 때문에, 출전 선수는 해당 국가의 국적을 보유해야 한다. 한국은 일반적으로 복수국적을 허용하지 않지만, 올림픽과 같은 국가 대표 경기를 위해서는 예외를 적용한다. 외국인 선수들에게 비교적 쉽게 한국 국적을 부여하고, 심지어 복수국적까지 허용함으로써 출신국의 국적을 포기하지 않고도 한국 국적을 취득할 수 있도록 하고 있다. 국적법의 '특별히 예외적인' 부분을 포섭의 전략으로 적극적으로 사용한 것이다. 한국의 발전에 기여한 사람이나 특별한 재능이 있는 사람들에게는 혈통과는 전혀 상관없이 이렇듯 적극적인 포섭의 전략을 사용한다. 그렇지만 한국으로 들어온 이주노동자의 경우에는 아무리 열심히 일하며 성실하게 살아간다고 할지라도 그들에게 국적을 부여하지 않는다. 결혼한 이주노동자들에게 자녀가 태어나 자라면서 한국어만 사용하고 한국을 떠나본 적조차 없어도, 여전히 그 아이는 '외국인'으로 간주되고 한국 국적은 쉽게 허락되지 않는다.

　국경의 경계가 희미해지고, 이를 넘나드는 이주자들의 수가 증가하고 있지만, 시민권과 국적을 부여하는 권한은 여전히 국가에 있으며, 이러한 측면에서 보면 세계화가 가져온 변화는 크지 않다. 그러나 이주자들의 이동이 국가 발전에 미치는 긍정적인 영향이 점점 커지고 있다는 점은 부인할 수 없다. 이러한 사실을 잘 인식하고 있는 국가는 철저하게 국

　　　　　　　　　　　이주의 사회학: 국제이주와 이주자

가적 이익을 최우선으로 삼아, 포섭할 대상과 배제할 대상을 법적·제도적으로 명확히 구분하고 있다. 배제는 단순히 이주자의 입국을 금지하는 행위를 의미하지 않는다. 많은 이주자들이 국가 내에서 경제활동을 수행하고, 세금을 납부하며 사회에 실질적으로 기여한다. 그러나 이들이 법적 권리나 정치적 참여를 보장받지 못한 채 '비공식적 구성원'으로 남겨지는 것, 그것이 현대 국가가 실행하는 배제의 한 형태다. 따라서 배제의 문제는 인권의 문제와도 직접적인 관련이 있다.

배제 원칙의 핵심은 이주자가 출신국과 거주국 중 어느 쪽에 더 강한 충성심을 갖느냐에 크게 좌우된다. 이러한 배경에는 한 개인이 두 국가에 속할 경우 단일한 충성심을 유지하기 어렵고, 애국심을 바탕으로 한 시민 공동체의 통합이 약화될 수 있다는 우려가 자리 잡고 있다. 그래서 효과적인 국가정책을 쓰기 힘들다는 것이다.[2] 또한 문화적 동질성을 확보하기 어렵다는 점을 들 수 있다. 문화적으로 공간적으로 분리되기 쉬운 이주자 공동체가 다수집단의 국민 공동체와 어울려지기 힘들고, 교육제도 등 사회 통합 시스템도 원활히 운영되기 힘들다. 이로 인해 사회 내 불평등이 심화되고 고착화될 수 있다는 것이다.[3]

이러한 주장에 대해서 비판 또한 가할 수 있다. 애국심이나 충성심의 감정은 제로섬 게임이 아니다. 아빠가 좋으냐? 엄마가 좋으냐? 질문을 받으면 어린 아이는 곤혹스러워 한다. 아빠도 좋고, 엄마도 좋기 때문이다. 물건을 살 때도 마찬가지다. 두 벌의 옷을 놓고 무엇을 살지 고민하다가 하나를 선택했다고 해서 사지 않은 옷이 싫어지는 것도 아니다. 이처럼 출신국에 대한 애국심이 크다고 해서 거주국에 대한 애국심이 줄어드는 것은 아니다. 게다가 하나의 국적만 있는 대다수 국민들 사이에서도 애국심의 정도는 천차만별이다. 다시 말하면 애국심의 집단 내 차이가 집단 간 차이보다 더 클 수 있다.

또한 문화적 동질성과 통합에 대한 문제제기에 대해서는 이주자들의 권리를 제대로 인정한다면 문제가 발생하지 않거나 발생한다고 해도 해결책을 찾을 수 있다. 시민적 결속이 이주자에 의해 손상된다는 주장은, 시민권 및 국적 취득 절차가 엄격하여 이주자들이 사회적 외부인으로 배제되는 상황과 연결되어 있다. 오히려 이주자의 인권을 인정하면 시민적 결속의 문제가 상당히 해결될 수 있다. 따라서 이주자들이 토착 국민과 동등한 권리와 의무를 가진다면, 이주자로 인한 사회 내 불평등은 크게 완화될 수 있다. 하지만 그렇지 않기 때문에 이주자와 국민 간 불평등이 더욱 심화될 가능성이 크다.

민주적인 선진 국가는 국경 안에서 거주 이전의 자유와 권리가 충분히 보장된다. 하지만 전 세계적으로 보면, 국가 간 경계를 넘어 자유롭게 거주하고 일할 수 있는 권리는 선진국과 개발도상국을 막론하고 여전히 많은 제약을 받고 있다. 그럼에도 불구하고 세계는 점차 변화하고 있으며, 언젠가는 하나의 거대한 공동체로 통합될 것이라는 전망도 있다. 아니면 지역별, 경제수준별 블록화 현상이 더욱 공고히 나타날 수도 있다. 비록 지역적 블록화 현상이 강화된다 하더라도, 해당 지역 내 다수의 국가들이 존재하고 있으며, 국가 간 자원 및 인력의 교류는 한층 증가할 것으로 예상된다. 만약 세계가 하나의 거대한 지구촌 공동체가 된다면, 시민권도 이에 걸맞게 확대된 세계 시민권의 형태로 변화할 것인가? 아니면 블록화 현상에 따라 지역별 시민권이 등장할 것인가? 국경을 넘어 이동하는 개인의 인권과 국가의 이익이 상충할 때, 이에 대한 선택과 해결책 모색은 현대 세계화 시대의 핵심 과제이다.

☀ 주

1 R. Brubaker, *Citizenship and nationhood in France and Germany* (Cambridge: Harvard University Press, 1992).

2 B. Barry, *Culture and equality: An egalitarian critique of multiculturalism* (Cambridge: Harvard University Press, 2001); S. Huntington, *Who are we? The challenges to America's national identity* (NY: Simon & Schuster, 2004).

3 R. Koopmans, P. Statham, F. Passy, *Contested citizenship: Immigration and cultural diversity in Europe* (Minnesota: University of Minnesota Press, 2005).

04

탈국가주의 시민권과
초국가주의 시민권

오늘날처럼 국경선을 기준으로 경계를 나누고, 그 안의 영역을 영토로 삼아 거주하는 사람들을 국민으로 규정하며, 독자적인 주권을 행사하는 국민국가의 형태는 인류 역사 전체로 보았을 때 비교적 최근인 18세기경에 등장한 것이다. 영토 안에 거주하는 사람들은 자신이 국가에 소속된 공동체의 일원이라는 국민 정체성을 인식하고 이를 공유한다. 국가는 정부와 같은 통치기구를 통해 그 영토를 방어하고, 국민을 보호하며, 기본적인 복지를 제공한다. 그래서 흔히 국민, 주권, 영토를 국가 구성의 세 가지 기본 요소라고 한다. 그런데 국민 국가가 본격적으로 시작된 근대시기와는 달리 오늘날은 사회 변화가 더 급격하게 일어나고 있다. 국가의 경계를 넘어 상품, 자본, 아이디어, 인력의 잦은 교류를 통해 곳곳이 연결되지 않은 곳이 없다. 이러한 현상은 고전적 의미의 국민국가 형성과 그 체제의 안정적 유지에 중대한 도전으로 작용하고 있다.

변화의 핵심 중 하나는 국가 자본주의가 세계적 차원으로 확산되고 있다는 점이다. 예컨대 글로벌 다국적 기업의 등장은 기업이 특정 국가에만 소속되지 않는 현실을 보여준다. 이들 기업은 본사, 공장, 연구소, 영업 부서 등이 세계 곳곳에 분산되어 있으며, 이에 따라 창출되는 이익도 단일 국가에만 귀속되지 않는다. 이들 기업의 고용 구조 역시 인종, 민족, 출신 국가 등 다양한 배경을 가진 사람들로 구성되어 있다. 글로벌 다국적기업은 국가의 주권적 권리에 도전하기도 한다. 기업 유치를 통해 방대한 인력 고용, 자본 유입, 지역 개발, 세수 증가 등의 이익을 확보하기 위해, 국가가 다국적 기업에 무료 국토 임대나 세금 감면 등의 특혜를 제공하는 사례는 그 대표적인 예라 할 수 있다. 또한 다국적 기업들의 요청에 따라 제도와 법을 바꾸기도 하며, 혹시나 기업이 다른 나라로 옮겨 갈까봐 전전긍긍하기도 한다. 궁극적으로 이러한 기업들은 국경을 넘나드는 네트워크를 형성함과 동시에, 글로벌 표준에 기반한 인식, 태도, 행동 양식 등 문화적·규범적 체계를 확산시킴으로써 세계화의 보편적 문화를 전파하는 역할을 수행한다.

또한 국민국가의 구성원인 국민들이 경계 안에만 머무르지 않고 제한된 영토를 넘어 대규모로 신속하게 이동할 수 있는 기반이 마련되었다. 이는 경계선을 중심으로 구축되어 왔던 국가 주권의 토대를 약화시키며, 변화에 부합하는 새로운 제도의 정립이 필요함을 시사한다.[1] 국가안의 법과 제도가 국가 밖의 영향에 따라 바뀌고 그것이 다시 개인에게 영향을 미친다. 과거에는 생각지도 못했던 일이었는데, 이제는 개인이 국가의 경계를 넘어 세계적 차원으로 등장하는 시기가 본격적으로 도래한 것이다. 이러한 현상에 따라 국가의 독점적 주권은 약화되고 시민적 권리는 큰 변화를 맞게 된다.

이러한 때 시민권에 대한 논의는 두 갈래도 나누어 볼 수 있다.[2] 먼저, 시민권의 기준이 더 이상 개별 국가의 영역에 국한되지 않고, 전 지구적 수준에서 재정의 되어야 한다는 주장이 제기된다. 국가의 권리보다 개인의 권리가 우선시되어야 하며, 이러한 맥락에서 '탈국가적 시민권'이라는 개념이 등장한다. 세계화가 심화됨에 따라 국민국가를 기반으로 한 전통적 시민권의 정당성은 약화될 것이며, 보편적 인권에 기초한 새로운 형태의 시민권이 요구된다는 것이다. 따라서 앞으로는 전 지구적 차원에서의 시민권을 모색하고 추구할 필요가 있다는 것이다.

두 번째는 초국가적 시민권의 추구이다. 국가의 경계를 넘나드는 삶에 주목하는 시민권 개념으로서, 탈국가적 시민권과 초국가적 시민권은 권리의 확장 방식에서 차이를 보인다. 탈국가적 시민권이 국가의 틀을 넘어 보편적 인권에 기초한 세계적 차원의 시민권 확대에 초점을 둔다면, 초국가적 시민권은 국경을 넘나들며 살아가는 개인, 특히 이주자들의 경험에 주목한다. 즉, 국가를 초월한 보편적 권리의 추구보다는 개인이 복수의 국가에서 동시에 구성원으로서 권리를 누릴 수 있는 가능성에 더 큰 의미를 부여하는 것이다.

시민권의 변화와 관련해서 탈국가적시민권과 초국가적시민권은 국가의 경계를 벗어나는 개인의 권리 확장이라는 면에서는 공통점이 있지만 권리의 지향점에 대해서는 다르다. 글로벌화와 관련하여 시민권의 두 개념이 어떻게 다르며, 어느 방향으로 시민권의 권리추구가 나아갈지를 조금 더 살펴보자.[3]

탈국가적 시민권 개념은 자유무역의 활성화와 정보통신기술의 급속한 발전, 특히 인터넷의 보편화로 인해 형성된 전 지구적 시장질서와 밀접하게 관련된다. 이러한 변화는 개인이 더 이상 국가의 영토에 제한되지 않고, 전 세계를 무대로 활동하며 상호작용할 수 있는 조건을 제공하고 있으며, 이는 시민권 역시 국가 중심의 틀을 넘어 재구성되어야 함을 시사한다. 글로벌한 기준이 개인에게 영향을 미치면서, 가치관과 신념, 행동 양식 등이 보편적인 글로벌 기준에 맞추어 새롭게 형성된다. 물리적 이동 수단의 발달도 뚜렷해서 국가의 경계를 넘어 신속하게 그리고 대규모로 국경을 넘는 것이 가능해졌다. 이와 같은 변화는 국가 경계의 장벽을 평탄화하여 국가 주권의 전통적 공간적 범위를 축소시키며, 이에 따라 개인은 시민권이 제한된 영토 내에서만 유효하다는 기존 관념에 의문을 제기하고 새로운 시민권 형태를 모색한다.[4]

이러한 현상은 전지구적 차원에서의 문화 변동을 촉진하며, 한 국가가 자신만의 독자적 경계를 지키며 독립적인 주권을 행사하기 어려운 환경을 만든다. 국가 간에 조약을 통해 교류를 확장하는 반면, 개별 국가가 조약을 따르게 됨으로써 국제적인 기준이 곧 당사자 국가의 주권에 영향을 미친다. 가장 대표적인 것이 유럽연합^{EU}이다. 유럽연합에 가입한 각 국가들은 독자적인 시민권 정책을 가지고 있다. 그러나 이와는 별도로 유럽연합 회원국 국민 모두는 EU 시민권을 함께 갖는다. EU 시민권을 가진 국민은 유럽연합 회원국 내 어디서든 자유롭게 이동할 수 있으며, 해당 국가의 시민과 거의 동등한 권리와 의무를 누린다. 그러므로 개별 국가가 독자적인 시민권을 부여하는 권리는 약화되고 있다. 이러한 맥락에서, EU 회원국 국민들은 개별 국가의 국민임과 동시에 '유럽인'이라는 통합된 정체성을 확립하며, 국가의 차원을 넘어서는 시민적 정체성을 구축하려는 노력을 지속하고 있다. 탈국가주의 시민권은 이러한 변화의 바탕위에 등장하였다.

탈국가주의 시민권을 주장하는 이들은 시민권 부여에 대한 국가의 독점적 권한이 점차 약화되고, 전지구적 보편 인권에 기반한 '세계 시민권'이 새롭게 등장할 것이라고 예측한다. 탈국가주의 시민권의 시대는 행위와 역할이 국가에 종속되어 수동적인 행위자에 머물러 있던 개인이 국경을 넘어 언제나 국제사회에 합류할 수 있는 능동적인 행위자로 바뀐다.[5] 시민권이 국가에 의해 일방적으로 부여되던 방식에서 벗어나, 자신이 선택한 국가에서 적합한 정치적, 법적 지위를 획득할 수 있도록 개인의 적극적인 노력도 요구된다. 이러한 개인의 노력이 필요한 것은 국민국가 안에 머물러 있을 때는 사회복지와도 같은 국가의 보호를 받을 수 있지만, 특정 국가에 의존하지 않는 탈국가주의 시민권의 추구는 이러한 국민국가의 보호를 쉽게 받을 수 없기 때문이다.

한편, 탈국가주의 시민권에 대한 관점은 여러 측면에서 비판의 대상이 되기도 한다. 탈국가주의 시민권이 특정 지역이나 국가들 사이에서는 국가의 경계를 넘어 보편적인 인권과 가치를 지향하는 형태로 나타나기는 하지만 확장성에 있어서는 분명한 한계가 있다는 점을 우선적으로 말할 수 있다. 예를 들어 앞서 제시한 EU 시민권은 탈국가주의 시민권의 대표적인 예로 거론되어 왔다. EU 시민권이 개별 국가의 주권과 경계를 약화시키고 더 큰 연합체인 유럽 연합의 기준에 따르는 새로운 시민권의 형태인 것은 맞다. 그렇지만 유럽 연합은 지역적으로 유럽 일부에 제한되고, 유럽 연합에 속한 국가들에 한해서만 시민권이 적용된다. 그렇다고 모든 나라들이 유럽 연합에 마음대로 가입할 수 있는 것도 아니다. 기존 회원국들의 동의를 받지 않고는 가입할 수 없으며 지역적으로 유럽에만 한정된다.

또한 유럽연합에 속한 국가 안에서도 각 국의 시민권을 가진 사람들만 EU 시민권을 가질 수 있다. 유럽 연합 이외의 국가에서 유럽연합에 속한 국가로 이주해 와서 거주하더라도 동일한 시민적 권리가 인정되지 않는다. 반드시 거주하는 국가의 시민권을 우선적으로 획득해야만 된다. 그러므로 EU 시민권은 국민국가 중심의 시민권 체계를 초월한 것이 아니라, 단지 그 지리적 범위를 유럽연합 전체로 확장한 것에 불과하다. 따라서 EU 외부 출신에게는 여전히 접근이 제한된 배타적 권리로 남아 있다. 따라서 탈국가주의 시민권이 인류 보편적 가치에 바탕을 둔 시민권의 확장이라는 측면에서 보면 한계점이 명확하게 드러난다.

EU 시민권이 존재하더라도, 각 회원국의 시민권 부여 권한과 포섭 및 배제 전략은 여전히 유효하게 작동한다. 각국은 시민과 비시민을 구분하는 기준과 시민권 취득 제도에 있어 상이한 방식을 채택하고 있으며, 다양한 유형의 이주자들이 존재함에 따라 합법적 지위 부여 방식과 관련 정책 또한 제각각이다. 그럼에도 불구하고 유럽연합 차원에서 회원국들이 공통된 기준과 제도를 마련하려는 조약이나 협약의 시도는 여전히 미흡한 실정이다. 개인이 아무리 노력한다고 해도 법과 제도의 틀을 뛰어넘어 시민권을 쟁취할 수 있는 것도 아니다. 그러므로 개별 국가의 주권은 여전히 탄탄하고, 시민권 부여 또한 국가 고유의 권한으로 남아 있기에 탈국가주의 시민권을 말하기에는 아직 섣부르다.

그렇다면 탈국가주의 시민권이 앞으로 확산될 가능성은 없는 것인가? 만약 탈국가주의 시민권이 확산되어 누구나 거주하고 싶은 국가에서 모든 시민적 권리를 누리고 살 수 있다고 하자. 그렇다면 이주자들은 처음부터 가지고 있던 출신국의 시민권을 포기할 필요가 없다. 동시에 거주하는 국가의 시민권을 획득할 이유도 없다. 국가가 이주자들에게 시민권을 부여하는 것은 개인에게 권리와 의무를 부여하고, 공동체의 일원으로 받아들임으로써 국가에 대한 충성심을 높이고 사회적 통합을 이루기 위한 것이다. 다시 말하면, 국가의 포섭과 배제의 전략으로 시민권이 부여된다. 탈국가주의 시민권은 이와 같은 국가의 포섭과 배제 전략을 근본적으로 무력화시킨다. 그렇다면, 탈국가주의 시민권의 확산은 국가의 지속 가능성과 맞물려 논의되어야 하지만, 아직까지 주권 국가를 초월하는 실질적인 연합체가 등장하지 않았기에 그 실현 가능성은 높지 않다.

초국가주의 시민권은 지금까지 살펴 본 탈국가주의 시민권의 시각과는 궤를 달리 한다. 탈국가주의 시민권이 시민권 확장의 공간에 초점을 맞춘다면, 초국가주의 시민권은 경계를 넘어 시민적 권리를 확장하려는 사람들에 집중한다.[6] 초국가주의 시민권은 보편적인 인권에 기초한 새로운 시민권의 등장이라는 탈국가주의적인 시각과는 달리 거주하는 국가의 시민적 권리를 획득하여 두 개 이상의 시민권을 갖는 부분이 논의의 핵심이다.[7] 초국가주의 시민권은 시민적 권리를 국가의 경계를 넘어 확대하려는 점에서는 탈국가주의 시각과 유사하지만, 이를 지구 전체를 아우르는 보편적 시민권으로 발전시켜야 한다고는 주장하지 않는다. 국가의 경계를 넘어 개인의 삶의 영역이 다른 나라로 옮겨질 경우, 그 거주국에서 출신국과 동일한 시민적 권리를 부여받는데 초점을 둔다. 또한 이주한 국가에서 새로운 시민권을 취득하더라도, 출신 국가의 시민권을 유지함으로써 두 국가의 국경을 넘나들면서 삶의 터전을 일구어 나갈 수 있도록 하는 것에 핵심이 있다. 따라서 이중시민권 또는 복수국적과도 같은 다중의 멤버십을 가짐으로써 두 개 국가에서 모두 인정받을 수 있도록 하자는 것이 초국가주의 시민권의 본질적인 측면이다.

초국가주의적 시각은 개인이 국경을 넘어 거주하는 국가와 출신국 외에, 직접적인 삶의 기반이 없는 제3국의 시민권에는 별다른 관심을 두지 않는다. 현실적으로 대부분의 이주자는 출신국과 현재 거주국 두 나라에 삶의 영역이 걸쳐 있다. 비록 개인이 다른 나라로 이주해서 새로운 삶을 산다고 하더라도 출신국에는 여전히 가족이나 동료, 친구 등이 있으며, 그들과의 관계를 지속하면서 살아간다. 그래서 현재 거주국의 삶 그리고 출신국과 연결된 삶을 동시에 살아간다. 이주자는 이렇게 출신국과 거주국에서만 유효한 시민권만 있으면 아무런 문제가 없다.

초국가주의자들은 탈국가주의자들과는 달리 시민권 부여와 관련하여 국민 국가의 주권 약화에는 크게 관심이 없다. 그보다는 국가가 외부에서 이주해 온 사람들을 대상으로 어떠한 법적, 제도적 정책을 만들고 적용하느냐 하는 것에 주된 초점을 맞춘다. 이주자의 유입이 많은 국가든 유출이 많은 국가든 상관없이 모든 국가는 초국가적인 시민권을 허용할 필요성이 있다. 이주자의 유입이 많은 국가는 이주자들이 잘 적응해서 살 수 있도록 하고, 사회 통합을 도모하며, 국가와 공동체에 대한 소속감과 충성심을 높이기 위해서 이주자들에게 시민적 지위를 부여하는 것이 유리하다. 이주자 유출이 많은 국가는 자국을 떠난 국민의 시민권을 박탈하기 보다는 유지하도록 함으로써, 그들이 출신국과 지속적인 연결고리를 가질 수 있게 한다. 이를 통해 타국에서 성공한 자국민들이 자유롭게 송금하거나, 출신국에 투자와 사업을 펼칠 수 있도록 하여 경제적인 효과를 볼 수 있다. 또한 비록 타국으로 이주했다고 할지라도 달리 생각하면 자국의 시민권을 가진 사람이 타국에 진출해 있는 것으로 볼 수 있으며, 국민을 잃어버리는 것이 아니라 오히려 자국의 영향력을 국경 너머로 확장할 수 있는 기회가 될 수 있다.[8]

그런데 이러한 초국가주의 시민권의 혜택을 주로 볼 가능성이 있는 사람들은 가장 흔히 나타나는 이주 형태인 후진국에서 선진국으로 건너온 이주노동자들이다. 후진국에서 온 이주자들이 선진국 사회에서 경쟁적인 삶을 살아나가는 것은 쉽지 않다. 그러기 위해서는 출신국에서 자원을 공급받아야 할 뿐만 아니라, 자신이 해외에서 벌어들인 수입의 일부를 다시 고향으로 송금해야 하는 경우도 적지 않다. 따라서 그들은 가장 적극적으로 초국가주의 시민권을 요구할 수밖에 없다. 또 한편, 세계화가 가속되면서 수준 높은 기술을 보유한 고학력 이주자의 이동도 늘어나고 있고 자산을 많이 가진 부자들이 더 나은 선진국으로 이주하는 경우도 많아졌다. 이들은 이주한 국가에서 성공할 확률이 높고 영주권이나 시민권을 획득할 가능성도 크다. 따라서 초국가적인 복수시민권의 혜택을 더욱 적절하게 누릴 수 있다.

하지만 앞으로 모든 사람들이 기회만 주어 있다면 초국가적 이중시민권을 적극적으로 추구할 것인가 하는 문제는 다르다. 초국가주의는 국민국가의 주권이 약화되는 것을 전제로 하지 않는다. 여전히 국민국가의 건재함을 인정한다. 시민권 부여의 주체는 국민국가이므로 초국가주의 시민권의 획득은 이주한 국가의 시민권을 취득함으로써 이루어진다. 그렇다면 후진국에서 온 이주노동자들이 이주한 국가의 시민권을 얼마나 수월하게 취득할 있느냐하는 것이 관건이다. 그러나 대부분의 이주노동자들은 주변부의 삶을 살고 있고, 재산의 소유도 많지 않으므로 그 국가가 요구하는 시민권 취득의 요건을 충족하기 쉽지 않다. 따라서 이주자 중 많은 이들이 초국가주의 시민권이 제공하는 권리를 쉽게 누리지 못한다.

그렇다면 고학력 기술직이거나 자산을 많이 소유한 이주자들은 초국가적인 이중시민권을 적극적으로 추구할 것인가? 그들은 이주한 국가에서 성공할 가능성이 아주 높고 자산도 풍부하기 때문에 굳이 이주한 국가에서 시민권을 취득할 동기가 적은 편이다. 이주노동자들은 직장을 잡고 돈을 벌기 위해서는 시민권이 아주 중요한 수단이 되지만, 자산이 많은 이주자들은 합법적으로 거주할 수만 있으면 되었지 딱히 시민권을 가져야할 필요성을 못 느낀다. 다시 말하면 시민권의 여부가 그들의 삶에 미치는 영향이 제한적이라는 것이다. 이러한 의미에서 보면, 초국가주의 시민권도 쉽게 확장될 수 있는 것은 아니다.

결론적으로, 보편적 인권을 바탕으로 전 지구적 차원에서 새로운 형태로 등장한 탈국가주의 시민권은, 국민국가의 주권이 여전히 강력하게 유지되고 있는 현실을 고려할 때, 조만간 쉽게 실현되기 어렵다. 지구촌의 블록화와 지역경제공동체 구성 등으로 인해 유럽연합, 아세안 등과 같이 회원국들 사이에서는 부분적으로 탈국가주의 시민권이 적용될 수 있다. 그러나 코로나19 팬데믹이 지구 전체로 확산되었을 때 모든 국가는 국경을 봉쇄했다. 평탄했던 국경선이 갑자기 장벽으로 변했고, 모든 국가가 자국의 소속을 강조하기 시작했다. 보편적인 시민권 보다는 각국의 독자적인 시민권의 중요성이 더욱 부각되었으며, 시민권이 없으면 그 나라에 입국하지도 못하였다. 국민국가가 부여한 배타적인 시민권의 역할이 한층 더 뚜렷해진 것이다. 따라서 탈국가주의 시민권이 전지구적 차원의 이상적인 형태의 시민권이라고 할지라도 현실에서는 아직까지 실현되기가 쉽지 않다.

반면에 초국가주의 시민권은 국민국가가 여전히 시민권 부여의 주체이기 때문에 전지구적 차원에서 쉽게 확산되기 어렵다. 다만, 국가와 국가 사이에 시민적 권리에 대한 상호인정을 통해 실현될 수 있기 때문에 탈국가주의 시민권보다는 훨씬 현실적인 측면이 있다. 그러나 시민권 부여가 개별 국가의 독점적 권한이기 때문에 국가 간 협력이 쉽지 않다. 또한, 개별 국가 안에서 초국가주의 시민권이 적극적으로 수용된다 하더라도, 이러한 시민적 권리는 이주자들이 주로 누리게 되는 반면, 국가를 떠나지 않고 거주하는 대다수 기존 국민들은 상대적으로 그러한 권리를 누릴 수 없기 때문에 박탈감을 느낄 수 있다. 이로 인해 이주자와 토착국민 사이의 시민적 통합에 어려움이 생길 수 있으며, 궁극적으로는 개별 국가가 시민권을 둘러싼 포섭과 배제의 전략을 어떻게 사용하느냐에 달려 있다.

 주

1 Alison Brysk, Gershon Shafir (Eds.), *People out of place: Globalization, human rights and the citizenship gap* (London: Routledge, 2004); Yasemin Nuhoglu Soysal, *Limits of citizenship: Migrants and postnational membership in Europe* (Chicago: University of Chicago Press, 1994).
2 김정규, "탈국가주의, 초국가주의, 이중시민권, 그리고 한국의 복수국적 허용에 대한 논의," 『대한정치학회보』 제20권 1호 (2012), pp. 47–75.
3 탈국가주의와 초국가주의 시민권에 관한 보다 자세한 논의는 김정규 (2012)를 볼 것.
4 Soysal (1994).
5 Soysal (1994).
6 J. Fox, Unpacking "transnational citizenship," *Annual Review of Political Science* 8 (2005), pp. 171–201.
7 Thomas Faist, "Transnationalization in international migration: Impli-

cations for the study of citizenship and culture," *Ethnic and Racial Studies* 23-2 (2000), pp. 189-222; Steven Vertovec, "Migrant transnationalism and modes of transformation," *International Migration Review* 38-3 (2004), pp. 970-1001.

8 J. Itzigsohn, "Migration and transnational citizenship in Latin America: The case of Mexico and the Dominican Republic," In T. Faist & P. Kivisto (Eds.), *Dual citizenship in global perspective: From unitary to multiple citizenship* (London: Palgrave Macmillan, 2007).

이주의 사회학: 국제이주와 이주자

05

복수국적과 이주자정책

모든 사람이 하나의 국적을 갖도록 한 1930년 헤이그 국제회의는 국적이 없는 무국적인 사람을 방지하고 복수국적의 문제를 협의하기 위해서 열렸다. 헤이그 회의 이전에는 전쟁이나 영토분쟁으로 국경선이 자주 바뀌면서, 경계지역에 살고 있던 사람들은 소속 국가가 모호한 경우가 흔했다. 그래서 조상대대로 살아온 지역임에도 불구하고 무국적자 상태인 사람들이 적지 않았다. 또한 출신국을 떠나 여러 곳을 전전하는 사람들 중에는 출신국에 등록되지 않은 상태로 살다가 다른 나라로 옮겨 다니며 살았기 때문에, 어느 국가에도 국민으로 등록되어 있지 않은 경우도 상당히 많았다. 이러한 혼란을 방지하기 위해 세계 47개국이 모여, 모든 사람이 하나의 국적을 가지도록 하는 국제 협약을 수립하였다. 이 회의는 국적법이 상이해 충돌이 빈번했던 점을 고려하여, 하나의 국적 원칙을 확립하고 복수국적 문제를 해결하기 위함이었다. 그러나 협약에 서명한 모든 국가가 비준한 것은 아니었다. 그것은 국내법과 국제법이 충돌하는 부분들이 있었기 때문이었다. 그럼에도 불구하고 헤이그 국제회의는 국적과 관련한 중요한 논점들을 세계 국가들이 함께 다루었다는 점에서 중요한 의의를 지닌다.

　헤이그 국제회의 이후 대부분의 국가는 자국의 영토 안에 거주하는 사람들에게 국적을 부여하였지만, 국가마다 국적법이 서로 달라서 개인의 의도와도 관계없이 국적이 여러 개가 되는 복수국적자들도 많이 생기게 되었다. 복수국적이 생기는 것은 주로 출생, 결혼, 이민, 귀화 등의 원인에 의해서이다. 그런데 국가마다 이 원인과 관련하여 국적법에서 시민권을 부여하거나 박탈하는 조건과 절차 등이 다르기 때문에 혼란이 생긴다. 예를 들어, 출생과 동시에 국적을 부여하는 나라가 있는 반면, 부모가 그 나라의 국적을 갖고 있지 않으면 출생으로 인한 국적을 부여하지 않는 나라도 있다. 미국에서 한국 국적의 부모에게서 태어난 아이는 한국과 미국 국적을 모두 가지는 복수국적자가 될 수 있다. 그러나 한국에서 미국인 부모에게 태어난 아이는 한국 국적이 자동으로 부여되지 않으므로 미국 국적 하나만 가진다. 결혼에 의해 배우자의 국적을 취득하거나, 이민에 의해 국적을 가지는 경우도 귀화에 관련한 국적법에 따라 복수국적의 유무가 정해진다.

또한 어떤 국가는 국적 자체를 포기하지 못하거나 아주 어려운 경우도 있는 반면, 다른 국가의 국적을 획득하면 자동으로 국적이 상실되는 국가도 있다. 예컨대 아르헨티나는 자발적인 국적 포기가 불가능하고, 사우디아라비아와 이란과도 같은 나라는 국적포기를 정부의 허가를 받아야만 할 수 있으며, 허가 자체도 특별한 경우가 아니라면 매우 제한된다. 반면, 중국이나 일본과도 같은 나라는 원칙적으로 복수국적을 허용하지 않고, 한국은 제한적으로만 복수국적을 허용하고 있다. 이처럼 국적과 관련된 제도나 법이 국가마다 다르기 때문에 이주자들이 이러한 국가에 거주할 경우 시민권 취득의 문제는 출신국에 따라 달라질 수밖에 없다. 국적 포기 제도가 국가마다 다른 이유는 병역 의무, 자산 도피나 탈세 방지, 민족주의, 국민 정체성 유지 등 각국이 국민 관리를 위해 처한 상황이 다르기 때문이지만, 이러한 차이는 이주자들에게 큰 혼란을 초래할 수 있다.

예를 들어, 한국인이 다른 국가의 국적을 귀화를 통해 얻었을 경우 복수국적은 원칙적으로 허용되지 않는다. 한국인이 미국 국적을 취득하게 되면 한국정부에 국적 상실 신고를 함으로써 한국 국적은 상실하게 된다. 그런데 미국은 귀화를 통해 미국 시민권을 얻은 사람에게 출신국의 국적 포기를 요구하지 않는다. 따라서 미국 국적을 취득한 사람은 복수 국적을 소유할 수 있게 된다. 그렇지만 출신국이 한국이라면 한국 국적은 상실된다. 또 한편, 미국인이 한국 국적을 취득한 경우 미국은 자국의 국적 포기를 요구하지 않는다. 다만 한국은 미국인이 귀화를 통해 한국 국적을 취득하게 될 경우, 미국 국적의 포기를 요구한다. 따라서 한국 국적을 유지하려면 미국 국적을 포기해야 한다.

이처럼 복수국적 허용 여부는 각 국가의 독점적 권한에 따라 달라지므로, 이주자들은 출신국과 거주국의 정책에 따라 복수국적을 가질 수 있는지 여부가 달라진다. 또한 복수국적에 대해서 뚜렷하고 분명하게 법적 제도적으로 명시해 놓지 않은 국가들도 많아서 이주자들의 개인적 상황에 따라 복수국적의 취득 여부가 달라진다.[1] 그런데 시민권의 부여는 이주자 개인의 권리와 의무를 결정하며 인권과도 밀접한 관련이 있음에도 불구하고 이주자의 출신국가에 따라 다르게 적용되어 형평성의 문제가 발생한다.

복수국적의 부여는 국가의 독점적 권한이므로 많은 국가에서는 모호한 정책을 시행해서 포섭과 배제의 전략으로 사용한다. 복수국적 자체를 명확하게 법적 제도적으로 거론하지 않고 그냥 둠으로써 상황에 따라 탄력적으로 적용한다는 것이다. 예컨대 호주와 스웨덴은 복수국적을 허용하고 있지만 정부 등 공직에서 일을 하는 사람에게는 복수국적을 허용하지 않는다. 미국은 시민권을 부여할 때 오직 미국에 대한 충성심만을 가지도록 요구하지만 강제적으로 출신국가의 국적을 포기하도록 하지 않는다. 따라서 복수국적을 허용하는 것처럼 보인다. 그러나 국가 안보와 관련되는 일을 하거나, 고위 공직자로 진출하려는 사람들은 오로지 미국

이주의 사회학: 국제이주와 이주자

국적만 소유해야 한다. 이러한 미국의 복수국적 관련 제도는 아주 모호하다. 예를 들어 미국의 사관학교에 진학하려면 반드시 미국인이어야 한다. 복수국적자도 미국 시민권이 있으면 지원할 수 있다. 다시 말하면 복수국적자의 지원이 금지되는 것은 아니다. 그렇지만 입학생이나 재학생에게 보안상 다른 나라 국적을 포기하도록 요구할 수 있으며, 그렇지 않으면 불이익으로 작용할 수 있다. 또한 출신국이 미국에 우호적인 국가냐 그렇지 않느냐 하는 것도 영향을 미칠 수 있다. 또 다른 국가들은 특정 국가에 대해서만 구별하여 차별적인 복수국적 제도를 시행하기도 한다. 아르헨티나가 그러한 경우이다. 칠레, 온두라스, 파나마, 이탈리아, 노르웨이, 스페인 등 중남미와 유럽에 있는 국가들과 선택적으로 조약을 맺어 그 나라에 한해서만 복수국적을 허용한다.

자국민과 이주자에 대해서 차별적으로 복수국적 제도를 적용하는 나라도 있다. 이탈리아 사람들은 다른 나라로 이주하여 타국의 시민권을 획득하였다고 하더라도 이탈리아 시민권을 그대로 유지할 수 있다. 그래서 모든 이탈리아 국민은 복수국적을 가질 수 있다. 이탈리아가 이러한 정책을 쓰게 된 것은 자국민의 유출이 많기 때문이다. 다른 나라에 거주하더라도 이탈리아 시민권을 부여하여 온전한 시민으로 인정하는 것은 이들을 통해 세계 곳곳에 진출해 있는 이탈리아의 영향력을 확보하기 위한 것이다. 또한 이탈리아는 외국에도 선거구를 만들어 의원을 선출할 수 있게 하여 복수국적자의 권리를 크게 강화하였다. 그러나 이탈리아로 들어오는 이주자들이 시민권을 얻는 것은 많은 제도적 제약으로 인해 상대적으로 쉽지 않다. 이탈리아는 유출되는 자국민에게는 포섭의 전략을, 유입되는 이주자들에게는 배제의 전략을 사용하고 있다.

그렇다고 해서 모든 국가가 이주자들에게 배제의 전략을 사용하는 것은 아니다. 스웨덴은 이주자들의 사회 통합을 촉진하기 위한 정책들을 적극적으로 추진하고 있다. 외국인 이주자들도 자신이 거주하는 지역의 자치단체 투표권을 행사할 수 있게 하였고, 스웨덴 국적을 갖도록 권장하고 있다. 복수국적을 허용하여 출신국의 시민권을 포기하지 않고도 스웨덴 시민권을 가질 수 있게 하는 등 이주자들이 스웨덴 시민 공동체에 통합하여 살 수 있도록 적극적인 포섭정책을 사용하고 있다.

반면, 복수국적 허용에 관해 내외국인 모두에게 매우 엄격한 제도를 시행했던 국가로는 독일이 대표적이다. 독일은 뚜렷한 민족 정체성을 가지고 있는 나라이다. 민족 정체성을 국민 통합과 국가 유지의 기반으로 삼는 국가들은 대체로 혈연을 근거로 한 속인주의 시민권정책을 채택하는 경향이 있다. 독일은 제조업 중심의 산업을 가지고 있어 유럽에서 이주노동자들이 가장 많은 나라이다. 지배집단인 게르만 민족과 이주자 간의 화합과 긴장 완화를 위해, 독일은 1999년과 2013년에 복수국적을 허용하는 법 개정을 시도한 바 있다. 그러나 일자리 경쟁, 과도한 이주자 유입, 이주자로 인한 사회문제 악화 등의 이유로 독일 국민들이 반대하여서 복수국적 제도가 입법화 되지 못하였다. 그러나 독일 국적법이 마침내 개정되어 2024년부터 모든 외국인이 복수국적을 가질 수 있게 허용되었다. 또한 독일 국적 취득도 최소 8년에서 5년 거주로 줄어들었으며, 독일에서 태어난 이민 2세는 자동으로 복수국적을 가지게 되었다.

독일 국적법의 개정은 혈연 중심의 폐쇄적인 국적 기준에서 복수국적 허용과 귀화 요건 완화 등을 통해 보다 개방적인 방향으로 전환되었다는 점에서 주목할 만하다. 국적법이 개정된 배경에는 과거와 달리 이주자와 관련된 독일 사회의 변화가 크게 작용했다. 독일은 제조업 기반이 견고한 산업국가이지만, 저출산과 고령화로 인해 노동력 부족 문제가 심화되고 있다. 이러한 문제를 해결하기 위해 외국인 노동자 유치는 필수적이며, 이에 따라 귀화 절차를 간소화하고 복수국적을 허용함으로써 지속적

이주의 사회학: 국제이주와 이주자

인 경제 성장을 도모하려는 의도가 반영된 것이다.

또한 오랜 기간 외국인 노동자로 거주하면서도 여전히 독일 시민권을 갖지 못한 사람들이 인구의 상당 비율을 차지하고 있다. 이들 대부분은 독일 사회를 삶의 터전으로 삼고 있어 사실상 독일에서 살아갈 수밖에 없는 존재들이다. 따라서 이들을 외국인으로 남겨두기보다는 시민권을 부여해 권리와 의무를 지닌 시민으로 인정하는 것이 국민 통합의 측면에서도 바람직하며, 국가적 차원에서도 이익이 된다. 이와 더불어 시민권을 부여함으로써 정치적·문화적으로 차이가 큰 국가에서 온 이주자들이 독일의 민주주의 제도와 질서를 수용하고, 국가에 대한 충성심을 높이려는 의도도 담겨 있다. 복수국적 제도의 이러한 변화는 독일을 보다 개방적이고 포용적인 국가로 만들어가며, 동시에 미래의 국가 경쟁력을 강화하기 위한 전략으로 실행된 것으로 볼 수 있다.

스위스의 복수국적 제도의 변화도 독일과 같이 포섭과 배제의 전략을 적절하게 구사한 것이라고 할 수 있다. 영세 중립국인 스위스는 과거 시민권의 인기가 높았고, 복수국적을 인정하지 않는 정책으로 인해 시민권 취득이 어려웠다. 그러나 스위스 시민권의 인기에 찬물을 끼얹은 것은 유럽연합^{EU}의 탄생이었다. EU 시민권만 있으면 회원국들의 국민들은 EU에 속한 어느 국가에도 제약 없이 살 수 있었기 때문에 스위스 시민권의 상대적 가치는 급락하였다. 스위스는 영세중립국을 선언해서 EU 회원국도 아니다. 스위스 국민들에게는 스위스 시민권보다 EU 시민권을 취득하는 것이 인근 유럽 국가에서 일자리를 구하는 데 더 유리했다. 따라서 EU 국가로 이주하는 자국민들로 인해 인구 유출이 높아졌다. 스위스는 국민들이 인근 국가의 시민권을 획득하면서 자국 시민권의 포기를 막을 필요가 있었다. 또한 주변 EU 국가의 시민들이 스위스로 이주해 경제적으로 기여할 수 있도록 하기 위해서는 복수국적 제도의 도입이 불가피했다. 스위스는 2002년 EU/EFTA[2] 회원국들과 이동 및 거주 자유에 관한 협약을 맺어서 노동시장의 문호를 열고 높은 수준의 상호개방을 실시하였다.

스위스는 EU/EFTA 회원국 시민에게는 자유로운 입국과 5년 거주 후 영주권 신청 자격을 부여하는 반면, 비회원국 시민에게는 입국과 취업이 제한적이며 시민권 신청을 위해 최소 10년 이상의 거주 요건을 요구하는 등 차등적인 정책을 시행하고 있다. 결국 스위스의 복수국적 제도는 인근 국가로 일자리를 찾아 떠나는 자국민을 붙잡기 위한 포섭 전략이자, EU/EFTA 회원국 시민들이 스위스로 유입되도록 유도하는 전략으로도 기능하고 있다. 반면, EU/EFTA 비회원국 출신 이주자들에 대해서는 유입을 제한하는 배제 전략을 사용함으로써, 복수국적 제도를 개인의 출신국에 따라 차별적으로 적용하고 있다.

아시아 지역 다수 국가들은 혈통주의에 기반한 시민권정책을 채택함에 따라 복수국적을 제한하는 경향이 강하며, 이로 인해 유럽 및 북미 국가들에 비해 복수국적에 관한 규제가 더욱 엄격한 편이다. 그러나 다민족 구성 국가 또는 해외 유출 이주자가 다수 존재하며, 이들의 송금 경제가 국가 경제에 중요한 기여를 하는 국가들은 포섭과 배제 전략에 따라 복수국적 제도를 상대적으로 유연하게 운영하는 경향이 있다.

인도는 인구 유출이 많은 나라이다. 미국을 비롯한 선진국으로 이주하는 사람들은 IT 업계 진출을 비롯하여 고학력 전문직 유출자가 많다. 국가 차원에서 해외에 거주하는 인도인들과의 네트워크 유지가 그렇지 않은 경우에 비해 더 큰 이점을 제공한다. 해외 거주자에게 시민권을 지속적으로 부여함으로써 송금 경제의 활성화를 도모하고, 인도로의 재투자가 원활히 이루어질 수 있는 환경을 조성하였다. 또한 복수국적 허용을 통해 해외 이주 인도인들의 인도 내 출입을 자유롭게 하여, 이들이 국내 경제 활동에 적극적으로 참여할 수 있도록 하였다. 이러한 시민권정책은 인도의 특수한 사회경제적 상황과 경제 발전을 위한 자국민 포섭 전략의 일환으로 해석될 수 있다.

인도와 유사하게 필리핀도 자국민 해외 유출이 많은 나라이다. 필리핀은 인도보다 더 적극적인 복수국적 제도를 가지고 있다. 필리핀은 해외 이주자에게 복수국적을 부여함을 물론이고 해외에서 국내 투표권까지 부여하고 있다. 그래서 필리핀 출신 해외 이주자는 외국 국적을 취득했다 할지라도 여전히 필리핀 국내정치에 영향력을 끼칠 수 있다. 해외로 이주하는 필리핀 사람들은 대부분 이주노동자이다. 그들을 통한 송금경제는 전체 필리핀 국가 경제에 무시하지 못할 정도로 큰 부분을 차지한다. 복수국적의 부여는 해외 거주 필리핀 이주자들의 정체성을 강화하고 집단적 유대감을 높이는 한편, 본국과의 지속적인 관계 유지를 가능하게 한다. 이러한 제도적 기반은 이주노동자들이 해외로 이주할 때 필리핀 디아스포라 공동체를 통해 보다 안정적이고 유리한 조건에서 정착할 수 있도록 지원하는 역할을 수행한다. 나아가, 해외 이주자의 경제적 성과는 송금이라는 형태로 본국 경제에 재유입 되므로, 필리핀정부로서는 국가 발전을 위한 전략으로 자국민에 대한 제도적 포섭정책을 적극적으로 추진할 수밖에 없다.

 주

1 T. B. Sejersen, "'I vow to thee my countries' – The expansion of dual citizenship in the 21st century," *International Migration Review* 42-3 (2008), pp. 523-549.

2 EFTA(European Free Trade Association, 유럽자유무역연합) 회원국은 아이슬란드, 리히텐슈타인, 노르웨이, 스위스이다. 1960년에 자유무역을 추구하기 위해 설립되었다.

복수국적 정책의 기본 전략

지금까지 살펴본 바와 같이 복수국적은 개별 국가가 놓여있는 상황에 따라 포섭과 배제의 전략을 적절하게 사용한 결과라고 할 수 있다. 이러한 전략을 조금 더 구체적으로 살펴보자.[1] 해외 이주를 한 자국민들에게 복수국적을 허용하는 이유 중 으뜸은 경제적인 문제 때문이다. 해외로 이주하여 타국의 국적을 취득했다는 이유만으로 자국민의 국적을 박탈할 경우, 이주자들이 본국에 대한 정서적 유대는 유지하더라도 실질적이고 법적인 연계는 단절될 수 있다. 이로 인해 이주자들이 본국에 남아 있는 가족에게 송금을 하거나, 투자 및 사업을 추진하는 데 있어 외국인과 동일한 법적 지위를 적용받아 여러 제약에 직면하게 된다. 특히 외화 유입과 해외 투자가 절실함에도 불구하고 이를 안정적으로 확보하기 어려운 개발도상국의 경우, 해외 이주 자국민은 국가 경제발전을 위한 전략적 자산으로 간주될 수 있으며, 이들을 효과적으로 포섭하기 위한 제도적 장치가 필수적이라 할 수 있다.

또한 타국으로 이주한 자국민들이 현지에서 민족 공동체를 형성하고 장기적으로 정착하여 지역사회에 뿌리를 내리는 경우, 복수국적의 허용은 곧 이들이 타국의 영토 내에서 자국의 구성원으로서 공동체를 유지하는 것을 가능하게 한다. 이는 결과적으로 자국민이 타국 내에 실질적인 사회적 기반을 형성하고 영토적 존재감을 드러내는 방식으로 해석될 수 있다. 결과적으로 복수국적을 통한 자국민의 해외 공동체 형성은 국가 주권의 작용 범위를 자국 영토 밖으로 확장시키는 효과를 가져오며, 이는 주권의 탈영토화 현상으로 이해될 수 있다. 이러한 국가적 영향력의 외연 확장은 사실상 영토적 확장의 효과를 창출하며, 특히 특정 국가 내에 자국민의 대규모 민족공동체가 형성될 경우, 해당 국가에 대한 정치적·경제적·사회문화적 영향력 또한 상당한 수준에 이를 수 있다.[2]

예를 들어, 한국의 떡볶이는 초기에는 미국 내 코리아타운에 거주하는 한국인들을 중심으로 소비되었으나, 이러한 이주민 공동체를 매개로 현지 미국인들에게 점차 알려지고, 이후에는 하나의 유행처럼 확산될 수 있다. 나아가 한국 식품 기업들이 이를 기회로 삼아 현지 시장에 본격적으로 진출함으로써 실질적인 경제적 이익을 창출할 수 있다. 이처럼 '미국 속의 한국'이라 불리는 코리아타운은 한국 상품과 문화를 현지에 소개하고 유통하는 전략적 거점이자, 자국의 경제적·문화적 영향력을 확장하는 교두보로 기능할 수 있다.

또 한편, 해외로 이주하여 거주국의 시민권을 취득한 자국민에게 복수국적을 허용하는 조치는 민족주의적 정체성을 강화하고, 궁극적으로는 국가 통합에 긍정적인 영향을 미칠 수 있다. 해외로 이주한 국민에게 복수국적을 부여하는 정책은 혈통에 기반한 민족주의 전통에 뿌리를 두고 있다. 이는 국적을 단지 거주지나 법적 지위가 아닌, 혈연적 연속성과 민족적 소속감을 기준으로 삼는 관점에 입각한 것으로, 세계 어느 국가에 거주하더라도 동일한 민족적 배경을 지닌 구성원이라면 국적을 유지할 수 있도록 보장하겠다는 것이다. 이러한 접근은 국적을 통해 민족 공동체의 경계를 국가 외부로까지 확장하려는 민족 중심적 시민권 개념의 연장선상에 있다. 따라서 동일한 민족적 배경을 공유하는 구성원은 국적과 무관하게 하나의 공동체로 인식된다는 점에서, 복수국적 허용은 전 세계에 흩어져 있는 국민들 사이의 민족 정체성을 강화하는 효과를 가진다. 이러한 맥락에서 복수국적의 부여는 국경을 넘어선 민족적 유대의식을 통해 국가 정체성과 결속력을 더욱 강화한다.

자국민에 대한 복수국적 부여의 장점이 이러함에도 많은 국가가 외국 국적을 취득한 자국민에게 복수국적을 허용하지 않는다. 그러한 이유는 먼저 자국을 떠난 사람과 남아 있는 사람들과의 형평성과 신뢰의 문제가 발생하기 때문이다. 자국을 떠난 사람들이 여전히 국적을 보유하여 복수 국적자가 되는 경우, 국내에 거주하며 단일 국적만을 보유한 대다수 국민은 이주자의 이주 동기나 경제적 상황과 무관하게 단순히 국적 보유 여부만으로 불평등 문제를 제기할 수 있다. 또한, 국가를 위해 헌신하며 기여하는 사람들은 단일 국적을 보유하는 반면, 해외로 이주한 자국민이 복수국적을 갖게 될 경우, 이중 정체성을 가진 이들의 국가 충성심에 의문이 제기될 수 있다. 이는 궁극적으로 복수국적자와 국내 거주 국민 간 의무와 권리의 공정성 문제로 이어지며, 복수국적자가 의무는 부담하지 않으면서 권리만 향유하는 특권적 지위를 누린다는 인식으로 인해 정당성 논란이 발생하게 된다. 아울러 복수국적자의 국가에 대한 충성심이나 애국심이 상대적으로 약해서 공동체의 정체성과 통합을 저해할 수 있다는 비판도 존재한다.

이러한 시각에서 볼 때, 복수국적은 국민 간의 유대감을 약화시키고 국가 정체성에 혼란을 야기할 수 있다는 이유로 부정적으로 평가된다. 국가의 구성 요건이 국민, 영토, 주권이라면, 국민이란 국가의 영토 내에 거주하는 사람을 의미하며, 시민권은 국경 안에 사는 이들에게 부여된다는 '거주지 중심주의'는 국민국가의 기본 원칙이다. 따라서 영토 안에 거주한다는 사실이 국가에 대한 소속감의 원천이라는 점, 그리고 공동체 참여가 물리적 거주 공간과 밀접한 관련이 있다는 점 등이 해외 이주 자국민에게 복수국적 허용을 머뭇거리게 만드는 주된 이유라고 할 수 있다.

이제 국내로 유입하는 이주자들에 대한 포섭과 배제의 전략을 살펴보

이주의 사회학: 국제이주와 이주자

자. 외국인 이주자들에 대해서 국가는 세 가지 처분을 할 수 있다. 첫째, 외국인 이주자들이 거주할 수 있는 권리를 허용하는 비자나 영주권은 부여하지만, 국적은 주지 않는 것이다. 둘째, 외국인 이주자들이 일정 자격 요건을 갖추면 국적을 가질 수 있도록 하지만 출신국의 국적을 포기해야 하는 경우이다. 다시 말하면 복수국적은 허용하지 않는 것이다. 셋째, 외국인 이주자들이 귀화해서 국적을 취득할 수 있고 출신국의 국적도 보유할 수 있도록 복수국적을 허용하는 경우이다. 첫 번째가 가장 배타적인 시민권 전략인 반면, 세 번째가 가장 포용적인 전략이다. 이주자가 출신국의 국적을 포기하고 싶지 않다면, 이주한 국가에서 기본적인 거주 자격만 보장받아도 큰 문제가 되지 않는다. 그러나 거주 자격에 따라 권리와 의무에 큰 차이가 있다면, 이는 이주자의 삶에 중대한 영향을 미치게 되기 때문에 거주국의 시민권/국적 취득 여부가 중요한 문제로 떠오른다.

그런데 국가의 관점에서 이주자가 일시적 체류를 넘어 장기적으로 거주하게 될 경우, 복수국적을 부여하여 정식 국민으로 수용하는 것이 사회 통합에 보다 효과적인 전략일 수 있다. 비자나 영주권을 통해 거주 자격을 가진 사람들은 일상적인 삶은 영위할 수 있지만, 참정권과 같은 정치적 권리는 제한된다. 따라서 이들은 국민 공동체 안으로 완전히 편입되기 어렵고, 자연스러운 소속감도 형성되지 않는다. 공동체의 일원도 아니고 소속감도 없는 이들과 함께 살아가는 것보다는, 동일한 국민 공동체의 일원으로 함께 살아가는 것이 통합에 도움이 되며, 국민들 사이의 이질감에서 비롯되는 사회적 긴장도 완화될 수 있다. 또한 이주자에게 권리뿐만이 아니라 의무도 동일하게 부과할 수 있으므로 국가적 이익은 더 크다. 복수국적이나 시민권의 부여는 이주자들 누구에게나 부여하는 것이 아니라, 거주기간, 직업, 재산 등 국가가 필요한 일정한 정도의 조건을 충족하는 사람들에게만 부여하는 것이기 때문에 문화적 이질감도 그리 크지 않다. 이주자도 권리의 확보로 인해 자신의 역량을 충분히 발휘할 수 있고, 투자도 자유롭게 할 수 있기 때문에 성공적인 삶을 살 가능성도 높아진다. 이주자들의 경제활동으로 내수 경제는 활성화되고, 세수가 늘어나며, 양질의 국민도 국가가 확보하는 것이므로 복수국적 부여는 결과적으로 국가의 이익으로 나타날 가능성이 크다.

그럼에도 선진국을 포함한 많은 국가들이 이주자들에게 복수국적을 허용하지 않고 있는 이유는 포섭과 배제의 전략에서 이주자를 배제를 하는 것이 국가이익을 위해 더 낫다고 생각하기 때문이다. 배제할 것인지 포섭할 것인지는 국가마다 동일한 사안에 대한 판단과 해석이 다르기 때문에, 이에 따라 적용되는 정책도 달라진다. 이주자에게 복수국적을 부여하는 것이 경제적 이익보다는 오히려 부담을 초래한다고 보는 입장이 바로 그것이다. 복수국적 부여는 새로운 이주자들의 유입을 증가시킨다. 이주자들이 한꺼번에 유입되고 그에 상응하는 적절한 일자리가 제공되지 않을 경우, 일자리 경쟁은 심화된다. 이주자들 간의 경쟁뿐 아니라 기존 하층계급 국민들과의 경쟁도 발생하여 협력보다는 갈등이 증대된다. 그 결과, 경쟁에서 밀리거나 탈락한 사람들을 위한 사회복지 지출이 증가하고, 이는 국가의 경제적 자원을 감소시킨다는 주장이다.

만약 이주로 인해 과도한 노동시장 경쟁이 발생할 경우, 그 영향은 이주자뿐만 아니라 기존 국민 중하층계급 노동자들에게 집중되어 실업이나 임금 하락 등의 문제가 발생할 수 있다. 이러한 상황에서 기존 국민들은 이주자가 자신의 삶을 위협하는 존재로 인식하게 되며, 이는 곧 편견과 차별로 이어진다. 이주자들은 위험하거나 범죄를 저지를 수 있는 존재로 낙인찍히고, 이에 대한 경계심은 더욱 강화된다. 결국 이들은 사회의 구성원으로 수용되기보다는 배제되어야 할 존재, 나아가 사회 문제의 원인으로 간주되며, 공동체의 동질성과 결속을 위협하는 집단으로 인식된다. 이러한 인식은 이주자의 유입을 용이하게 할 수 있는 복수국적의 부여에 부정적인 영향을 미치며, 복수국적을 쉽게 허용해서는 안 된다는 결론에 도달하게 된다.

복수국적을 부여하는 포섭과 배제의 전략은 개별 국가가 처한 상황마다 다르지만, 이주자들의 출신 국가에 따라서도 그 적용 방식에 차이가 있다. 예를 들어, 유럽연합 회원국 간에는 이주가 자유롭고, 국가별 차이는 있지만 복수국적 허용에 대해서도 비교적 관대한 편이다. 반면, 비회원국 출신 이주자에 대해서는 국적 부여 기준을 더 엄격하게 적용하는 경우가 많다. 그런데 막상 복수국적을 관대하게 허용하는 국가에서 온 이주자들은 거주국 국적 취득의 필요성을 상대적으로 적게 느끼며, 그 결과 복수국적을 취득하지 않는 경향이 있다. 이는 유럽연합 회원국 국민들 간에는 국적 취득 없이도 생활에 아무런 제약이 없어서 굳이 귀화할 이유가 없기 때문이다. 유럽연합 회원국들의 복수국적 정책은 국적 취득이 필요 없는 사람들에게는 관대하게, 필요한 사람에게는 엄격하게 적용되는 셈이다.

복수국적자는 두 개 이상의 국가 국적을 가진 사람으로, 두 국가에서 모두 국민으로서 생활할 수 있다. 복수국적을 가진 거주국 내에서는 해당 국적을 통해 생활에 어려움이 없으나, 제3국에 여행 가거나 해서 어려움에 처했을 때 어느 국가가 복수국적자에 대한 1차적인 보호와 책임을 부담해야 하는지에 관한 논란이 발생할 수 있다. 모든 국가는 자국민을 보호할 의무가 있다. 그래서 타국에 여행하거나 거주하는 국민에 대해서 외교적 보호권을 행사할 수 있다. 두 개 이상의 국적을 보유한 사람이 어느 국가의 외교적 보호를 우선적으로 받아야 하는지에 관한 문제는 국가들 간에 아직 불명확하다. 개인이 원하지 않더라도 복수국적을 가진 국가가 자국민 보호권을 행사할 수 있는지에 대해서도 명확한 답이 없다. 제3국입국 시 사용한 여권을 기준으로 관할 국가를 정할 수도 있지만, 국제법은 입국 여권이 아니라 우월적 국적$^{dominant\ nationality}$을 가진 국가가 복수국적자에 대한 보호권을 행사하도록 규정하고 있다.[3] 우월적 국적이란, 개인이 실질적으로 더 밀접한 관계를 맺고 있는 국가의 국적을 의미한다. 이를 판단할 때는 실제 거주지, 권리·의무의 이행 여부, 가족 및 사회적 관계의 중심이 되는 국가 여부 등을 종합적으로 고려한다.[4] 그러나 이러한 요건 등이 서로 복잡하게 얽혀 있어서 결정 내리기가 쉽지 않다.

복수국적 제도는 개인의 공간적·사회적 활동 범위를 확대하는 동시에, 국가 또한 새로운 구성원을 수용하여 정치적, 경제적, 문화적 이익을 확보할 수 있는 기회를 제공한다. 세계적인 추세는 복수국적을 허용하는 방향으로 나아가고 있다. 따라서 미래에는 복수국적의 보편화로 인해 국적 취득을 둘러싼 경쟁이 본격적으로 전개될 가능성도 있다. 국가 또한 자국의 이익을 위해 우수한 인재를 확보하고자 국적 경쟁에 나서는 시대가 도래 할 수 있다. 이는 아직 보편적 현상은 아니지만, 현재도 일부 국가들은 뛰어난 인재나 국가대표급 운동선수 등을 확보하기 위해 국적 부여를 전략적으로 활용하고 있다. 이와 같은 흐름 속에서 이주자와 기존 국민 간의 갈등, 법적 보호의 범위 문제, 국민통합 및 인권 문제 등 다양한 사회적 쟁점이 더욱 두드러질 것으로 예상된다. 아울러 복수국적을 둘러싼 국제법과 국내법 간의 충돌 역시 심화될 수 있다. 이제 한국 사회도 복수국적 문제를 단순한 예외적 사례로 보지 않고, 본격적으로 공론화하고 제도적 방향을 모색해야 할 시점에 도달했다.

이주의 사회학: 국제이주와 이주자

☀ 주

1 "탈국가주의, 초국가주의, 이중시민권, 그리고 한국의 복수국적 허용에 대한 논의," 『대한정치학회보』 제20권 1호 (2012), pp. 47–75.

2 이철우, "주권의 탈영토화와 재영토화: 이중국적의 논리," 『한국사회학』 제42집 1호 (2008), pp. 27–61.

3 C. Forcese, "Shelter from the storm: Rethinking diplomatic protection of dual nationals in modern international law," *The George Washington Inter-national Law Review* 37-2 (2005), pp. 469–500.

4 A. U. Kannof, "Duelling nationalities: Dual citizenship, dominant & effective nationality, and the case of Anwar Al-Aulaqi," *Emory International Law Review* 25-3 (2011), pp. 1371–1391.

07

한국인의 복수국적

한국은 원칙적으로 복수국적을 허용하지 않는다. 그러나 외국 국적 취득이 본인의 적극적인 의사에 의한 것이 아니거나, 국가의 이익을 위해 외국인에게 한국 국적을 부여한 경우에는 예외적으로 복수국적을 허용하고 있다. 한국의 국적 정책은 혈통주의에 따른 속인주의를 바탕으로 한다. 그리고 국가가 요구하는 제한된 요건을 갖춘 사람들에게는 귀화하여 국적을 가질 수 있도록 하고 있다.

국가의 국적부여는 흔히 속인주의(혈통주의) 정책을 기조로 하느냐 아니면 속지주의(출생지주의) 정책을 근간으로 하느냐에 따라 크게 달라진다. 속인주의 정책은 혈통을 중심으로 부모를 포함한 조상의 국적이 국적 부여에 영향을 미친다. 속지주의는 혈통주의와 상관없이 국가의 영토가 국적 부여에 영향을 주는 것을 말한다. 속인주의나 속지주의 중에 하나 만을 선택하여 국적을 부여하는 나라는 없다. 대부분의 국가는 속인주의 정책을 기본으로 국적을 부여한다. 여기에 더 개방되고 확장된 방법으로 국적을 부여하는 것이 속지주의이다. 따라서 속지주의 정책을 시행하고 있는 국가들은 모두 속인주의 정책을 기본적으로 시행하고 있다.

예컨대 미국은 속지주의 정책을 시행하고 있는 나라이다. 그래서 미국 영토 안에서 출생하는 자에게는 부모의 국적과는 상관없이 무조건 미국 국적을 부여한다.[1] 그러나 동시에 부모 중 한명이 미국인이라면 세계 어느 곳에서 출생하든 최소한의 조건만 충족하면 미국 국적을 부여한다. 최소한의 조건이란 부모 중 한 명이 미국 시민권자이면서 자녀 출생 전에 최소 5년 간 미국에 거주했어야 하며 거주 기간 5년 중 14세 이후에 거주한 기간이 최소 2년 이상이어야 한다는 것이다. 따라서 가장 개방적인 국적 정책을 시행하고 있는 대표적인 국가 중 하나인 미국은 복수국적을 허용할 뿐 아니라 속지주의와 속인주의 정책을 모두 시행하고 있다고 보아야 한다.

한국은 그 반대편에 서 있는 국가 중 하나라고 할 수 있다. 기본적인 골격은 속인주의에 바탕을 둔 부모양계혈통주의라고 할 수 있다. 따라서 부모 중 한 명이라도 한국 국적이라면 그 자녀가 어느 나라에서 태어나건 간에 한국국적을 부여한다. 다만 출생신고가 되지 않은 사람의 부모가 불명확한 경우 출생지가 한국의 영토라면 속지주의에 따라 한국 국적을 부여한다. 다만 한국의 국적법은 국민이든 귀화한 이주자이든 상관없이 국적을 취득한 날로부터 1년 이내에 이전 국적 포기를 명시하고 있기 때문에 원칙적으로 복수국적을 허용하고 있지 않다. 한국 국적을 가지고 있던 국민이 외국 국적을 취득하였을 경우 한국 국적은 상실되고, 외국인이 귀화하여 한국 국적을 갖게 되었을 경우에도 출신국의 국적은 포기해야 한다. 그러므로 복수국적에 관해서는 가장 폐쇄적인 국적 제도를 가지고 있는 국가 중 하나이다.

그럼에도 불구하고 복수국적을 예외적으로 광범위하게 적용하고 있는 것도 사실이다. 가장 흔한 경우가 '선천적 복수국적자'이다. 개인에게 국적은 귀속지위이기도 하고 동시에 성취지위가 되기도 한다. 태어날 때부터 개인의 의사와는 관계없이 강제적으로 부여된다는 의미에서는 귀속지위이고, 다른 국가의 국적을 취득할 수 있다는 측면에서는 성취지위라고 할 수 있다. 출생지주의 제도를 택하고 있는 국가에서 한국인이 거주하다가 자녀를 출생하였을 때, 그 자녀는 거주국의 시민권이 부여된다. 동시에 부모가 한국인이기 때문에 한국 국적도 부여된다. 그 자녀의 의사와는 무관하게 거주국과 한국 국적이 동시에 부여된 것이다. 이러한 사람을 선천적 복수국적자라고 하고 복수국적이 허용된다.

선천적 복수국적자를 허용하는 이유는 '국적 취득의 비자발성'이 한국 복수국적 제도의 가장 중요한 핵심이기 때문이다. 복수국적을 개인이 선택하여 취득한 것이 아니라, 출생이나 기타 불가피한 사유로 자동적으로 부여된 경우에는 이를 허용하겠다는 입장이다. 하지만 국적 선택의 자발성 여부는 상대 국가의 국적 제도와 밀접한 관련이 있다. 예를 들어, 한국 국적자가 외국인과 결혼했을 때, 상대 국가가 자국민과 결혼한 이에게 자동으로 국적을 부여하는 제도를 갖고 있다면, 한국인은 본인의 의지와 무관하게 복수국적자가 될 수 있다. 반대로, 상대 국가가 국적을 신청한 경우에만 부여하는 제도를 운영한다면, 국제결혼만으로는 복수국적을 가질 수는 없다. 이 경우, 상대 국가의 국적을 취득하는 순간 한국 국적은 상실된다.

외국인 이주자가 한국에서 살다가 귀화하여 한국 국적을 취득할 때도 마찬가지이다. 일반적으로 한국 국적을 취득한 경우 출신국의 국적을 포기해야 한다. 그러나 이주자의 출신국이 국적 포기를 허락하지 않는 국가일 경우 복수국적을 가질 수 있다. 또한 결혼이주자의 경우 간이귀화 제도에 의해 복수국적을 가질 수 있다.[2] 결혼이주자에 대한 복수국적 부여는 혈통주의에 따른 국적 제도와 관계가 있다. 한국인과 결혼한 이주자는 두 가지 선택을 할 수 있다. 첫째, 출신국의 국적을 유지하고 한국에서 외국인으로 사는 경우이다. 둘째, 한국 국적을 취득하는 경우이다. 만약 결혼이주자에게 일반귀화와 달리 복수국적을 허용하지 않는다면 어떤 문제가 발생할 수 있을까?

결혼이주 여성의 경우 한국인과 혼인했기 때문에 한국에 거주하는 데는 별다른 제약이 없다. 따라서 출신국 국적을 쉽게 포기하지 않으려 할 가능성이 크다. 그녀는 결혼으로 한국에 이주해 왔지만, 여전히 출신국에 가족과 인적 네트워크, 자산 등을 두고 있는 경우가 많기 때문이다. 그런데 이러한 상황에서 자녀를 한국에서 출산하면, 자녀는 양계 부모혈통주의에 따라 한국 국적을 취득하게 된다. 그러한 경우 한국인 자녀의 어머니만 혈통이 다른 외국인이기 때문에 가족 구성원들의 국적이 일치하지 않는 문제가 생긴다. 만약 이 어머니에게 시민적 권리를 부여하지 않는다면, 가족 내부에서조차 국적에 따른 권리 불균형이 발생하고 이는 국민 통합을 저해하는 요소가 될 수 있다. 결혼이주 여성에게 복수국적을 부여하는 것은 이러한 문제를 방지하고, 그들의 사회적 동화를 촉진하는 데에도 도움이 된다. 따라서 이는 단순한 행정적 조치가 아니라, 이주민을 포섭하려는 전략이 국적 제도에 반영된 결과로 볼 수 있다.

그러나 이러한 간이귀화 제도를 통해 복수국적을 허용하는 방식은, 한국인이 외국인과 혼인했을 경우에는 적용되지 않는다. 외국인이 한국 국적을 취득할 때와 달리, 한국인이 외국 국적을 취득하는 경우에는 국적 제도가 더 엄격하게 적용되며, 복수국적에 대한 기준도 차별적으로 운용된다. 특히 한국인의 경우, 결혼을 통한 이주로 복수국적을 취득하는 것은 매우 어렵다. 예를 들어, 결혼을 통해 형성된 다문화가족의 경우 외국에서 이주해 온 결혼이주 여성은 일정 요건하에 복수국적이 허용되지만, 한국인 남편은 특별한 사정이 없는 한 복수국적이 인정되지 않는다. 따라서 한국에 계속 거주하는 상황에서는, 한국인 배우자가 상대국의 국적을 취득하는 데 상당한 제약이 따르게 된다.

복수국적과 관련하여 또 다른 예외적인 경우는 특별귀화제도이다. 국적법 제7조에 특별귀화대상으로 혈연관계인 부모 또는 조부모가 한국인인 경우, 특별 기여자 그리고 우수 인재를 들고 있다. '특별 기여자'란 독립유공자나 문화, 과학, 스포츠 등 다양한 분야에서 한국의 발전에 기여한 사람을 말한다. 한편, '우수 인재'는 과학, 경제, 문화, 체육 등의 분야에서 전문지식이나 기술을 갖추고 국익에 실질적으로 기여할 수 있는 능력을 가진 사람을 의미한다. 특별귀화 대상자 가운데 우수 인재로 인정되는 경우, 일반적인 귀화 요건인 일정 기간의 거주, 한국어 능력, 일정 수준의 소득 요건 등에 관계없이 복수국적이 허용된다. 이 정책은 세계 인재를 유치하기 위한 포섭 전략으로, 국가적 이익을 확보하기 위해 혈통과 무관하게 다양한 국가 출신의 우수 인재를 수용하고자 마련된 제도이다. 출신국의 국적을 그대로 유지한 채로 한국에서 자유롭게 능력을 발휘할 수 있게 한 것이다. 다시 말하면 출신국의 국적포기에 대한 부담을 없앰으로 인재확보의 수월성을 높이기 위한 전략이다.

　그런데 아이러니하게도, 이러한 정책의 실제 수혜자는 주로 한국과 혈통적 연관이 있는 해외 교포 인재들이다. 한국이 필요로 하는 해외 우수 인재들은 대개 선진국의 시민권자들인데, 이들은 한국에서 활동하더라도 굳이 한국 국적을 취득하지 않아도 거주와 활동에 큰 제약이 없다. 또한 한국 사회에서 일하거나 생활하는 데 필요한 기본적인 권리들도 대부분 누릴 수 있으며, 제한되는 것은 선거권이나 피선거권 정도에 불과하다. 따라서 해외 교포인재를 제외한 선진국 출신 인재들에게 복수국적은 실질적으로 큰 의미를 갖지 않는다. 다만 반드시 한국 국적이 있어야 능력을 발휘할 수 있는 분야가 있는데, 대표적인 것이 스포츠 인재이다. 올림픽을 비롯한 국가 대항전에 참가하기 위해서는 반드시 한국 국적이 필요하다. 따라서 우수한 스포츠 인재를 영입하면 반드시 한국 국적을 부여해야 하고, 그러기 위해서는 출신국의 국적을 유지할 수 있도록 해 주어야 인재 영입에 도움이 된다. 결국 우수인재영입을 위해 복수국적 제도를 활용한 포섭 전략은 스포츠 부분을 제외하고는 그 목적을 제대로 실현하지 못하고 있는 실정이다.

　이주의 사회학: 국제이주와 이주자

복수국적을 인권 차원에서 허용하는 경우도 있다. 대표적으로 해외로 입양된 사람이 본래의 국적을 회복하는 경우, 그리고 외국으로 이주해 외국 국적을 취득한 후 65세 이상이 되어 한국 국적의 회복을 원하는 경우가 이에 해당한다. 해외입양 된 사람은 혈통주의에 따라 한국인 부모에게서 태어난 것이 확인되면 자동으로 한국 국적이 부여된다. 그러나 입양인은 자신의 의사와는 무관하게 외국으로 입양되어 외국 국적을 취득한 것이므로, 자발적인 선택이 아니었던 점을 고려해 복수국적이 허용된다.

한편, 여생을 고국에서 보내고자 하는 65세 이상 국적회복자에게는 혈통주의에 따라 한국 국적을 다시 부여한다. 과거 한국인이었고 외국 생활을 위해서 어쩔 수 없이 현지국의 국적을 취득하였으나, 이후 다시 한국으로 돌아와 살고 싶은 사람들에게는 한국인으로서 시민적 권리를 누리며 살 수 있도록 하는 인권적인 배려라고 할 수 있다. 사실 이들은 외국 생활을 오래한 후 한국에 돌아와 살고 싶다고 하더라도 현지 국가의 국적을 쉽게 포기할 수 없는 상황인 경우가 많다. 이주한 국가의 시민권자로서 오랫동안 살면서 획득한 자산, 연금 등의 혜택이 시민권 포기로 사라질 수도 있기 때문이다. 한국의 입장에서는 이들에게 복수국적을 부여하여 여생을 한국에서 살 수 있게 하면, 경제활동을 하고 세금 납부도 하는 등 경제적으로 큰 이익이다. 또한 입양된 사람이건 은퇴해서 돌아오는 사람이건 혈통적으로 동일하기 때문에 국적을 부여해도 이질성이 크지 않고, 사회적 통합에도 큰 문제가 없으므로 국가 구성원으로 확보하는 것이 유리하다는 결론에 다다르게 된다.

주목할 점은, 한국 복수국적 제도의 중요한 특징 중 하나가 복수국적자가 한국 내에서는 반드시 한국 국적 하나만을 사용해야 한다는 필수 조건이 있다는 것이다. 선천적복수국적자,[3] 우수 인재 특별귀화자, 혼인에 의한 간이귀환자, 국적회복자 등을 포함한 모든 복수국적자는 외국 국적을 행사하지 않겠다는 '외국국적 불행사 서약서'를 제출해야만 외국 국적을 포기하지 않고 복수국적을 유지할 수 있다. 외국국적 불행사 서약은 한국에 거주하는 동안 반드시 한국 국적만을 사용하고, 외국 국적은 행사하지 않겠다는 약속이다. 그러므로 외국에서 한국에 입국할 때는 반드시 한국 여권으로 입국해야 한다. 한국에서 출국할 때도 한국인으로서 한국 여권을 가지고 출국해야 한다. 다만 자신이 복수국적을 소지한 외국에서는 그 나라의 국적을 사용하면 된다. 예컨대 한국과 미국의 복수국적자라면 미국에 입국할 경우에는 미국 여권을 사용해서 미국에서는 미국시민권자의 권리를 누릴 수 있다. 따라서 엄밀히 말하면, 복수국적자를 포함해 한국에 거주하는 모든 한국인은 한국 국적만을 사용해야 하며, 한국인으로서의 권리와 의무는 누리지만 외국 국적과 관련된 권리는 행사할 수 없다. 결국 한국은 복수국적 부여에 매우 제한적이며, 국가 이익에 부합하는 경우에만 예외적으로 허용한다.

한편, 혈통적으로는 동일하지만 복수국적이 허용되지 않는 집단이 있는데, 조선족이 그 대표적인 사례이다. 조선족은 혈통뿐만 아니라 언어와 문화 측면에서도 한국인과 큰 차이가 없지만, 국적은 중국에 속하며 한국 국적을 가진 적이 없기 때문에 국적 회복도 불가능하다. 게다가 중국이 복수국적을 인정하지 않기 때문에, 한국에서 복수국적을 허용하더라도 조선족은 복수국적을 취득할 수 없다.

사실 조선족은 혈통적·언어적으로 다른 외국 출신 이주자들보다 한국인과 유사하여, 문화적 동화와 사회통합 측면에서 가장 적합한 외국인 이주자 집단이라고 할 수 있다. 그렇다면 혈통주의 원칙에 근거하여 조선족이 한국 국적을 보다 쉽게 취득할 수 있도록 제도를 개선하는 방안도 고려해볼 수 있다. 하지만 조선족에게는 다른 외국인 이주자와 동일한 국적 제도가 적용된다. 한국에 들어오는 조선족 대부분은 경제적으로 어려운 상황에 처해 있으며, 주로 3D 업종에 종사하는 노동자들이다. 이들은 필요한 노동력이지만, 국가 구성원으로 받아들여지지 못하는 이유는 그들이 심각한 사회문제를 일으키고 공동체 안정을 위협한다는 고정관념과 낙인 때문이라 할 수 있다. 또한 그들은 중국 국민으로 사회화되어 중국식 정치체제를 옹호하며, 중국인으로서의 정체성이 강하게 형성되어 있다. 이로 인해 한국 사회의 국가 구성원으로서 통합이 가능할지에 대한 신뢰가 부족한 상황이다. 따라서 국가 입장에서는 이들을 포섭하기보다는 배제하는 전략을 택하여 국적을 부여하지 않는 것이 더 적절하다고 판단한 것으로 볼 수 있다.[4]

　한편, 조선족과 유사한 지위를 가진 것으로 보이지만, 완전히 다른 지위를 갖는 집단이 바로 북한이탈주민이다. 북한은 국적포기 절차 자체가 없으며, 국적포기를 인정하지 않는다. 그래서 북한이탈주민의 경우 국적 문제는 매우 복잡하다. 한국의 국내법에서 "대한민국의 영토는 한반도와 그 부속도서로 한다(헌법 제3조)."라고 되어 있어서 북한도 한국의 영토이다. 따라서 북한 사람들도 법적으로는 한국인이라고 할 수 있다. 다만 인정할 수 없는 집단인 북한정부가 강압적으로 영토와 국민들을 지배 통제하고 있는 것으로 보고 있다. 따라서 북한 사람이 탈북을 하여 남한 영토에 들어오게 되면 당연히 한국 사람이므로 한국 국적을 자동으로 부여한다. 그런데 국제법적으로 북한은 엄연히 국가로 인정된다. 북한은 한국과 동시에 유엔에 가입해 있다. 국제사회는 당연히 북한을 국가로 보고 있다. 그렇다면 북한이탈주민은 '조선민주주의인민공화국'과 '대한민국' 국적의 복수국적을 가질 수밖에 없다. 북한은 국적포기를 인정하고 있지 않기 때문이다. 그런데 한국은 원칙적으로 귀화에 따른 복수국적을 허용하지 않는다. 그러므로 북한이탈주민은 국적포기가 불가능한 국가 출신의 귀화자에 대해서 예외적으로 허용되는 복수국적이 적용되는 경우이다.

간략히 요약하자면, 한국의 복수국적 정책은 외국인이 한국 국적을 취득할 때는 국가의 필요에 따라 다소 탄력적으로 정책을 적용하여 복수국적을 허용하지만, 한국인이 다른 국가의 국적을 취득할 경우에는 특별한 경우를 제외하고는 한국 국적의 포기를 요구하는 엄격한 정책을 시행하고 있다. 한국으로 들어오는 이주자들에게는 포섭 정책을 적용하는 반면, 자국민이 타국 국적을 취득하거나 이주할 경우에는 배제 정책을 적용하여, 자국민에게 더 불리한 복수국적 정책이 운영되고 있다. 한국의 복수국적 정책이 자국민에게 불리하게 적용되는 배경에는, 다른 나라 국적 취득이 한국에 대한 충성심 배반으로 여겨지는 정서, 단일 국적만 가진 대다수 국민이 느끼는 국적 불평등에 따른 상대적 박탈감, 그리고 복수국적자가 의무를 회피할 것이라는 우려 등이 복합적으로 작용하고 있다고 할 수 있다.

한편, 복수국적 정책의 세계적인 추세는 점차 유연하고 포용적인 방향으로 변화하고 있다. 세계화로 인해 국제 이주가 증가하는 가운데, 일자리와 노동력 확보, 고령화 및 출산율 저하로 인한 국가 구성원 감소 등 각국이 처한 환경은 다르지만, 이를 극복하기 위한 방안으로 일정 조건 하에 복수국적 부여를 허용하는 사례가 늘어나고 있다. 앞으로도 이러한 유연한 정책 적용은 더욱 확대될 것으로 전망된다. 특히 자국민 유출이 많은 국가일수록 자국민에게 복수국적을 적극 허용하는 것이 유리하다. 해외에 거주하는 자국민을 통해 해외 자원을 보다 쉽게 활용하고, 송금 경제와 국내 투자 증대를 통해 경제적 이익을 얻을 수 있기 때문이다. 또한, 복수국적을 가진 자국민들이 해외에서 민족공동체를 형성한다면, 이는 국가의 영토를 물리적으로 확장하는 것과 유사한 효과를 가져올 수 있다.

　이러한 추세와는 반대로 한국은 유입된 외국인 이주자에게는 탄력적인 복수국적 제도를 적용하면서도 유출되는 자국민에게는 복수국적을 허용하지 않고 있는데, 이로 인한 국가적 이익을 전혀 실현하지 못하고 있는가? 결론부터 말하자면, 반드시 그렇지만은 않다. 한국인이 해외로 이주하여 타국 국적을 취득하면 한국 국적은 상실되지만, 원할 경우 '재외동포' 지위를 부여받아 복수국적에 준하는 권리를 누릴 수 있다.

　재외동포는 크게 두 그룹으로 나뉜다. 첫째, 거주국 국적을 취득하지 않고 비자나 영주권 등으로 거주하는 이들은 여전히 한국 국적을 유지하며 '재외국민'으로 분류된다. 이들은 한국 국적자로서 선거권 등 한국인의 권리와 의무를 행사할 수 있다. 둘째, 거주국 국적을 취득해 한국 국적을 상실한 사람들은 한국 혈통을 지닌 '외국국적동포'라는 지위를 부여받는다. 이는 속인주의 전통에 따른 것이다. 재외동포 중 외국국적동포는 법적으로는 외국인이지만, 한국 내에서 선거권과 피선거권 같은 참정권을 제외한 대부분의 시민적 권리를 누릴 수 있다. 따라서 외국국적동포는 국적을 취득한 해외 국가에서는 국민으로서의 권리와 지위를 보장받고, 동시에 한국에서도 폭넓은 시민적 권리를 행사할 수 있어 사실상 복수국적을 가진 것과 거의 다름이 없다.

　하지만 해외 모든 국가에 거주하는 외국국적동포가 동일한 대우를 받는 것은 아니다. 예를 들어, 미국, 캐나다, 호주, 일본, 독일 등 외국국적동포가 많이 거주하는 선진국의 경우, 과거에 한국 국적을 가졌던 사람이나 그 자녀, 혹은 직접적인 국적 보유 이력이 없어도 조상이 한국인이었다는 사실이 확인되면 재외동포[F-4] 비자가 발급된다. 반면 중국이나 구소련 출신 국적자의 경우에도 재외동포로 분류되지만, F-4 비자가 아닌 방문취업[H-2] 비자를 받게 된다. 즉, 조선족이나 고려인은 처음부터 F-4

비자를 받을 수 없다. 이처럼 출신국에 따라 차이를 두는 것은 선진국 출신 동포는 경제적·문화적으로 안정성이 높고, 국내에서도 무리 없이 통합될 수 있다고 판단하기 때문이다. 반면 조선족이나 고려인 등은 대규모 노동이주 가능성이 크기 때문에, 고용 시장의 보호와 사회적 안정 유지를 위해 보다 집중적인 관리가 필요하다는 정책적 판단에서 출신국별 차별화가 이루어지고 있다.

출신국에 따라 차별화된 정책을 시행하는 이유는, F-4 비자가 부여하는 권한이 매우 강력하기 때문이다. 외국국적동포에게 발급되는 F-4 비자는 취업, 체류, 재산, 세금, 복지 등 거의 모든 측면에서 내국인과 유사한 권리를 보장한다. 우선, 취업의 경우, 변호사나 의사처럼 한국 국적을 요하는 일부 면허직을 제외하면 대부분의 직종에서 자유롭게 일할 수 있다. 체류 자격은 3년 단위로 허가되지만, 사실상 무제한으로 갱신이 가능하여 거주 기간에 실질적인 제한이 없다. 또한 주택 구매, 은행 거래, 투자 등 경제활동에서도 내국인과 동일한 자격을 갖추며, 자녀의 교육 역시 초중고부터 대학 진학까지 내국인과 같은 혜택을 누릴 수 있다. 소득세 납부와 같은 조세 의무는 있지만, 내국인과 동일한 세율이 적용되고, 국민건강보험 가입은 물론 국민연금 등 주요 사회보험에도 가입할 수 있다.

이처럼 F-4 비자가 부여하는 혜택과 권리가 매우 크기 때문에, 중국이나 구소련 지역 출신의 조선족과 고려인처럼 대규모 노동이주 가능성이 있는 집단에 대해서는 차별적인 비자 정책이 적용된다. 그러나 F-4 비자를 소지한 외국국적동포는 참정권을 제외하면 내국인과 거의 동일한 권리를 누릴 수 있기 때문에, 오히려 한국 국적만을 보유한 내국인과의 형평성 문제가 제기될 수 있다. 결국 이러한 형평성 문제를 고려하여, 해외에서 외국 국적을 취득한 경우 한국 국적은 자동 상실되도록 규정하였지만, 다시 F-4 비자를 통해 사실상 복수국적에 준하는 권리를 부여함으로써 형평성의 문제를 오히려 드러내고 있는 셈이다.

이러한 현실을 감안한다면, 해외에 거주하게 되어 한국을 떠나는 국민들에게도 한국 국적을 유지할 수 있도록 복수국적 제도를 보다 적극적으로 적용할 필요가 있다. 외국국적동포와 달리 국적을 상실하지 않고 유지하게 함으로써, 이들의 한국에 대한 소속감과 충성심을 지속시키는 것이 가능하다. 또한, 해외 거주국에서도 한국 국적을 지닌 이들이 한국인으로서의 정체성을 유지하고 민족공동체를 형성하고 활성화할 수 있다면, 한국 국적 보유자가 그 공동체의 중심이 되어 국민 주권이 국경을 넘어 탈영토화 된 방식으로 확장될 수 있다.

국가의 경계를 넘어 살아가는 사람들이 점점 늘어나고 있고, 어느 국가의 영토에 거주하든 시민적 권리를 보장받는 것이 중요하다는 사회적 합의가 형성된다면, 복수국적 문제에 대해서도 보다 유연하게 대응할 수 있을 것이다. 또한 사람들이 국경을 넘나들며 다양한 국가에서 삶을 영위하게 되더라도, 여전히 국민국가의 체제 안에 속할 수밖에 없다는 현실을 수용한다면, 복수국적의 부여는 개인 삶의 기본적인 토대를 마련하는 제도적 수단이 될 수 있다.[5]

국경을 넘나드는 사람들의 개인적 입장에서 보면, 실제로 어느 한 국가에만 깊이 뿌리를 내리고 정착하는 경우는 많지 않다. 오히려 많은 경우, 복수국적자는 주변인 또는 경계인의 위치에서 살아가게 된다. 그러다 이민 2세대에 이르면 대체로 하나의 국가에 정착하여 그 사회의 완전한 구성원으로 살아가며, 두 나라를 오가며 사는 삶은 드물다. 그러므로 복수국적자가 복수국적으로 얻을 수 있는 이익을 활용하여 살아가는 것은 이민 1세대에 국한되는 경우가 많고, 그 효용은 세대를 거치며 자연스럽게 약화된다. 따라서 복수국적이 세대 간 무제한으로 확장될 것이라는 우려는 과도하다. 따라서 복수국적 제도를 보다 탄력적이고 유연하게 운영할 필요가 있다.

앞서 살펴본, 독일이 2024년에 '국적법 현대화법'을 만들어 복수국적 허용을 확대하고 시민권 취득 요건을 완화한 정책은 시사하는 바가 크다. 독일은 유럽에서 대표적으로 게르만 민족의 혈통주의를 중심으로 하는 국적법을 가진 국가이다. 그러나 동시에 유입된 외국 출생 이주자의 수가 2024년 기준 1,740만 명으로 전체 인구 대비 약 20%나 차지할 정도로 유럽에서 가장 많다.[6] 이들 대부분은 이주노동자들이며, 기존에는 독일 국적을 취득하기가 매우 어려웠다. 그러나 2024년 개정된 법률은 복수국적 허용 범위를 기존의 유럽연합 및 스위스에서 전 세계로 확대하고 국적 포기 의무도 폐지함으로써, 복수국적을 전면 허용하였다. 또한 부모 중 한 명이 5년 이상 독일에 합법적으로 거주한 경우, 독일에서 태어난 자녀에게 자동으로 시민권을 부여하는 속지주의적 요소도 도입되었다. 이러한 파격적인 개정은 독일 내 이주자들과 해외로 이주하는 자국민 모두를 적극적으로 국가 구성원으로 포섭하려는 전략으로, 혈통주의에 기초한 배제 정책보다 세계화 시대에 더 큰 국가적 이익을 가져다 줄 수 있기 때문이다.

이처럼 국가의 이익을 최대로 만들기 위한 것이 목표라면, 복수국적 부여를 통한 포섭 전략을 적극적으로 추진해야 한다. 이주 유입자에게 보편적 인권을 인정한다는 점에서 복수국적의 허용은 일정한 정당성을 가진다. 그러나 이질적인 집단이 기존 국민공동체 내에 정착하면서 발생할 수 있는 갈등과 사회 통합의 문제는 복수국적 제도의 적극적인 시행에 대한 반대 여론을 불러일으키기도 한다. 따라서 이주 유입자의 시민적 권리를 보장하면서도 사회 통합을 실현하는 문제를 고민해야 한다.

또 한편 한국은 '글로벌'을 모토로 삼아 학교, 기업 등 사회 전반에서 세계로 나아갈 것을 강조하고 있으며, 이를 국가 생존 전략으로 내세우고 있다. 이러한 상황에서 가능한 한 많은 국가구성원을 포섭하고 유지하는 것이 필수적이다. 해외로 떠나는 한국인에게 여전히 '한국인'이라는 정체성을 유지하게 하는 것이 국가적으로 더 큰 이익이다. 복수국적의 인정과 부여로 인해 국가의 주권이 약화되는 것처럼 보일 수 있다. 그러나 정반대로 한국을 떠나 해외에 정착해 새로운 국적을 취득하더라도, 복수국적 제도를 통해 한국 국적을 유지하게 하는 것이 한국에 대한 지속적인 충성심을 갖도록 하는데 있어 더 유리하며, 개인에게 국가의 주권을 강화하는 역할을 한다.[7] 다만, 자국을 떠난 이들에게 복수국적을 허용하는 것에 따른 형평성과 국민들의 상대적 박탈감 문제는 또 다른 해결 과제이다.

그러나 누구에게나 국외로 이주할 자유가 있는 만큼, 복수국적을 둘러싼 형평성 논의보다 국가구성원을 지키는 것이 더욱 중요하다. 한국이 세계와 긴밀히 공존할 수밖에 없는 현실이라면, 그리고 급격한 인구구조 변화에 적절히 대응하려면, 세계 각국에 한국의 탈영토적 주권 영향력을 펼쳐나가려면, 경제적 성장 동력을 잃지 않으려면, 그리고 인간의 보편적인 인권을 존중하기 위해서라도 인구 유입자와 유출자 모두를 대상으로 복수국적 정책을 적극적으로 검토하고 확대 적용하여야 한다.

💡 주

1 미국에서 태어난 모든 사람은 출생지주의에 따라 자동으로 시민권을 부여받지만, 예외적으로 미국 국무성 외교관 리스트(Blue List)에 올라가 있는 외교 면책특권을 가지는 외교관의 자녀는 출생지에 의한 시민권이 부여되지 않는다. 그것은 미국 헌법 제14조에서 "미국에서 출생하고, 미국의 관할권에 있는 자"로 규정하고 있으

므로 외교관 자녀는 미국에는 있지만 법적 관할권에 포함되지 않기 때문이다. 다만 외교관으로서 면책특권을 완전히 누리지는 못하는 대사관 직원이나 외국 공무원들은 미국 시민권을 받을 수 있다. 외교면책특권을 가지는 외교관 자녀에게는 영주권이 부여된다.

2 외국인이 한국 국적을 취득하는 방법에는 일반귀화와 간이귀화가 있다. 일반귀하는 한국에서 장기간 거주한 외국인이 거주 조건을 충족시켰을 경우 국적을 신청해서 취득하는 경우를 말한다. 간이귀하는 한국인과 결혼한 외국인이 결혼을 이유로 한국 국적을 취득하는 경우를 말한다.

3 선천적 복수 국적자는 만 22세가 되기 전까지 국적을 선택해야 한다. 복수국적을 보유하기 위해서는 이 기간이 되기 전까지 '외국국적 불행사 서약'을 하면 된다. 다만 남성의 경우 병역의무가 있기 때문에 만 18세가 되는 3월 31일 이전에 한국 국적을 포기하지 않으면 병역의 의무가 부과된다. 병역의무를 이행한 남성은 병역의무를 마친 날로부터 2년 이내에 '외국국적 불행사 서약'을 제출하면 복수국적을 유지할 수 있다. 병역의무를 이행하지 않은 남성은 복수국적을 가질 수 없으며, 병역의무를 이행하지 않으면 한국 국적을 이탈할 수 없다.

4 김용범, "중국내 조선족의 국적과 이중 정체성," 『북한』 10월호 (1992), pp. 168-173.

5 Thomas Faist, "Transnationalization in international migration: Implications for the study of citizenship and culture," *Ethnic and Racial Studies* 23-2 (2000), pp. 189-222; Steven Vertovec, "Migrant transnationalism and modes of transformation," *International Migration Review* 38-3 (2004), pp. 970-1001.

6 "The Immigrant Population in the European Union", Rockwool Foundation, Berlin. https://www.rfberlin.com/immigrant-population-eu/

7 이철우, "주권의 탈영토화와 재영토화: 이중국적의 논리," 『한국사회학』 제42집 1호 (2008), pp. 27-61; J. Fox, Unpacking "transnational citizenship," *Annual Review of Political Science* 8 (2005), pp. 171-201; Aihwa Ong, *Flexible Citizenship: The Cultural Logic of Transnationality* (Durham: Duke University Press, 1999).

이주의 사회학: 국제이주와 이주자

08

서로 다름의 근원, 인종과 민족

외국인 이주자를 향한 두려움은 어디에서 시작된 것일까? 세대를 이어 함께 삶을 일구어 온 공동체 안에 낯선 이들이 등장하는 순간, 경계심이 드는 것은 어쩌면 자연스러운 일일지 모른다. 그러나 그것이 언제나 당연한 감정이라고만은 할 수 없다. 동남아시아 출신 이주자는 한국 사회에서 환대받지 못할 가능성이 있지만, 외국에서 태어나 한국 문화를 잘 알지 못하는 한국인 3세는 비교적 수월하게 받아들여질 수 있다. 양자 간의 주요한 차이는 인종적, 민족적 동질성에 있으며, 이는 외국인 이주자와의 공존에 있어 사회적 수용 여부를 결정짓는 핵심 요소로 작용한다. 이러한 배경으로 인해, 한국인 3세는 '외국인'으로조차 인식되지 않을 수 있다. 또한 농촌에 고령 인구만 남아 있어 노동력이 부족한 상황에서, 젊고 건강한 외국인 이주자들이 유입된다면 그들이 지역 공동체의 일원이 아니더라도 환영받을 가능성이 크다. 이는 외국인 이주자에 대한 국민들의 태도가 단순히 '외부인' 여부에만 좌우되지 않음을 보여준다. 인종과 민족의 차이는 주로 정서적·감정적 반응을 유발하는 반면, 공동체의 실익 여부는 보다 합리적인 판단에 근거한다. 문제는 이 정서적 반응이 합리적 사고 영역을 침범할 때 발생하며, 이로 인해 외국인 이주자에 대한 편견과 차별이 강화된다.

그렇다면 인종과 민족은 어떻게 나뉘는 것일까? 과학적으로 그 기준을 명확히 정하는 방법은 사실상 존재하지 않는다. 만약 집단을 구분하려면, 같은 집단 안의 개인들 사이보다 서로 다른 집단 사이에서 차이가 더 커야 의미가 있다. 예를 들어, 한국인끼리의 차이보다 한국인 전체와 아프리카인의 평균적 차이가 더 커야만 인종 간 구분이 성립된다. 하지만 인간의 DNA 분석을 통한 연구 결과를 유추해서 보면, 한국인들끼리의 외모나 신체 특징의 차이가 '인종 간' 차이보다 오히려 더 클 수도 있다는 사실이 밝혀지고 있다.[1] 보다 쉽게 설명하면, 의사는 환자에게 약을 처방할 때 인종이나 민족을 기준으로 하지 않는다. 처방은 체질, 체중, 건강 상태 등 개인의 특성을 고려해 결정된다. 아프리카 출신이라고 해서 한국인과 전혀 다른 약을 쓰지는 않는다. 이처럼 생물학적 관점에서 인종 구분은 실질적인 의미가 없으며, 민족 역시 과학적으로 구분할 수 있는 개념이 아니다. 특히 한국인, 중국인, 일본인을 DNA만으로 명확히 구분할 수 있다는 신뢰할 만한 연구는 존재하지 않는다.

그렇다고 해서 우리가 인종이나 민족을 구분하지 않는 것은 아니다. 문제는, 우리가 그것을 어떻게 구분하느냐이다. 같은 인종으로 여길지 여부는 사람마다 판단 기준이 다르며, 객관적이고 일관된 기준이 있는 것도 아니다. 보통 나와 생김새가 비슷하거나, 외형상 불편함 없이 어울릴 수 있는 사람을 같은 인종으로 받아들이는 경향이 있다. 그러나 이러한 기준은 모호하다. 백인종, 황인종, 흑인종이라는 대분류는 구분할 수 있을지 몰라도, 그 경계는 흐릿하다. 예컨대 백인종과 흑인종의 중간 지점, 백인종과 황인종의 경계에서 사람들을 분명히 구분하기는 어렵다. 피부색만으로 인종이 나뉘는 것도 아니고, 얼굴형, 눈동자의 색, 머리카락의 형태와 색 등 다양한 요소가 복합적으로 작용한다. 이처럼 인종은 분명히 사회적으로 인식되고 있지만, 과학적으로 명확히 구분되지는 않는 개념이다. 결국 인종은 '존재하되 구분할 수 없는' 모순적인 개념이라 할 수 있다.

그렇다면 민족은 어떻게 구분되는가? 일반적으로 민족은 인종의 하위

개념으로, 공통된 문화적 전통과 사회적 특성을 공유하는 집단으로 정의된다. 같은 민족이라면 대개 같은 인종에 속하고, 외형적으로 유사하며, 혈통적으로도 연결되어 있다고 여겨진다. 그러나 같은 민족이 반드시 같은 국가에 속할 필요는 없다. 미국, 캐나다, 호주와 같은 이민 국가들은 다양한 민족들이 함께 살아가는 다민족 사회이며, 한반도 역시 북한과 남한이라는 두 국가에 같은 민족이 나뉘어 살고 있다. 따라서 민족은 지역보다는 혈통에 바탕을 둔 개념이다.

예를 들어, 미국에 사는 한국인 3세는 미국 시민이지만, 우리는 그를 '우리 민족'이라 부른다. 외모만 보면 일본인이나 중국인과 명확히 구분되지 않지만, 그를 한민족으로 여기는 기준은 단지 그의 부모와 조부모가 한국인이라는 점, 즉 족보적 연결이다. 그러나 그 족보는 어디까지 유효한가? 기록이 남아 있는 경우에도 근세 이전, 조선이나 고려 시대까지 조상이 '한민족'이었다는 것을 공식적으로 입증할 수 있는 경우는 극히 드물다. 결국 우리는 그것을 믿고 있을 뿐이다. 그래서 단군신화가 존재하고, 우리는 하늘에서 내려온 단군의 후손이라 자처하며 개천절을 국경일로 기념한다. 민족이라는 정체성은 신화와 신념에 기대고 있으며, 과학적으로 증명할 수 있는 것은 그리 멀지 않은 과거에 한정된다. 민족 구분은 결국 믿음의 체계이지, 객관적으로 증명가능한 정체성은 아닌 것이다.

따라서 인종과 민족의 차이를 근거로 나와 남을 구분하는 것은 생물학적으로 타당하지 않다. 이러한 구분은 과학적 사실에 바탕을 두는 것이 아니라 신화나 상징의 영역에 가깝다. '우리'와 '타자'를 나누고, 특정 공동체의 우월성을 주장하며, 그 정당성을 통해 경쟁에서 우위를 점하고자 하는 과정속에서 인종과 민족은 상징적 도구로 활용되어 왔다. 이러한 사고방식은 곧 인종주의 혹은 민족주의로 이어진다.

인종주의와 민족주의는 단순한 관념에 그치지 않는다. 오히려 종교적 믿음 체계와 유사하게 작동한다. 종교가 믿음에 기반하지만 사람들의 삶과 운명을 결정짓는 강력한 힘을 지니듯, 인종주의와 민족주의도 개인과 집단의 정체성, 행동에 깊은 영향을 미친다. 종교는 신과 인간에 대한 사랑과 자비의 실천을 핵심 덕목으로 삼지만, 동시에 경쟁과 폭력, 전쟁, 증오를 낳는 양면성을 지닌다. 종교 전쟁에서는 용서가 없으며, 이는 종교가 타협할 수 없는 절대적 신념 체계로 구성되어 있기 때문이다. 인종주의와 민족주의도 이와 매우 유사하다. 한편으로는 내부 결속과 통합, 애국심, 공동체에 대한 사랑과 헌신을 품고 있지만, 다른 한편에는 배제와 차별, 시기와 증오, 심지어 살인과 전쟁이라는 어두운 면이 공존한다. 종교는 개종이나 가입, 탈퇴가 가능하지만, 인종주의와 민족주의는 육체적 외모, 혈통, 문화적 특징 등으로 구축된 정체성과 행동 양식을 마치 유전적으로 고정된 것처럼 여긴다. 따라서 그 공동체에 태어날 때부터 소속되며, 탈퇴하거나 바꾸는 것이 불가능하다. 이런 점에서 인종주의와 민족주의는 종교보다도 훨씬 더 폐쇄적이고 고착된 성격을 띠고 있다.

이러한 인종주의와 민족주의는 사람들이 서로를 구별해 보고자 하는 시도, 그리고 구분함을 통해 집단의 이익을 극도로 추구하기 위해서 만들어낸 '사회적 구성물'일 뿐이다. 한 집단이 다른 집단을 인종주의와 민족주의라는 도구를 사용하여 억압하고 차별하여 권리를 제한하면 그 반대급부로 권리제한에 따른 이익이 생긴다는 경험에 바탕을 둔 신념이 인종주의와 민족주의를 강화시킨다. 그러나 그러한 신화는 역사적으로 고정된 것이 아니라 시대와 상황에 따라 변화해 온 것도 사실이다. 인종주의와 민족주의가 인간이 만든 사회적 구성물이라면 언제든 다시 바뀔 수 있다는 가능성이 존재한다.

인종과 민족은 태생적으로 고정된 것이 아니라, 사회적·역사적 맥락 속에서 만들어지고 변화하며, 때로는 금지되거나 사라지기도 한다. 즉,

이들은 역사적 과정과 사회 변화에 따라 끊임없이 형성되고 재구성되는 개념이다.[2] 그렇지만, 인종과 민족은 자연스럽게 형성되는 것이 아니라, 국가와 사회 내 권력자들에 의해 끊임없이 정의되고 구분된다. 이러한 범주화 작업은 반복적으로 이루어지면서 사회적 현실로 굳어져 간다.

예를 들어, 인종과 민족이 역사적으로 다양하게 형성된 미국의 사례를 살펴보자. 백인 집단이 아메리카 대륙에 본격적으로 이주했을 때, 그곳에는 수많은 원주민 부족들이 이미 거주하고 있었다. 이들은 각기 다른 언어를 사용했고, 문화적 전통도 부족마다 달랐다. 아메리카 대륙의 서로 다른 지역에 사는 원주민 부족들은 서로를 알지 못했으며, 만난 적도 없었을 가능성이 크다. 그러나 백인들이 식민지를 건설하는 과정에서 다양한 원주민 부족은 '인디언'이라는 단일한 인종 또는 민족으로 묶여 범주화되었고, 이들은 학살과 차별의 대상이 되었다.

흑인들도 마찬가지이다. 아프리카 여러 부족과 나라에서 강제로 데려온 노예들은 출신 국가나 부족에 상관없이 단지 '흑인 노예'라는 하나의 정체성으로 분류되었다. 미국 역사에서 '피 한 방울의 법칙'에 따라 유색인의 혈통이 조금이라도 섞여 있으면 모두 유색인, 즉 흑인으로 간주되어 차별받았다. 흑인들도 백인과의 혼혈이든 아니든 상관없이 흑인의 피가 조금이라도 섞여 있으면 그들을 모두 흑인으로 받아들였다. 오늘날 미국 내 흑인들은 '아프리카계 미국인'으로 불리지만, 출신 국가나 부족과 같은 민족 개념은 사실상 존재하지 않는다. 오바마 전 대통령 또한 아버지가 흑인, 어머니가 백인인 혼혈이지만 스스로 흑인으로 정체성을 자처하며, 그가 첫 번째 흑인 대통령이라는 점을 의심하는 이는 없다.

그러나 지배집단인 백인들도 마찬가지였다. 미국을 처음 건국한 사람들은 주로 영국 출신이었으며, 이후 독일을 비롯한 서유럽 출신 이민자들이 유입되었다. 이들은 인종적으로는 같았지만 민족적으로는 서로 달랐기에, 독일 이민자들은 처음에 영국 출신 지배계급으로부터 차별받았다. 이후 아일랜드, 이탈리아, 그리스, 폴란드 등 남유럽과 동유럽 출신 이민자들이 대거 들어오자, 영국계 지배층은 독일계를 포섭해 함께 지배계급을 형성했다. 1920년대 유럽 이민이 절정에 달했을 때, 아일랜드 및 남동유럽 출신들은 심한 차별을 받았다. 1965년 미국 이민법 개정 이후 멕시코와 중남미 그리고 아시아에서 이민자들이 대거 유입되자, 백인들은 출신국가나 민족에 관계없이 유럽 출신 백인 전체를 지배계급으로 포섭하며 하나의 인종·민족으로 통합되었다. 물론 조상이 어느 국가 출신이라고 말들은 할 수 있지만, 백인들 안에서 특정 국가나 민족은 경계를 지을 만큼 뚜렷한 선들을 가지고 있지 않다.

따라서 오늘날 미국에서 원주민, 흑인, 백인은 각각 하나의 인종이자 동시에 하나의 민족으로 인식된다. 미국의 '멜팅 팟 melting pot' 신화는 전 세계 다양한 국가, 인종, 민족 출신들이 미국에서 모두 섞여 하나의 새로운 인종, 즉 '미국인'이라는 정체성으로 통합된다는 희망을 담고 있다. 그러나 현실은 이 신화와는 크게 다르다. 그럼에도 불구하고, 흑인과 백인 집단 내에서는 이 신화가 어느 정도 실현되고 있음을 확인할 수 있다. 흑인들은 출신 국가나 민족을 따지지 않고 하나의 흑인 집단으로, 백인들 역시 마찬가지로 통합된 정체성을 유지한다. 반면, 라티노와 아시아계 이민자들은 여전히 출신 국가와 민족에 따른 뚜렷한 경계와 범주를 유지하고 있다.

사실 라티노는 인종적 범주가 아니다. 라티노 안에는 백인, 혼혈인, 흑인까지 다양한 인종적 스펙트럼이 존재한다. 아시아계도 마찬가지이다. 한국인, 인도인, 사우디아라비아인을 동일한 인종으로 분류하는 것은 현실적으로 무리가 있다. 그러나 이러한 인종적·민족적 구분 역시 시대와 사회적 맥락에 따라 변화할 수 있다. 다만 '미국인'이라는 하나의 종족으로 바뀌는 것은 아직 요원한 바람일 뿐이다. 원주민, 흑인, 백인, 라티노, 아시아계와 같은 거대 범주는 여전히 미국 사회 내에서 강하게 작동하고 있다. 다만, 이러한 범주는 본질적인 것이 아니라 인위적이고 임의적인 구분에 불과하며, 앞으로 권력관계와 사회적 경쟁 구도에 따라 그 경계는 점차 재편될 가능성이 크다.

미국의 인종과 민족 형성 과정은 뚜렷한 변화의 궤적을 보여주며, 인종과 민족이라는 개념이 본질적 실체가 아니라 사회적 구성물임을 잘 드러낸다. 그러나 이러한 현상은 비단 미국만의 이야기가 아니다. 정도의 차이는 있을지언정, 다른 나라들 또한 유사한 양상을 보인다. 캐나다와 호주처럼 미국과 유사한 이민 국가들은 물론이고, 중국, 일본, 인도와 같은 아시아 국가들에서도 인종과 민족은 역사적·사회적 맥락 속에서 구성되어 왔다. 흔히 단일민족 국가로 여겨지는 한국 또한 이러한 경향에서 결코 예외가 아니다.

삼국시대의 고구려, 백제, 신라, 그리고 부여의 구성원들이 과연 모두 같은 민족이었는지에 대해서는 여전히 논쟁의 여지가 있다. 이들 사이에는 문화적·언어적 유사성이 분명 존재하지만, 반드시 동일한 민족이었다고 보기는 어렵다는 것이 일반적으로 받아들여지는 견해이다. 특히 고구려는 만주 일대까지 포괄하는 광대한 영토를 지녔으며, 그 영역 내에는 지금의 중국 영토에 해당하는 지역들도 포함되어 있었다. 그 지역에 거주하던 사람들이 한반도 남부의 주민들과 같은 민족이었는지는 명확하지 않다. 오히려 삼국 통일 이후 한반도에 거주하던 집단들이 점차 통합되며 하나의 민족 정체성을 형성해 나갔다는 해석이 더 설득력을 지닌다. 이처럼 인종과 민족은 고정불변의 본질적 실체라기보다, 역사적 맥락과 사회적 변화에 따라 구성되고 재편될 수 있는 유동적인 개념이다. 특히 지배계급이나 권력 집단의 의도에 따라 그 경계와 내용은 얼마든지 새롭게 정의될 수 있다.

　이러한 현상은 현재 한국 사회에서도 여전히 진행 중이다. 해외 이주자의 유입이 증가하고, 결혼이주자를 포함한 다문화가족이 사회의 주요 구성원으로 자리 잡기 시작하면서, 오랫동안 고정되어 있던 한국인의 민족 정체성은 국가의 정책적 개입에 따라 점차 변화하고 있다. 사실 단군 신화에 기반한 단일민족 신화는 근대 이후 한반도를 지배해온 가장 강력한 이데올로기 가운데 하나였다. 외세의 침략이 있을 때마다 자기 정체성과 공동체를 지키기 위한 방어적 수단으로 민족주의가 활용되었으며, 이는 일제강점기에 이르러 절정에 달했다. 해방 이후 한반도가 남과 북으로 분단되면서 공산주의와 자본주의라는 정치·경제적 이념이 민족주의를 압도했지만, 그럼에도 불구하고 남한과 북한 모두 내부적 통합을 도모하는 핵심 이념으로 여전히 민족주의를 활용했다. 남북한이 통일을 정당화하는 논리 또한 '같은 민족'이라는 개념에 바탕하고 있다.

　해방 이후 한국의 정치·경제적 발전 과정을 살펴보면, 민족주의는 늘 그 중심에 자리하고 있었다. 박정희 정권 시기의 대표적인 국가 캠페인인 '새마을 운동' 역시, 우리 민족이 함께 잘 살아보자는 민족 부흥 운동의 일환으로 추진되었다. 또한 1968년에는 '국민교육헌장'을 제정·배포하여, 민족주의적 가치관을 체계적으로 교육하기 시작했다. 초·중등학교에서는 이를 학생들에게 암송하도록 함으로써, 국가 발전과 개인의 책무를 민족적 정체성과 연결 짓는 교육 이념과 방향을 제시하였다. 이 헌장은 다음과 같은 문장으로 시작한다. "우리는 민족중흥의 역사적 사명을 띠고 이 땅에 태어났다."

　우리가 태어난 이유는 바로 민족의 무궁한 발전을 위한 것이다. 민족은 곧 나를 의미하고 나는 곧 민족의 일부이기 때문에 삶과 죽음의 목표도 오직 민족이다. 민족이야말로 국가 정체성의 핵심을 이루었다. 그러나 1994년 김영삼정부가 출범하면서, 권위주의 시대의 교육을 상징하던 국민교육헌장은 공식 교육 자료에서 제외되었고, 사실상 폐기되었다. 김영삼정부는 새로운 국정 철학으로 '세계화 정책'을 제시하며, 세계화는 선택이 아니라 생존의 문제라고 강조하였다. 민주화 이후 변화된 시대에 걸맞은 새로운 국가 정체성의 정립이 필요하다는 판단에서였다. 세계화와 민족주의는 양립할 수 없는 가치로 간주되었기에, 국민교육헌장의 폐기는 자연스러운 귀결이었다.

'국기에 대한 맹세'는 민족주의 담론의 변화 과정을 잘 보여주는 또 하나의 정책적 사례다. 국가에 대한 충성과 애국심을 표현하기 위해 제정된 이 맹세는, 학교나 공공기관, 각종 기념행사 및 국경일 행사에서 태극기에 경례할 때 낭독되는 공식 의례 문구이다. 박정희 정권 시기인 1972년에 처음 제정되었으며, 이후 2007년에 그 문구가 개정되었다. 이 두 문구를 비교해 보면, 민족과 국가 정체성에 대한 인식의 변화가 뚜렷하게 드러난다.

> "나는 자랑스러운 태극기 앞에 **조국과 민족의** 무궁한 영광을 위하여 **몸과 마음을 바쳐** 충성을 다할 것을 굳게 다짐합니다." (1972)
> "나는 자랑스러운 태극기 앞에 **자유롭고 정의로운 대한민국의** 무궁한 영광을 위하여 충성을 다할 것을 굳게 다짐합니다." (2007)

1972년 문구에는 조국과 민족이 들어가 있다. 조국은 조상의 나라, 민족은 혈통을 강조한다. '몸과 마음을 바쳐'는 조국과 민족이 나와 혼연일체임을 나타낸다. 이러한 문구는 '자유롭고 정의로운 대한민국'으로 바뀌었으며 '몸과 마음을 바쳐'는 삭제되었다. 개정된 문구에는 조국도 민족도 없다. '자유롭고 정의로운'이 뜻하는 것은 혈통이 아닌 가치를 말한다. 조국 대신 '대한민국'이라는 국명으로 대체되었다. 국가정책에서 2007년을 기점으로 국민 정체성으로서의 민족주의는 사라지기 시작했다. 이제 대한민국은 한민족의 나라가 아니라 국가가 지향하는 가치와 존재 이유에 동의하는 모든 사람들의 나라로 탈바꿈을 한 것이다.

이러한 국가 정책의 변화는 국내외적인 영향에 따른 것이다. 한국은 1990년을 시작으로 이주와 관련해서 두 가지 본격적인 변화가 시작되었다. 첫 번째가 외국인 이주노동자의 유입이다. 초기에는 '산업연수생 제도'를 통해 외국인 노동력이 국내에 유입되었는데, 명목상으로는 기술 연수를 위한 것이었지만 실제로는 값싼 노동력을 도입하기 위한 수단이었다. 연수생들은 일정 기간 동안 주로 3D 업종에서 일한 뒤 본국으로 돌아가야 했으나, 제도 운영 과정에서 다양한 부작용이 발생했다. 저임금, 인권 침해, 강제노동 등의 문제가 빈번했으며, 연수생 신분이라는 이유로 노동자로서의 법적 보호를 받지 못했다. 또한 연수 기간이 끝난 뒤에도 귀국하지 않고 불법 체류하는 사례가 많았다.

이러한 문제를 개선하기 위해 정부는 2003년 '외국인 고용허가제'를 도입하여 외국인 노동자를 합법적으로 고용할 수 있는 제도적 기반을 마련하였다. 이후 상당수의 외국인 노동자들이 국내에 합법적으로 유입되었고, 이는 당시 정부가 추진한 세계화 정책과도 맞물리는 흐름이었다. 세계화는 단지 한국인이 세계로 나가는 현상만을 의미하는 것이 아니라, 세계 각지로부터 한국으로 유입되는 흐름 또한 포함한다. 이러한 맥락에서, 과도하게 민족공동체를 강조하는 담론은 외부인에 대한 차별과 배제의 정당화로 이어질 수 있으며, 이에 대응하기 위한 보다 유연하고 포용적인 정책 방향이 요구되었다.

두 번째 변화는 1990년대 중반부터 본격화된 결혼이주자의 증가였다. 농촌 지역에서 결혼 상대가 부족해지면서 미혼 남성들이 급격히 늘어났고, 이에 따라 조선족, 필리핀, 베트남 여성 등을 대상으로 한 국제결혼이 결혼중개업체를 중심으로 확산되기 시작했다. 초기에는 민간 차원에서 이루어지던 이러한 국제결혼은 2000년대에 들어서며 정부와 지방자치단체가 농촌총각 결혼을 지원하는 정책을 시행하면서 더욱 가속화되었다. 그 결과, 결혼이주 여성의 출신 국가는 캄보디아, 몽골, 태국 등으로 확대되었고, 다문화가족의 수 역시 급증하였다.

이러한 다문화가족의 등장은 혈통에 기반한 전통적인 민족주의가 더이상 국민 통합의 기반이 될 수 없음을 상징적으로 보여준다. 이들 가족에서 태어나고 자란 자녀들은 법적으로는 물론 문화적으로도 한국 사회의 일원으로 성장하고 있으며, 특히 농촌지역에서는 이들이 전체 아동인구에서 차지하는 비중이 상당히 높아지고 있다. 국가의 입장에서 이들은 이제 완전한 통합의 대상으로 간주되며, 한국 사회는 점차 민족을 국민 정체성의 중심에 두었던 기존 담론에서 벗어날 수밖에 없게 되었다. 세월이 가면 갈수록 민족이라는 개념이 국민 정체성을 구성하는 중심축으로서의 기능을 점점 상실하게 될 것이다.

그러나 그렇다고 해서 오랜 세월동안 형성되어 온 민족정체성이 하루아침에 사라지는 것은 아니다. 한국에서 나고 자라 한국말을 유창하게 하고, 한국 음식도 잘 먹으며, 모든 교육을 한국에서 받았지만 부모의 출신국가에는 한 번도 가본 적이 없는 동남아 출신 외국인 이주자의 아이들을 우리는 같은 구성원으로 받아들일 수 있을 것인가? 반대로, 미국에서 태어나 자라고, 한국어를 전혀 하지 못하며, 한국 음식에도 익숙하지 않고, 한국을 한 번도 방문한 적이 없는 한국계 이민 3세 미국 국적 아이들을 우리는 오히려 '한국인' 공동체의 일원으로 더 쉽게 받아들이지는 않을까? 같은 혈통이라는 이유로 그러할지 모르겠다.

미국으로 이민 간 나의 누나가 흑인과 결혼해서 혼혈인 조카를 낳았다고 가정해 보자. 이 조카와 한국인 이민 3세 아이 중 누가 혈통에 기반한 민족 공동체의 구성원으로 더 적합할까? 한국인 이민 3세 아이는 나와 실제로는 피 한 방울 섞이지 않았지만, 흑인 혼혈인 조카는 적어도 나와 약 25%의 DNA를 공유한다. 만약 혈통을 기준으로 한다면, 흑인 혼혈인 조카가 나와 더 가까워야 한다. 그럼에도 불구하고, 우리는 대체로 같은 민족이라는 이유로 한국인 이민 3세 아이를 쉽게 '우리'로 받아들이는 반면, 혼혈인 조카를 같은 민족으로 받아들이는 데에는 주저함이 있다. 그렇다면 다문화가정의 아이들은 어떨까? 이들은 혈통적으로 한민족 DNA를 약 50% 정도 공유한다. 그렇다면 이 아이들을 같은 민족으로 자연스럽게 받아들일 수 있을까?

이처럼 혈통에 터한 단일민족 정체성은 더 이상 한국인 공동체의 정체성을 굳건히 유지해 주는 상징이 될 수 없다. 따라서 이제는 '한국인이란 누구인가'에 대한 정체성을 새롭게 구성해야 할 시점에 이르렀다. 단일민족 신화는 과거에는 화합과 통합의 상징이었을지 모르나, 오늘날에는 오히려 구분과 분열을 조장하는 상징으로 작용할 위험이 있다. 그렇다면 보편적 인권에 바탕을 둔 시민권적 가치를 중심으로 한국인의 정체성을 재구성하고, 이를 토대로 진정한 통합을 이룰 수 있을 것인가? 이제 '한국인은 누구인가?'라는 질문과 마주하며 앞으로 나아가야 할 때가 도래했다.

 주

1 M. J. Bamshad & S. E. Olson, "Does race exist?" *Scientific American* 289–6 (2003), pp. 78–85; R. Lewontin, "The fallacy of racial medicine," *Genewatch* 18 (2005), pp. 5–7, 17.
2 M. Omi & H. Winant, *Racial formation in the United States* (2nd ed) (London: Routledge, 1994).

09

이방인에 대한 사회적 시선

외국인 이주자들과 그 가족들을 우리 사회에서 어떻게 바라보느냐는 개인이 처한 환경이나 사회적 지위, 계급, 이념, 경제적 형편 등에 따라 각기 다르게 나타난다. 사람들이 같은 사물을 바라볼지라도 모두 같은 시각으로 보는 것은 아니기 때문에 지극히 그것은 당연하다. 이론적인 시각도 마찬가지이다. 기능주의는 사회가 안정과 질서를 유지하기 위해 어떤 방식으로 조직되고 작동하는지에 주목하며, 갈등이론은 인류 역사를 한정된 자원을 둘러싼 집단 간 투쟁의 과정으로 이해하고 긴장과 갈등의 구조를 분석하는 데 초점을 맞춘다. 반면, 상징적 상호작용이론은 개인 간 관계와 일상 속 사회적 상호작용, 그리고 그 속에 담긴 상징의 의미를 이해하는 데 중점을 둔다.

기능주의적 관점에서 인종주의와 민족주의는 상이한 인종 및 민족 집단에 대한 배제와 적대감을 촉발함으로써 사회 체계의 통합성과 안정성을 저해하는 역기능적 요소로 작용한다.[1] 인종주의와 민족주의가 사회 전반에 팽배할 경우, 사회는 가용한 인적 자원을 효율적으로 활용하기 어려워진다. 이는 개인의 역량보다 인종적·민족적 배경이 우선시되기 때문이며, 그로 인해 능력 있는 이주자들이 정당한 평가와 기회를 박탈당하게 된다. 이러한 구조적 차별은 외국인 이주자들이 빈곤에서 벗어나기 어렵게 만들며, 합법적인 경로를 통한 사회적 상승이 제한될 경우 일부는 불법적인 수단에 의존할 가능성이 커진다. 그 결과, 범죄와 일탈 행위가 증가하게 되며, 이는 단지 이주자 집단에만 국한되지 않고 사회 전체의 안정과 통합에 부정적 영향을 미친다. 특히 지배집단 역시 증가하는 빈곤과 범죄로부터 자유로울 수 없으며, 문제 해결을 위한 사회적 자원의 부담 역시 이들에게 집중될 수밖에 없다. 이러한 악순환은 외국인 이주자에 대한 비난과 적대감으로 이어지며, 사회 내부의 분열과 갈등을 더욱 심화시키는 결과를 초래한다.

외국인 이주자에 대한 사회적 적대감이 심화될 경우, 그들과의 갈등을 완화하고 사회 통합을 도모하기 위한 정책의 수립 및 실행은 지배집단의 반대에 직면하게 되어 실효성 있는 추진이 어려워질 가능성이 높다. 이는 통합 정책의 다수가 소수자 집단의 권익 보장을 중심으로 설계되는 경향이 있기 때문이며, 지배집단은 이러한 정책 변화가 외국인 이주자에게 과도한 혜택을 제공한다고 인식할 수 있다. 이로 인해 법·제도 개선에 대한 저항이 발생하며, 그 결과 외국인 이주자들은 공적 제도에 대한 불신과 불만을 표출하게 되고, 이는 새로운 갈등과 사회적 긴장의 원인이 될 수 있다.

인종주의와 민족주의가 사회 통합과 발전을 위해서 부정적인 기능을 하는 것은 분명한데도 불구하고 지속되는 이유는, 그것이 지배집단에게는 일정한 기능적 이익을 제공하기 때문이다. 인종주의와 민족주의는 소수자인 외국인 이주자들의 보편적 인권이 박탈된 상황을 당연한 것으로 여기게 만들고 거기에 도덕적인 정당성까지 부여한다. 왜냐하면 소수자인 외국인 이주자들은 교육적 수준이 낮고, 능력이 뛰어나지 않으며, 열등한 문화를 가지고 있다는 것이 인종주의와 민족주의 발현의 핵심이므로 그들의 사회적 지위가 낮은 것은 바로 그들의 책임으로 돌린다. 결과적으로, 인종주의와 민족주의는 기존의 위계적 사회 질서를 정당화하고, 지배집단의 특권적 지위를 유지·강화하는 이데올로기적 도구로 기능하게 된다.

이러한 구조적 현실은 외국인 이주자들에게도 심리적·사회적 영향을 미치며, 그들로 하여금 타자 또는 이방인으로서 현재의 낮은 사회적 지위를 당연한 것으로 내면화하게 만든다. 이로 인해 제도적 불평등에 대한 비판의식이나 구조적 변화를 추동할 수 있는 집합적 동력이 형성되기 어려워진다. 그 결과, 외국인 이주자들이 처한 불평등한 상황에 대해 사회 전체가 책임을 인식하고 대응하기보다는, 문제의 구조적 원인을 외면한 채 불합리한 질서를 지속시키는 경향이 강화된다. 이러한 구조가 장기간 지속되거나 방치될 경우, 지배집단과 소수자인 외국인 이주자 모두에게 경제적·사회적 비용이 누적될 수밖에 없으며, 이는 사회 전체의 통합성과 지속가능성을 심각하게 위협할 수 있다.

갈등이론적 시각은 외국인 이주자와 같은 소수 집단의 보편적 인권과 사회적 권리가 제도적으로 제한되고 있는 현실에 보다 적극적으로 주목한다. 이 관점은 외국인 이주자들의 상대적으로 낮은 사회경제적 지위가 개인의 능력 부족이나 문화적 열등성에 기인한 것이 아니라, 지배집단 중심으로 형성된 사회 구조와 권력 관계의 산물임을 강조한다. 외국인 이주자들은 출신 국가나 인종을 중심으로 집단을 형성하는 경우가 많다. 이로 인해 제한된 자원을 두고 지배집단과 외국인 이주자 간에 긴장이 발생할 뿐만 아니라, 이주자들 사이에서도 출신 국가나 인종에 따라 경쟁이 지속된다. 따라서 외국인 이주자가 유입되면 사회 내 긴장과 갈등은 자연스럽게 발생할 수밖에 없다. 특히 경제적 자원과 정치적 권력이 불평등하게 분배된 상황에서는 이러한 갈등이 더욱 심화된다. 지배집단과 외국인 이주자 간에는 공정한 경쟁이 어려우며, 이 과정에서 이주자들은 다수 집단에 의해 착취당하거나 무시당하는 경우가 자주 발생한다.

따라서 소수자인 외국인 이주자는 계급적 사회구조 속에서 구조적으로 열악한 환경에 처하게 되며, 이러한 처지로 인해 오히려 사회적 비난의 대상이 되는 경우가 많다. 예컨대 외국인 이주자들은 상대적으로 낙후된 지역에 거주할 수밖에 없고, 양질의 교육을 받을 경제적 여건도 부족하며, 일정한 능력을 갖추고 있더라도 이를 발휘할 수 있는 기회가 제한되어 있어 사회의 최하층에 머무르게 된다. 그러나 이와 같은 구조적 불이익은 동정보다는 경멸의 시선으로 이어지기 쉽고, 결과적으로 이주자가 처한 피해에 대한 책임이 피해자인 그들에게 전가되는 '피해자 비난'의 형태로 나타난다. 이를 통해 지배집단은 구조적 책임을 회피하면서도 그 정당성을 확보하려는 이데올로기적 정당화를 시도하게 된다.[2]

외국인 이주자들에게는 상층으로 이동할 수 있는 계급적 사다리가 제공되지 않으며, 이로 인해 이들은 사회의 하층에 영속적으로 머무를 수밖에 없다. 그 결과 이주자들은 새로운 사회에 문화적으로 동화되거나 적응하기 어렵고, 공동체의 정당한 구성원으로 자격을 인정받는 데에도 어려움을 겪는다. 이러한 구조적 배제는 지배집단이 의도적으로 구사하는 배제 전략의 산물이며, 갈등이론적 관점에서는 이러한 불평등한 질서를 변화시키기 위해 지속적인 저항과 집단적 투쟁이 필요하다고 본다.

한편, 상징적 상호작용주의 관점은 인종주의와 민족주의가 다양한 사회적 사건들을 어떤 방식으로 상징화하고 해석하며, 그 의미가 사람들의 인식과 행동에 어떤 영향을 미치는지를 분석한다. 인종주의와 민족주의의 지속은 특정 인종과 민족 간의 위계질서가 사회적으로 구성되고 내면화되어 있음을 의미한다. 위계의 상층에 위치한 집단은 선천적으로 우월하며, 능력과 문화적 자질에서도 뛰어나다는 믿음이 사회 전반에 깊이 자리 잡고 있다. 반면, 하층에 위치한 집단은 열등하고 성실하지 않으며 문화 수준 또한 낮다고 여겨지며, 이러한 위계질서는 자연스럽고 정당한 것으로 받아들여진다. 이러한 믿음은 일상적 상호작용 속에서 재생산되며, 인종과 민족을 중심으로 한 사회적 위계질서를 공고히 하는 상징적 기반이 된다.

위계질서가 자연스럽고 당연한 것으로 상징화되는 현상은 고정관념과 과잉 일반화의 결과이다. 인종과 민족에 따라 인성과 기질이 본질적으로 다르다는 고정관념은 사회적으로 그럴듯하게 받아들여지는데, 이는 혈액형에 따른 성격 차이가 널리 믿어지는 것과 유사하다. 이러한 믿음은 사람들이 자신이 믿고 싶은 것만 수용하고, 보고 싶은 것만 선택하는 인지편향cognitive bias에 기인한다. 특히, 자신에게 유리하거나 기존 신념에 부합하는 정보만을 취사선택하는 경향은 확증편향confirmation bias으로 나타나며, 반대되는 정보는 무시하거나 과소평가되어 자신의 신념을 더욱 공고히 하게 된다.[3]

이와 같은 확증편향은 집단에 대한 고정관념 형성에 중요한 역할을 한다. 한국인, 일본인, 동남아인, 흑인, 백인 등 특정 집단이 고유한 특성을 지닌다는 믿음은 확증편향에 의해 강화된 고정관념의 산물이다. 이렇게 형성된 집단적 특성은 개인에게까지 영향을 미쳐, 개인의 특성마저 그가 속한 집단에 따라 고착화되는 경향이 나타난다. 비록 집단 내에는 다양한 개별성이 존재함에도 불구하고, 고정관념은 일부 소수 구성원의 행동을 과잉 일반화하여 집단 전체를 열등하거나 우월한 것으로 상징화한다. 이로 인해 인종과 민족에 따른 상징적 서열이 형성되고, 이러한 서열에 근거해 사회적 관계가 구축된다. 문제는 이러한 상징적 서열이 단순한 인간관계를 넘어 취업, 승진, 주택 구입, 금융 거래, 배우자 선택 등 삶의 모든 영역에서 작동하며, 개인 간 및 집단 간 불평등의 고착화에 깊숙이 개입한다는 점이다.

불평등한 사회구조 속에서 소수자인 외국인 이주자들은 종종 문제적 집단이나 일탈자로 낙인찍히는 경험을 한다. 이러한 낙인은 주로 권력과 지위를 가진 집단에 의해 효과적으로 부과되며, 한 번 형성된 낙인은 쉽게 제거되지 않을 뿐만 아니라 개인과 집단의 행동양식에도 큰 영향을 미친다. 국가 공동체 내에서 가장 약한 권력을 지닌 집단인 외국인 이주자는 사회적 지위와 권력, 계급의 차이에 따라 차별적으로 낙인이 부과될 때 가장 민감하고 직접적인 대상이 된다. 부정적인 낙인은 고정관념을 생산하며, 이는 과잉 일반화라는 논리적 오류를 수반한다. 또한, 낙인으로 형성된 고정관념은 시간이 지남에 따라 더욱 공고해지는 경향이 있다.

지배집단이 가진 특권 중 하나는 사회적 가치를 규정하고 이를 자신의 이익에 맞게 설정하는 능력이다. 지배집단은 자신들의 신체적 특징, 피부색, 문화, 태도, 예절 등을 긍정적 가치로 평가하는 반면, 이와 다른 특성들은 부정적으로 규정하여 소수집단에 낙인을 부과한다. 이러한 부정적인 낙인은 소수자의 삶에 부정적인 영향을 미치며, 문제는 지배집단이 직접적인 차별 행위를 하지 않더라도 소수자들이 스스로에게 낙인의 굴레를 씌우는 경우가 많다는 점이다. 이러한 현상을 자기실현적 예언self-fulfilling prophecy이라고 하며, 실제 사실 여부와 관계없이 자신에게 부과된 낙인이나 고정관념을 진실로 믿음으로써 원래는 발생하지 않았을 현상이 그 믿음에 따라 현실화되는 과정을 의미한다.

예를 들어, 외국인 이주 노동자들이 처음 거주하는 지역은 대체로 주거 환경이 열악한 저소득층 밀집 지역이다. 주택 임대료와 가격이 비싸기 때문에 이주 노동자는 거주비가 저렴한 비슷한 동네로 자연스럽게 모이게 된다. 이주자들은 자녀들을 제대로 돌 볼 수 있는 시간도 여건도 되지 않는다. 따라서 자녀들의 학교생활이나 성적도 좋지 않다. 이주자들의 임금도 많지 않기 때문에, 좋은 상품이나 먹거리도 쉽게 살 수 없다. 초라한 집에서 그리고 보건 환경도 좋지 않은 곳에서 거주하는 이주자들은 건강 상태도 더 좋지 않을 가능성이 높다.

이러한 상황에 처한 이주자들을 바라보는 지배집단의 시각은 상당히 부정적이며, 이주자들을 사회에 기여하는 존재라기보다는 사회적 자산을 훼손하는 존재로 인식하게 된다. 이주자들에게는 '열등한 사람들'이라는 부정적인 낙인이 부과된다. 이주자들은 처음에는 자신에게 부과된 부정적인 낙인을 받아들이지는 않지만, 현실 속에서 그 낙인을 극복하고 성공하기란 매우 어렵다. 반복된 시도와 실패를 겪은 끝에, 이주자들은 결국 자신들에게 부과된 부정적인 낙인을 자신의 정체성으로 내면화하게 된다. "어차피 노력해도 달라지지 않는다"는 체념은 더 이상의 도전을 단념하게 만들고, 결과적으로 삶은 점점 더 피폐해지며 가난에서 벗어나기 어려워진다. 이러한 악순환은 반복되고, 이주자들은 장기간의 노력과 투자가 요구되는 전문직이나 대기업 진출은 물론, 더 높은 사회경제적 지위로 나아가는 계급 상승의 기회 자체에 접근하지 못하게 된다.

이렇듯 외국인 이주자를 사회가 어떤 시각으로 바라보느냐에 따라 그들과 맺는 관계의 형태도 달라진다. 탄압과 억압에서부터 통합, 또는 상호인정을 바탕으로 공존을 모색하는 방식까지, 사회의 대응은 매우 다양한 스펙트럼을 가진다. 그러나 어떤 방식이든 분명한 사실은, 인종주의와 민족주의가 지배하게 될 경우 지배집단과 이주자 집단 모두 막대한 경제적, 사회적 비용을 부담해야 한다는 점이다. 또한 이러한 차별적 구조를 만들어가는 데 있어 더 큰 책임은 소수자인 이주자가 아니라, 사회를 통제하고 지배하는 다수자와 기득권 집단에 있다. 결국 문제 해결의 실마리는 이들 다수집단이 외국인 이주자에 대해 관용과 수용의 태도를 갖지 않고서는 결코 찾아질 수 없다는 사실은 분명하다.

 ## 주

1 R. T. Schaefer, *Race and ethnicity in the United States*, 7th ed (New York: Pearson, 2013).

2 W. Ryan, *Blaming the victim*, rev. ed (New York: Random House, 1976).

3 R. S. Nickerson, "Confirmation bias: A ubiquitous phenomenon in many guises," *Review of General Psychology* 2-2 (1998), pp. 175–220.

이주의 사회학: 국제이주와 이주자

10

편견이 차별을 낳는가?

편견이란 사람이나 집단에 대해 충분한 근거 없이 형성된 공정하지 못한 의견이나 감정을 의미하며, 대체로 부정적인 의미로 사용된다. 외국인 이주자에 대한 편견은 종종 개인의 성격이나 태도보다는 그가 속한 집단 전체에 대한 부정적인 믿음이나 인식에서 비롯된다. 같은 외국인 이주자라 하더라도 그가 백인인지, 선진국 출신인지, 혹은 이주노동자이거나 동남아 국가 출신인지와 같은 집단적 특성이 먼저 고려된다. 이후 이러한 집단적 배경을 근거로 특정 인종이나 민족 출신이라는 이유만으로 개인에 대한 편견이 작동하게 된다.

편견은 믿음이나 태도의 문제이기 때문에, 어떤 개인이 편견을 가지고 있다고 해도 한 번도 만난 적이 없는, 이름도 얼굴도 모르는 이주자에게 그것이 직접적으로 영향을 미치는 것은 아니다. 그러나 특정 집단에 대한 편견이 그 집단 구성원들의 권리나 기회를 박탈하거나 부정하는 차별적 행위로 이어질 때, 그것은 명백한 사회적 문제가 된다. 따라서 편견은 차별이라는 행위로 나타나는 선행 요인이라고 볼 수 있다. 어떤 집단이나 개인에 대한 편견이 강할수록, 차별적 행위가 발생할 가능성도 그만큼 높아진다.

하지만 편견이 항상 차별 행위로 이어지는 것은 아니며, 반대로 편견이 없더라도 차별이 발생할 수 있다. 사회학자 머튼Robert K. Merton은 편견과 차별의 관계를 분석하며, 이 둘 사이의 상관성이 반드시 일치하지 않는다는 점을 지적하였다. 그는 편견과 차별의 유무를 기준으로 네 가지 유형을 제시했는데, 그것은 '편견 없는 비차별주의자all-weather liberal', '편견 없는 차별주의자reluctant liberal', '편견 있는 비차별주의자timid bigot', '편견 있는 차별주의자all-weather bigot'이다.[1] 머튼의 이러한 분류를 외국인 이주자에 대한 편견과 차별의 문제와 관련하여 살펴보자.

첫째, '편견 없는 비차별주의자'는 외국인 이주자에 대해 편견을 갖고 있지 않으며, 당연히 차별적 행위도 하지 않는 사람을 의미한다. 이들은 외국인 이주자에 대해 높은 수준의 관용을 보이며, 다문화적 공존과 상호 이해를 실천하는 데 가장 적합한 태도와 행동을 지닌 집단에 속한다.

둘째, '편견 없는 차별주의자'는 외국인 이주자에 대해 개인적으로는 편견이 없지만, 실제로는 차별적 행위를 하는 사람들을 의미한다. 이들은 논리적으로 보면 일관성이 결여된 듯 보이나, '사회적 압력'이라는 요인을 고려하면 그 모순은 일정 부분 설명된다. 사회적 압력이란 개인의 신념이나 의도와는 무관하게, 그가 속한 사회 집단의 가치관과 문화가 개인의 행동에 강력한 영향을 미치는 현상을 말한다.

예를 들어, 개인이 속한 또래 집단이 외국인 이주자에 대해 강한 부정적 편견을 가지고 있고, 이주자에 대한 욕설이나 차별적 행위를 일삼는 경우, 개인이 내면적으로는 편견이 없다고 하더라도 집단과의 유대관계를 유지하기 위해 차별 행위에 동조할 수 있다. 이는 아이들이 특정 친구를 '왕따'시킬 때, 그 친구를 특별히 미워하지 않더라도 또래 집단과의 소속감을 지키기 위해 따돌림에 가담하는 것과 유사하다. 개인이 소속된 집단과 얼마나 긴밀한 관계를 맺고 있으며, 그러한 관계가 자신의 일상생활과 정체성에 얼마나 중요한지를 고려할 때, 사회적 압력의 강도는 달라진다. 따라서 사회 전반에 인종주의나 민족주의, 즉 자민족중심주의적 경향이 강할수록, 개인의 편견의 유무와는 상관없이 차별 행위에 참여할 가능성은 더욱 높아진다.

셋째, '편견 있는 비차별주의자'는 이주자 집단에 대해 부정적인 편견을 가지고 있으나, 실제로는 차별적 행위에 참여하지 않는 사람을 의미한다. 내면적으로 편견을 품고 있음에도 불구하고 그것을 행동으로 옮기지 않도록 그들에게는 일종의 방어기제가 작동한다. 방어기제 가운데 가장 핵심적인 것은, 차별 행위를 했을 때 본인에게 돌아올 사회적·법적 불이익에 대한 우려이다. 다시 말해, 이는 일반적인 사람들이 흔히 따르는 합리적 선택의 논리로 이해할 수 있다. 상점에서 마음에 드는 물건을 훔치고 싶은 충동이 있더라도, 발각되었을 때 치러야 할 처벌과 손해가 크다는 것을 알기에 절도 행위를 하지 않는 것과 같은 이치다.

예를 들어, 한 카페 업주가 외국인 이주자 손님에게 차별적인 행동을 했다고 가정해 보자. 이 소식을 들은 외국인 이주자들은 더 이상 그 카페를 찾지 않을 것이고, 차별하는 업소라는 평판이 확산되면 외국인 이주자가 아닌 일반 고객들조차 이용을 꺼릴 가능성이 크다. 이는 많은 사람들이 자신의 개인적인 생각과는 별개로, 사회적으로 요구되는 '정치적 올바름political correctness'을 추구하는 경향이 있기 때문이다. 이처럼 손해 회피의 논리 외에도, 편견이 차별로 이어지지 않도록 막는 또 다른 방어기제는 사회적 압력이다. 만약 개인이 속한 공동체가 소수자나 이주자에 대한 차별을 부정적으로 인식하고 이를 용납하지 않는 분위기라면, 그 집단의 영향력은 차별 행위를 억제하는 방향으로 작동한다.

즉, 편견 없는 차별주의자에게는 사회적 압력이 차별을 유도하는 요소로 작용하는 반면, 편견 있는 비차별주의자에게는 동일한 사회적 압력이 차별을 억제하는 방어기제로 기능한다. 따라서 개인이 속한 사회가 평등의 가치를 중시하고 차별을 용납하지 않을수록, 개인 내면의 편견이 실제 차별 행위로 이어질 가능성은 낮아진다.

넷째, '편견 있는 차별주의자'는 이주자나 소수자에 대한 강한 편견을 가지고 있으며, 그 편견이 자연스럽게 차별 행위로 이어지는 사람들이다. 이들은 외국인 이주자를 자신들과 다른, 이질적인, 그리고 열등한 문화를 지닌 존재로 인식하며, 이로 인해 차별받는 것이 정당하다고 여긴다. 또한 자신이 누리고 있는 권리나 이익이 이주자들로 인해 위협받거나 침해당할 수 있다고 생각하면서, 이주자를 경쟁자 혹은 위협의 대상으로 인식하는 경향이 강하다. 이러한 유형은 외국인 이주자들에 대해 적극적인 차별 행위를 하며, 이주자를 배제하고 혐오를 정당화하기 위해 편견을 이용한다는 점에서 사회 통합에 가장 부정적인 영향을 끼친다.

편견이 있으면 차별로 이어질 가능성이 상당히 높지만, 이처럼 반드시 그러한 결과로 이어지는 것은 아니다. 편견과 차별 행위 사이의 인과관계를 결정짓는 주요 변수는 바로 '사회적 압력'이다. 실제로, 논리적으로 모순이 없는 유형인 '편견 없는 비차별주의자' ─ 즉 외국인 이주자에게 완전한 관용을 베푸는 사람들 ─ 는 현실에서 그리 많지 않다. 마찬가지로, '편견 있는 차별주의자' 역시 해당 사회가 극단적인 민족주의 성향을 보이거나, 민족 간의 전쟁 및 인종 갈등이 극심한 상황이 아닌 한 일반적으로 확연히 드러나는 유형은 아니다. 따라서 대부분의 사람들은 외국인 이주자에 대한 편견은 없지만 사회적 압력으로 인해 차별 행위를 하는 '편견 없는 차별주의자', 또는 편견은 있지만 개인적·사회적 이유로 차별 행위를 하지 않는 '편견 있는 비차별주의자' 유형에 속한다고 볼 수 있다.

개인의 생각과 태도가 사회구조의 영향을 받는 것이라면, 인종이나 민족에 대한 차별에서 '사회적 압력'은 편견이 실제 차별 행위로 이어지는 데 있어 결정적인 요인으로 작용할 수 있다. 이는 편견이 없는 사람이라 하더라도 원치 않게 차별 행위에 가담하게 되는 상황에도 영향을 미친다. 따라서 사람들이 많이 속해 있는 '편견 없는 차별주의자'와 '편견 있는 비차별주의자' 유형에서 차별이 발생하지 않도록 하려면, 차별을 억제하는 사회적 압력은 강화하고, 차별을 조장하는 압력은 줄여야 한다.

　머튼은 차별에 대한 방어기제로서 가장 효과적인 사회적 압력의 수단은 제도와 법의 제정 또는 개정이라고 보았다. 제도와 법은 개인이 속한 집단의 가치보다 더 높은 차원의 사회적 가치를 반영하기 때문에, 가치 간 충돌이 발생했을 때에는 사회 전체의 가치가 우선한다. 이처럼 사회적 가치는 집단 내부의 가치보다 우월하기 때문에, 개인은 법과 제도를 근거로 집단 내의 압력에 따르지 않을 명분과 정당성을 갖게 된다.

　예를 들어, 이주자 차별금지법이 제정되어 차별 행위에 대해 엄격한 처벌이 이루어진다면, 편견이 없는 개인은 이 법을 근거로 삼아 차별에 동참하지 않을 수 있으며, 나아가 집단 내 구성원들을 설득하는 데에도 활용할 수 있다. 즉, 차별금지라는 더 높은 가치를 제도와 법으로 명확히 규정하면, 개인은 집단과의 유대를 해치지 않으면서도 차별 행위에 참여하지 않을 수 있는 정당한 기반을 마련하게 된다. 이처럼 제도와 법은 개인의 행위에 영향을 미치는 사회적 압력으로 작용할 수 있다.

　편견을 가지고 있으면서도 차별 행위를 하지 않는 사람들 역시 마찬가지이다. 이들은 자신의 이익을 고려하여 합리적인 판단을 내리는 유형으로, 차별을 통해 얻을 수 있는 이익보다 그로 인해 입을 수 있는 손해가 더 크다고 판단되면 차별 행위에 나서지 않는다. 따라서 사회정책의 수립, 지속적인 인식 개선 캠페인, 차별을 금지하는 제도와 법의 제정 등은 이들에게 실질적인 영향을 줄 수 있다. 이러한 조치들로 인해 차별 행위 시 경제적 불이익은 물론, 사회적 평판의 실추와 같은 손해가 커지면, 설사 편견이 있더라도 쉽게 차별 행위에 가담하지 않게 된다. 나아가 이러한 사회적 노력은 단순히 행위를 억제하는 데 그치지 않고, 시간이 지남에 따라 편견 자체를 완화하거나 태도를 개선시키는 효과로도 이어질 수 있다.

이러한 사회적 압력은 정부의 정책 기조, 정치 지도자를 비롯한 주요 인물들의 언행, 그리고 미디어의 보도 방식 등에 의해 크게 영향을 받는다. 만약 정부가 소수자나 외국인 이주자에 대해 개방적이고 관용적인 정책을 펼친다면, 사회 전반에서 편견과 차별에 대한 압력이 강화되고, 차별 행위를 자제하는 분위기가 형성될 수 있다. 반대로, 배타적이거나 억제적인 정책이 시행될 경우, 기존에 내면화된 편견이 사회적으로 정당화되며, 차별 행위로 직결될 가능성이 더욱 커진다.

　예컨대, 다양한 인종과 민족이 함께 어울려 살고 있는 미국의 경우 대통령과 집권 여당의 정책 기조에 따라 이민자에 대한 편견과 차별적 행위의 양상이 뚜렷하게 차이가 났다. 트럼프 행정부는 이민자에 대해 강경한 입장을 취하며, 대통령의 언행 또한 인종주의적·민족주의적 성향을 노골적으로 드러냈다. 그 결과, 이전까지 인종적·민족적 편견을 내면에 지니고 있던 일부 시민들이 이를 보다 쉽게 외부로 표출하며 차별 행위에 가담하는 사례가 증가하였다. 특히 코로나19 팬데믹 시기, 당시 대통령이 바이러스의 책임을 중국에 전가하며 '우한 바이러스'라는 표현을 사용하자, 반중 감정이 급속히 확산되었고 이는 곧 아시아계 전체 이민자들을 향한 혐오와 차별, 나아가 폭력으로 이어졌다.

　또 한편, 재선된 트럼프 대통령이 불법 이민자 추방을 위해 강제력을 동원하고 무력으로 대응하자, 그 이전에는 공공연히 드러나지 않았던 이주자와 소수자에 대한 편견과 차별이 보수주의자들을 중심으로 미국 사회 전반에서 당연한 듯 표출되었다. 이는 지배 집단의 정치적 권력이 시민들의 태도와 행위에 얼마나 강력한 영향을 미칠 수 있는지를 보여주는 사례이다.

　뿐만 아니라, 이러한 정치적 기조가 언론과 미디어를 통해 반복적으로 재생산될 경우, 외국인 이주자에 대한 부정적 고정관념이 강화되며,

편견과 차별에 대한 사회적 정당화가 더욱 심화된다. 예컨대 외국인 이주자가 범죄를 저질렀을 때, '외국인'이라는 정체성이 과도하게 부각되어 보도되거나, 특정 이주자 집단을 범죄자로 묘사하는 영화나 드라마가 대중적으로 소비되면, 외국인 이주자에 대한 편견과 차별의 인과 관계는 더욱 강화될 수밖에 없다. 이처럼 편견과 차별 간의 관계는 고정된 것이 아니라, 사회적 환경과 담론의 변화에 따라 유동적으로 바뀔 수 있다. 그렇기 때문에 편견과 차별을 줄이고, 사회적 화합과 통합을 증진시키기 위해서는 법적·제도적 개입뿐만 아니라 지속적인 사회적 노력이 필수적이다.

 주

1 R. K. Merton, *Sociological ambivalence and other essays* (New York: Free Press, 1976).

이주의 사회학: 국제이주와 이주자

11

편견이 생기는 이유

편견은 다양한 상황과 사회구조 속에서 나타나지만, 많은 연구들은 편견이 학습된 태도임을 공통적으로 지적한다. 이는 편견이 인간이 태어날 때부터 지닌 고정된 성향이나 성격이 아니라, 사회화 과정을 통해 후천적으로 형성된다는 것을 의미한다. 사람들은 성장 과정에서 부모와 가족, 또래 친구, 학교 교육, 미디어, 책, 인터넷 등 다양한 사회적 관계와 정보 매체를 통해 특정 집단에 대한 편견을 습득하게 된다. 이처럼 편견은 개인의 심리적 태도이면서 동시에, 사회와의 지속적인 상호작용 속에서 형성되고 내면화되는 사회적 산물이다. 따라서 편견을 억제하기 위해서는 단순히 개인의 문제가 아니라, 그것이 만들어지는 사회적 맥락을 이해하고 이에 개입하는 노력이 필수적이다.

희생양 이론은 편견이 왜 발생하는지를 설명하는 가장 근본적인 이론 중 하나이다.[1] 편견은 주로 사회적 갈등의 산물로 나타난다. 갈등이 개인이나 공동체 전반으로 확산되면, 그 갈등을 해소하거나 통제하기 위한 수단으로 '공동의 적'을 설정하고, 이를 희생양으로 삼는 방식이 작동한다. 이러한 메커니즘을 통해 사회는 일시적인 평화와 질서를 회복하려 한다. 이 과정에서 좌절감, 분노, 공격성 같은 부정적 감정은 희생양을 설정하는 데 중요한 심리적 동기로 작용한다. 그러나 흥미로운 점은, 이 감정들이 실제 갈등의 원인 제공자에게 향하지 않고, 전혀 관련 없는 약자나 소수자에게 전가된다는 점이다. 이는 갈등의 진원지가 너무 강력하여 직접적으로 맞설 수 없기 때문이며, 결국 대리 대상을 향한 왜곡된 분노 표출이라는 형태로 나타나게 된다.

고대 히브리인들의 종교적 제의는 희생양 메커니즘을 잘 보여주는 사례이다. 이들은 자신들이 지은 죄로 인해 마땅히 죽어야 함에도, 죄를 아무런 관련도 없는 염소에게 전가하고 그 염소를 제물로 삼음으로써 죄로부터 구원받고자 했다. 이는 죄 없는 존재에게 책임을 떠넘겨 공동체의 질서를 유지하려는 희생양 논리의 전형적 양상이다.

예수의 죽음은 이 희생양 메커니즘이 종교적·역사적으로 어떻게 작동하는지를 가장 분명히 드러내는 사건이다. 당시 권력자인 유대 제사장들은 민중이 겪는 억압과 분노를 이용해, 죄 없는 예수를 희생양으로 삼아 십자가에 처형함으로써 자신들의 권력을 유지하고자 했다. 예수는 죄가 없음에도 불구하고 죄인들을 대신해 죽음을 맞이함으로써 전형적인 희생양의 역할을 수행한 것이다. 희생양은 단지 무작위로 선택되는 것이 아니라, 죄나 책임을 인위적으로 뒤집어씌우는 과정을 통해 만들어진다. 그러나 그러한 행위가 본질적으로 부당하다는 것을 가해자들도 인식하고 있기 때문에, 그 정당성을 확보하기 위한 명분이 필요하다. 이때 사용되는 가장 흔한 도구가 바로 편견이다.

역사적으로 가장 극단적인 사례는 나치 독일에 의한 유대인 학살이다. 나치당은 정권을 잡고 유지하기 위해, 당시 독일이 겪고 있던 실업과 인플레이션 등 심각한 경제 문제의 책임을 유대인에게 전가했다. 유대인은 독일 사회에서 이익만 취하며 경제를 파괴하는 '내부의 적'으로 묘사되었고, 나치는 이를 정당화하기 위해 차별적인 법률을 제정하고 본격적인 억압 정책을 실행에 옮겼다. 제2차 세계대전이 발발하면서 독일은 더 깊은 혼란과 고통을 겪게 되었고, 이로 인해 유대인에 대한 부정적 편견은 더욱 심화되었다. 결국 나치당은 이러한 왜곡된 인식을 바탕으로 유대인을 대상으로 한 대량 학살이라는 반인륜적 범죄를 자행하게 된다.

독일 나치당에 의한 유대인 악마화와 학살은 극단적인 사례이지만, 외국인 이주자에게 편견이 작동하는 메커니즘은 이와 본질적으로 다르지 않다. 외국인 이주자는 국가 공동체 내에서 가장 낮은 권력 위치에 있으며, 이주의 역사가 토착 국민보다 훨씬 짧고 외부로부터 유입된 존재이기에 인종적, 민족적, 문화적으로 '이방인'으로 간주된다. 이로 인해 이주자는 사회적 약자의 특성을 복합적으로 지닌 집단으로 분류된다.

　이주자들의 유입은 국가 경제 전반적으로 보면 이익이 된다. 사실 그렇기 때문에 국가는 이주자들의 유입을 허가해 주었고, 그들은 국가경계를 넘어 이주할 수 있었다. 국가의 허가 없이 마음대로 들어가서 살 수 있는 나라는 지구상에 거의 없다. 그럼에도 이주자들에게는 이방인, 일자리를 뺏는 자, 통합해서 함께 살 수 없는 자, 성실하지 못하고 게으른 자, 잠재적인 범죄자, 국가 위기 시에 가장 먼저 탈출할 자, 국가나 공동체에 대한 의무 없이 이익만 취하는 자, 사회보장과도 같은 국가의 자산을 갉아먹는 자, 열등한 문화를 가진 자 등과 같은 편견이 부여된다. 이와 같은 편견은 평상시에는 잠재되어 있다가, 국가나 공동체가 위기에 처할 때 더욱 선명하게 드러난다. 특히 미등록 이주자의 경우 '불법 체류자'라는 범죄적 낙인이 추가되어, 경제적·사회적 불안정이 심화될수록 문제의 원인으로 지목되며 희생양이 된다. 결국, 편견은 지배집단의 무능과 정책 실패에 대한 책임을 외부 집단에게 전가하기 위한 수단으로 작동한다. 이주자에 대한 부정적 인식은 지배집단이 차별을 정당화하고 희생양 메커니즘을 통해 체제 유지를 도모하는 데 필요한 명분을 제공한다.

　이주자들에 대한 편견이 쉽게 발생하는 이유는, '이주자'라는 신분 자체가 갈등의 원인으로 간주되기 때문이다. 갈등이론에 따르면, 편견은 집단 간의 자원 경쟁에서 비롯된다. 사회의 자원은 한정되어 있기 때문에, 한 집단이 더 많은 자원을 확보하기 위해서는 다른 집단과의 경쟁에서 우위를 점해야 한다. 이 과정에서 타 집단, 특히 이주자 집단은 기존 구성원의 지위와 이익에 대한 위협으로 인식된다. 따라서 이들을 배제하거나 위협을 제거하려는 수단으로 편견이 형성되고 활용된다.[2] 이를 통해 지배집단은 자신의 현재 지위를 유지하고, 그러한 지위를 정당화할 수 있는 근거를 마련한다.

이러한 맑스주의적 이론 전통에 기반한 착취이론은 자본주의의 핵심이 하층 노동계급에 대한 착취라고 주장한다. 지배집단은 하층 노동계급에게 게으름, 불성실, 저학력, 열등한 능력 등의 낙인을 씌움으로써, 이들이 하층에 머무는 것이 마치 당연한 일인 것처럼 받아들이게 만든다. 그 결과 사회 구성원들은 하층계급에 대해 편견을 갖게 되며, 심지어 하층계급 자신조차도 그러한 편견을 내면화하여 저항하거나 도전할 기회를 스스로 포기하게 된다. 이로 인해 불평등한 지위는 지속되고, 하층계급은 점차 그 지위에 순응하게 된다. 외국인 이주자들은 대개 하층계급을 구성하고 있는데, 지배집단은 그들을 이방인이고 열등한 집단으로 낙인찍어 그들에 대한 착취를 정당화한다. 결국 외국인 이주자에 대한 편견은 지배집단의 이익을 유지·강화하기 위한 도구로 작동한다.

그렇다면 외국인 이주자에 대한 편견을 도구로 사용할 때, 가장 많은 이익을 얻는 집단은 누구일까? 노동시장 분리 이론에 따르면 산업자본주의 사회에는 세 가지 주요 행위자가 존재한다.[3] 첫째는 생산수단을 소유한 엘리트 자본가 계급으로, 지배집단의 최상위를 차지한다. 둘째는 고소득 노동자 계급으로, 대기업의 정규직 노동자처럼 안정적인 수입과 지위를 가진 집단이다. 셋째는 저소득 노동자 계급으로, 육체노동, 저임금 서비스업, 임시직, 이른바 3D 업종 종사자 등을 포함하며, 외국인 이주자들은 주로 여기에 속한다. 자본가 계급은 자신의 이윤을 극대화하기 위해 값싼 노동력 확보가 필수적이다. 이 점에서 저임금 노동력을 제공하는 외국인 이주자의 존재는 이들에게 경제적 이익을 가져다준다. 더욱이 자본가 계급은 외국인 이주자들을 자신들과 직접적인 일자리 경쟁을 벌일 집단으로 인식하지 않기 때문에, 이들을 반대하거나 적대시할 이유가 없다.

반면, 상대적으로 고임금을 받는 노동자 계층은 외국인 이주자의 노동시장 진입에 대해 가장 큰 경계심을 드러내는 집단이다. 외국인 이주자들이 당장 대기업의 핵심 산업현장에서 일하는 고임금 노동자로 진입할 가능성은 낮지만, 이들은 언젠가 자신들과 직접적인 일자리 경쟁을 벌일 수 있는 잠재적 위협으로 간주된다. 더욱이 이주자가 자신들의 직무를 직접 대체하지 않더라도, 노동시장에의 진입 자체가 임금 인하 압력으로 작용하거나, 최소한 임금 상승을 억제하는 요인으로 인식된다. 이러한 경제적 불안은 고임금 노동자들로 하여금 외국인 이주자의 노동시장 참여를 제한하려는 태도로 이어지며, 결과적으로 이주자에 대한 편견이 가장 적극적으로 생성·재생산되는 집단이 바로 이들임을 보여준다.

저임금 노동자들은 외국인 이주자에 대해 부정적인 생각을 가질 수 있으나, 이들이 편견을 생성하고 확산시키는 역할을 수행하기는 어렵다. 편견과 고정관념은 주로 권력을 가진 집단이 상대적으로 힘이 약한 집단에 부과하는 현상이기 때문이다. 사회구조에서 가장 낮은 위치에 있는 저임금 노동자들은 사회적 권력이 거의 없으므로 외국인 이주자에 대한 편견을 적극적으로 형성하거나 퍼뜨리기 힘들다. 게다가 선진국 사회에서는 이들이 주로 일하는 분야에서 인력 부족 현상이 많아 실제로 일자리 경쟁이 심하지 않은 경우가 많다. 따라서 노동시장분리 이론에 따르면, 외국인 이주자에 대한 편견을 가장 많이 갖는 집단은 상대적으로 높은 임금을 받는 노동자 계층이다. 이들은 엘리트 자본가 계급에 맞서 일정한 힘을 가지면서도, 저임금 노동자나 외국인 이주자를 경쟁상대로 배제할 권한도 지니고 있다. 이러한 이유로 이들은 편견을 효과적인 도구로 활용한다.

착취이론의 관점에서 보면, 자본가 계급이 자신의 이익을 극대화하기 위해 외국인 이주자에 대한 편견을 가장 적극적으로 활용하는 집단이라고 볼 수 있다. 그러나 노동시장분리 이론에 따르면, 이주자의 유입은 오히려 자본가 계급에게 경제적 이득을 가져다주는 반면, 상대적으로 높은 임금을 받는 노동자 계층이 자신의 사회적 지위를 방어하고 하층 계급과의 경쟁에서 우위를 점하기 위해 편견을 형성하고 확산시키는 주체로 작용한다.

이와 관련된 후속 연구들에서는 사회경제적 지위가 높은 사람들이 다른 인종이나 민족 집단에 대해 상대적으로 낮은 수준의 편견을 보이는 경향이 관찰되었다. 이러한 결과는 노동시장분리 이론의 주장을 일정 부분 뒷받침하는 것처럼 보인다. 그럼에도 불구하고, 사회적 계급과 편견 사이의 관계는 단순히 일반화하기 어려운 복합적인 양상을 띠므로, 이에 대한 보다 정밀하고 면밀한 분석이 요구된다.[4]

 주

1 R. Girard, *Violence and the Sacred* (P. Gregory, Trans) (Baltimore, MD: Johns Hopkins University Press, 1977) (Original work published 1972); R. Girard, *The scapegoat* (Baltimore, MD: Johns Hopkins University Press, 1986).

2 Joseph F. Healey, *Race, Ethnicity, Gender and Class: The Sociology of Group Conflict and Change*, 6th Ed (London: Sage, 2012).

3 E. Bonacich, "A theory of ethnic antagonism: The split labor market," *American Sociological Review* 37-4 (1972), pp. 547-559; E. Bonacich & J. Modell, *The economic basis of ethnic solidarity: Small business in the Japanese American community* (Berkeley, CA: University of California

Press, 1980).

4 M. Scott, *Think race and ethnicity* (New York: Pearson, 2012).

사회경제적 지위와 편견

사회경제적 지위가 편견 형성과 관련이 있다는 점은, 무엇보다 외부에서 온 이방인의 존재가 자신의 경제적 이익과 사회적 지위를 위협할 수 있다는 불안감에서 비롯된다. 특히 노동시장에서 낮은 사회경제적 지위에 있는 노동자들은 외국인 이주자들과 직접적으로 경쟁할 가능성이 높기 때문에, 이들에 대한 긴장감이 상대적으로 클 수 있다. 그럼에도 불구하고, 노동시장분리 이론에서 지적하듯, 실제로 외국인 이주자에 대한 편견은 오히려 상대적으로 안정적인 수입을 얻는 중간 노동계층에서 더 높게 나타날 가능성이 있다. 이는 그들이 체감하는 위협이 현실적인 경쟁이라기보다, 가상적이고 상징적인 긴장에서 기인하기 때문이다. 즉, 이들의 사회경제적 지위가 이주자의 유입으로 직접적으로 흔들리는 경우는 드물지만, 자기 방어적 심리로 인해 편견이 작동하게 된다. 나아가 이들은 그러한 편견을 표출하고 확산시킬 수 있을 만큼의 사회적 권력도 일정 부분 갖추고 있다.

한편, 하층 노동자 계급은 실제로 외국인 이주자들과 노동시장에서 직접적인 경쟁을 겪는다. 외국인 이주자들이 자신들보다 낮은 임금으로 노동시장에 진입할 수 있기 때문에, 이들은 임금 하락의 압박을 실제로 경험하기도 한다. 그러나 이러한 현실적 위협에도 불구하고, 하층 계급이 편견을 자동적으로 방어기제로 사용하는 것은 아니다. 이들이 외국인 이주자에 대한 편견을 형성하기 위해서는 두 가지 조건이 충족되어야 한다. 첫째, 노동시장에서 일자리가 실제로 부족하여 외국인 이주자와의 경쟁이 불가피한 상황이어야 하며, 둘째, 외국인 이주자가 없었다면 자신들이 더 높은 임금을 받을 수 있었을 것이라는 확신이 있어야 한다. 이러한 조건이 충족된다면, 상대적으로 안정적인 직업과 수입을 가진 중산층 노동자보다 오히려 하층 노동자들이 외국인 이주자에 대해 더 강한 편견을 가질 가능성이 있다. 따라서 외국인 이주자가 유입되는 국가의 경제 구조와 노동시장의 구체적인 상황을 함께 고려하는 것이 필요하다.

대부분의 선진국들은 자국 내 노동력만으로는 인력 수요를 충족할 수 없었기 때문에, 외국인 노동이주자들의 영구적 또는 임시적 이주를 허용해왔다. 다시 말해, 충분한 국내 노동력을 확보하지 못한 국가들이 외부로부터 노동력을 '수입'한 것이다. 이주자들이 주로 종사하는 일자리는 자국의 하층계급 노동자들조차 기피했던 이른바 '3D 업종'이거나, 하층계급 노동자들과 함께 일하는 분야에 해당한다. 이들 일자리의 임금은 대부분 최저임금 수준에 머물러 있으며, 이는 외국인 이주자가 없더라도 하층 노동자들이 동일하게 받는 수준이다. 따라서 이주자의 유입이 하층계급 노동자의 임금에 미치는 실질적 영향은 크지 않다. 오히려 외국인 이주자들은 열악한 조건에서 함께 일하는 동료로 인식될 수 있으며, 유사한 처지에서 고된 노동을 함께 수행하는 동료로서 연대감이 형성되기도 한다. 더 나아가 동일한 임금과 직무 수준에도 불구하고, 일부 하층 노동자들은 이주자들이 외국인이라는 이유만으로 자신이 상대적으로 더 우위에 있다는 우월감을 느낄 수도 있다. 이러한 이유로 하층 노동자들은 고소득 노동자 계층에 비해 외국인 이주자에 대한 저항감이나 편견이 상대적으로 더 낮다고 볼 수 있다.

중산층 이상 또는 엘리트 자본가 계급은 외국인 이주노동자의 노동시장 유입으로 인한 경제적 혜택을 가장 많이 누리는 집단이다. 값싼 노동력을 통해 생산비용이 절감되면, 생산자 입장에서는 이윤을 극대화할 수 있고, 동시에 값싼 재화와 서비스의 소비자로서도 이득을 보게 된다. 더불어 외국인 이주자들은 이들의 직업적·사회적 지위를 위협할 경쟁자도 아니기 때문에, 경제적 측면만 보았을 때 이들 계층이 외국인 이주자에 대해 편견을 가질 이유는 거의 없다. 그러나 외국인 이주자들의 유입으로 인해 사회적 갈등이 심화되거나, 복지 재정의 과도한 지출로 인해 자신들의 조세 부담이 증가한다고 느낄 경우, 이들 계층에서도 이주자에 대한 불만과 적대감이 형성될 수 있다. 특히 이와 같은 감정이 편견으로 고착화될 경우, 중산층 이상 계급은 정치적·사회적 영향력을 가진 지배집단이기 때문에, 그들의 인식은 실제로 외국인 이주자에게 불리한 제도와 정책으로 이어질 수 있다. 그러할 경우, 편견은 단순한 감정 수준을 넘어, 제도적 차원의 억압과 차별로 현실화될 가능성이 크다.

사회경제적 지위와 편견의 관계를 분석할 때, 교육수준의 영향을 고려하는 것도 중요하다. 교육은 사고의 다양성과 비판적 사고 능력을 확장시키며, 민주적 시민의식과 타인에 대한 이해, 더 나은 공동체 구성원이 되기 위한 자질을 함양하는 데 기여한다. 따라서 교육 수준이 높을수록 외국인 이주자에 대한 이해와 수용, 관용의 태도 역시 커질 가능성이 크다. 이러한 점에서 사회경제적 지위가 높은 사람들은 일반적으로 교육수준 또한 높기 때문에, 외국인 이주자에 대한 편견이 상대적으로 적을 것이라고 추론할 수 있다. 그러나 이러한 일반화에는 한계가 있으며, 보다 세심한 분석이 요구된다. 단순히 교육수준이 높다고 해서 반드시 편견이 없다고 보기는 어렵고, 교육을 통해 어떤 가치와 세계관을 내면화했는지가 더욱 중요하기 때문이다. 즉, 교육의 내용과 맥락, 사회적 배경 등도 함께 고려되어야 한다.

교육수준이 높을수록 외국인 이주자에 대한 편견이 낮다는 점은 다수의 연구에서 확인된 바 있다. 그러나 일각에서는 이러한 관계가 실제로

이주의 사회학: 국제이주와 이주자

는 허위 상관일 가능성도 있다고 지적한다. 즉, 교육수준과 편견 사이의 인과관계가 뚜렷하지 않으며, 다른 요인들이 그 관계를 매개하거나 왜곡하고 있다는 것이다. 교육수준이 높은 사람들은 자신과 직접적인 이해관계가 없는 부분에서만 관용을 보인다든지, 교육수준 보다 개인의 정치적 성향이나 가치체계가 편견에 더 큰 영향을 끼친다는 주장이 그것이다.[1] 또 다른 학자들은 교육수준이 높은 사람일수록 설문조사에서 사회적 기대에 부응하려는 경향social desirability bias이 강해, 실제보다 더 관용적인 태도를 보이는 것처럼 응답할 가능성이 높다고 지적한다.[2]

다시 말하면 교육수준이 높은 사람은 정치적 올바름political correctness을 추구하는 경향이 강해서, 편견을 조사하는 설문지에 자기의 본심보다는 사회적으로 바람직하다고 여겨지는 방식으로 응답을 한다는 것이다. 특히 정치적 권력이 이주자에 대해 비판적이고 부정적인 입장을 취할 경우, 겉으로 드러난 관용적 태도는 쉽게 사라질 수 있다. 예를 들어, 미국에서 트럼프 대통령이 재선된 이후 일부 이민자들의 시민권 및 영주권 박탈을 주장하는 등 반이민 정책이 강화되자, 고학력 백인 보수주의자들조차도 그러한 사회적 분위기에 동조하는 모습을 보였다. 이는 교육 수준이 반드시 관용적 태도의 근거가 되지는 않음을 시사한다.

따라서 교육수준과 편견 간의 관계를 직접적으로 측정하기보다는, 간접적인 방식을 통해 그 관계를 추정하는 것이 보다 타당할 수 있다. 실제로 미국 백인들을 대상으로 실시한 한 연구에서는 소수자 우대 정책에 대한 의견을 조사한 결과, 교육수준이 높고 경제적으로 부유한 백인일수록 해당 정책에 반대하는 경향이 더 컸다.[3] 만약 이들이 인종적 또는 민족적 편견이 없다면, 사회적 약자인 소수자나 이주자에 대해서는 더 큰 관용을 보여야 하며, 따라서 소수자 우대 정책에 찬성하는 것이 논리적으로 자연스럽다.

그러나 편견을 직접적으로 묻는 방식이 아닌, 소수자나 이주자를 대상으로 한 정책이나 제도에 대한 입장을 통해 간접적으로 편견을 살펴본 결과, 교육 수준이 높다고 해서 반드시 더 관용적인 태도를 보이는 것은 아님을 알 수 있다. 이는 교육 수준이 편견을 줄인다는 통념이 반드시 절대적인 것은 아니며, 그 관계가 맥락과 방식에 따라 다르게 나타날 수 있음을 시사한다.

이처럼 사회경제적 지위와 편견 간의 관계는 생각보다 훨씬 복잡하게 얽혀 있다. 따라서 이주자에 대한 편견은 단순히 경제적 요인만으로는 충분히 설명할 수 없다. 경제적 요인 외에도 인종과 민족에 대한 태도와 편견을 이해하기 위해서는, 그 사회가 오랜 역사와 전통 속에서 형성해 온 '나'와 '타자'를 구분하는 기준, 그리고 이를 뒷받침하는 문화적 틀도 반드시 함께 고려할 필요가 있다.

💡 주

1 M. R. Jackman, "General and applied tolerance: Does education increase commitment to racial integration?" *American Journal of Political Science* 22-2 (1978), pp. 302-324; P. M. Sniderman & E. G. Carmines, *Reaching beyond race* (Cambridge, MA: Harvard University Press, 1997).
2 H. Schuman, C. Steeh, L. Bobo & M. Krysan, *Racial attitudes in America: Trends and interpretations* (Cambridge, MA: Harvard University Press, 1997).
3 J. E. Farley, *Majority-minority relations*, 6th ed (NJ: Prentice Hall, 2009), pp. 36-40.

13

사회적 규범과 편견

사회적 규범은 소수자 집단에 대한 편견의 강도를 결정짓는 핵심 요인으로 작용한다. 규범은 사회적으로 바람직한 것과 그렇지 않은 것을 구분할 수 있는 기준을 제공하며, 이주 소수자에 대한 인정과 관용 역시 이러한 규범의 영향을 받는다.[1] 사회적 규범은 고정된 것이 아니라 시대의 흐름과 사회적 상황에 따라 변화하고, 다양한 방식으로 해석되기도 한다. 그럼에도 불구하고 규범은 구성원들의 가치관과 신념 체계에 깊이 영향을 미치며, 일상생활 전반에 걸쳐 지속적으로 확대되고 재생산된다.

옳고 그름의 기준이 되는 규범은 반드시 사실에 기반해 형성되는 것은 아니다. 예를 들어, 어떤 음식이 '좋은 음식'인지 '나쁜 음식'인지에 대한 판단은 영양학적 기준에 따라 이루어질 수 있다. 우리 몸에 이로운 음식은 좋은 음식, 해로운 음식은 나쁜 음식으로 여겨지는 것이 일반적이다. 그러나 이러한 기준은 개인의 건강 상태나 체질에 따라 달라질 수 있다. 어떤 사람에게는 유익한 음식이 다른 사람에게는 해로울 수 있기 때문이다.

이러한 개인적 차원을 넘어, 특정 음식은 사회적·문화적 차원에서 규범으로 금지되거나 제한되기도 한다. 예를 들어 이슬람 사회에서는 종교적 규범에 따라 먹을 수 있는 음식과 먹을 수 없는 음식이 엄격히 구분된다. 할랄 푸드는 돼지고기나 동물의 피처럼 금기시되는 재료뿐 아니라, 도축 방식에 따라 부정한 음식과 허용되는 음식으로 나뉜다. 인도의 경우, 힌두교적 신념에 따라 많은 지역에서 소고기를 금기시한다. 종교적 이유가 아니더라도, 개고기처럼 문화적으로 민감한 음식은 여러 국가에서 사회적 금기로 여겨진다. 한국 역시 과거에는 개고기를 비교적 자유롭게 소비하던 문화가 있었지만, 최근에는 식용 목적으로 개를 사육하거나 도살하고 유통하는 행위를 금지하는 법률이 제정되었다.

옳고 그름에 대한 규범은 종교적 또는 정치적 이유로 형성되기도 하지만, 과학의 영역에서도 사실과는 다른 방식으로 규범이 구성되곤 한다. 대표적인 예가 수술실에서의 '오염'과 '비오염'을 구분하는 방식이다. 의학적으로는 세균이나 바이러스의 존재 여부에 따라 오염 여부를 판단하며, 그러한 위험이 제거된 상태를 무균 상태, 즉 비오염 상태로 간주한다. 그러나 이러한 과학적 정의와는 별도로 의료 현장에는 규범적 판단이 개입된 또 다른 기준이 존재한다. 더글러스[Mary Douglas]는 '오염'을 단순히 위생의 문제로만 보지 않고, 사물이 '제자리에 있지 않은 상태'를 의미하는 규범적 개념으로 설명한다.[2] 예컨대, 신체 내부에 있을 때는 정상으로 여겨지는 장기도 수술 중 외부로 노출되면, 실제로 오염되지 않았더라도 오염된 것으로 간주된다. 이는 오염이 과학적 사실이라기보다는 상징적 질서의 붕괴에 따른 규범적 판단임을 보여준다.

이와 같은 인식은 수술실이라는 공간 자체에도 적용된다. 수술실은 오염되지 않은 통제되고 정화된 공간으로, 제한된 인원만이 출입할 수 있는 '성스러운' 장소로 여겨진다. 이곳에서 이루어지는 손 씻기, 멸균 장갑 착용, 수술복 착용, 수술 부위 소독 등의 절차는 단순한 위생 조치가 아니라, 의례적인 정화 과정이자 상징적 행위로 해석될 수 있다. 이러한 구조화된 공간과 규범은 단지 의료의 과학적 필요에 의해 결정되는 것이 아니라, 의료 권력에 의해 형성되고 유지되는 질서라고 할 수 있다.[3]

이와 마찬가지로 특정 소수자에 대한 적대감이나 호의 역시, 그들에 대한 사회적 규범에 의해 형성된다. 외국인 이주자에 대한 편견은 그들의 실제 특성이나 행위보다, 친구와 가족, 그리고 주변 동료들이 그들을 어떻게 인식하고 있는지에 더 큰 영향을 받는다. 나아가, 개인이 속한 공동체 내에서 형성된 여론의 분위기 또한 중요한 요인으로 작용한다. 이주자에 대한 편협한 인식은 각종 미디어와 소셜미디어SNS를 통해 광범위하게 공유되고, 반복적인 노출을 통해 점차 사회적 규범으로 자리 잡는다. 이러한 과정 속에서 외국인 이주자는 그들이 사회에 어떤 기여를 하고 있는지, 또는 어떤 능력을 갖추었는지 와는 무관하게, 단지 '이방인'이라는 이유만으로 신뢰할 수 없는 존재로 낙인찍히며, 그에 따른 편견이 강화된다. 그러나 사회적 규범의 형성에는 공동체 내 권력집단의 역할이 결정적으로 작용하므로, 이들이 외국인 이주자를 어떻게 대하느냐에 따라 전체 사회의 인식 또한 달라질 수 있다. 이는 곧 외국인 이주자에 대한 편견을 완화하고 긍정적인 인식을 확산시킬 수 있는 가능성을 시사한다.

한국 사회에서 외국인 이주자에 대한 인식은 도시지역이냐 농촌지역이냐에 따라 상이하게 나타난다.[4] 이러한 차이는 외국인 이주자 유입에 관한 한국사회의 특수한 구조와 맥락에서 기인한다. 일반적으로 외국인 이주자는 도시지역에 정착하는 경향이 강하다. 이는 도시지역에 3D 업종을 포함해 이주자들이 종사할 수 있는 다양한 일자리가 밀집해 있기 때문이다. 이로 인해 도시와 그 주변 지역에는 상대적으로 주거비용이 낮은 지역을 중심으로 외국인 이주자들이 집단적으로 정착하는 현상이 나타난다. 한국 사회도 이러한 세계적 흐름과 크게 다르지 않다. 다만 한국의 경우, 농촌지역에서는 독특한 양상이 나타난다. 특히 결혼 이주자들이 대거 농촌에 유입되면서, 농촌지역 역시 외국인 이주자의 주요 정착지가 되고 있다. 이는 한국 농촌의 인구 불균형과 결혼 구조의 변화와 맞물려 나타난 현상으로, 도시와는 또 다른 형태의 이주자 수용 구조를

이주의 사회학: 국제이주와 이주자

형성하고 있다.

결혼이주자들은 가족의 일원이 되었기 때문에 차별받는 존재라기보다는 환영받는 존재로 인식되는 경우가 많다. 가족 내에서는 문화적 이질성으로 인해 크고 작은 갈등이 발생할 수 있으나, 일단 가족 구성원이 된 이상 그들은 자녀를 낳고 양육하며 점차 한국 사회의 일부로 자연스럽게 포섭된다. 일상속에서 밀접하게 상호작용하며 함께 살아가기 때문에 편견이 개입할 여지도 줄어든다.

한편, 고령화와 노동력 부족이 심각한 농촌지역에서는 외국인 이주노동자들이 필수적인 인력으로 기능하고 있다. 그들은 단순한 외부인이 아니라, 농촌의 유지와 일상생활을 가능하게 하는 이웃으로 받아들여지며, 이로 인해 이주자에 대한 지역사회의 인식이 우호적으로 형성되는 경우가 많다. 실제로 가족 구성원으로서의 결혼이주자, 그리고 공동체 유지를 위한 노동자로서의 이주노동자는 농촌사회에서 중요한 역할을 담당하고 있으며, 이러한 실질적 기여가 긍정적인 사회적 규범으로 이어지는 경향이 있다. 그러나 동시에 농촌지역은 외국인 이주자와의 생활 반경이 더 가까운 만큼, 이질적인 문화와 관습으로 인한 갈등이나 적대감이 더 쉽게 나타날 가능성도 있다. 특히 일부 지역에서는 외국인 이주자의 수가 토착민보다 많아지면서, 상대적 박탈감이나 문화적 긴장이 고조될 수 있다. 그럼에도 불구하고, 농촌지역의 경우 직접적이고 지속적인 상호작용을 통해 공동체 내 규범이 형성되기 때문에, 도시지역과는 달리 막연한 편견이 작용할 여지는 상대적으로 작다고 볼 수 있다.

도시지역에서 외국인 이주자에 대한 사회적 규범은 농촌지역과는 다르게 형성되는 경향이 있다. 무엇보다 도시사회는 문화적 다양성에 익숙하며, 외국인을 접할 기회가 많다. 세계 각국의 문화가 처음으로 유입되는 공간이 도시이고, 이태원, 구로, 안산 등 일부 지역에서는 외국인과의 공존이 일상화되어 다문화적 분위기가 자연스럽게 형성되어 있다. 도시 지역에는 많은 외국인 이주자들이 거주하지만, 실제로 그들과 직접 접촉하거나 협업하는 기회는 제한적인 경우가 많다. 즉, 외국인과 함께 일하거나 일상생활을 공유하는 경험이 없는 주민도 상당수 존재한다. 따라서 외국인 이주자와의 갈등이나 충돌을 직접적으로 경험하는 경우는 상대적으로 적다.

이러한 특성은 외국인에 대한 포용적이고 관용적인 사회 규범이 형성될 수 있는 토대를 제공한다. 외국인을 일상속에서 자주 마주치지만 깊은 관계를 맺지 않는 '느슨한 접촉'은 이질성에 대한 적대감을 누그러뜨리는 동시에, 외국인을 배제하거나 편견을 강화할 직접적 계기도 줄어들게 한다. 이처럼 도시에서는 외국인 이주자에 대한 인식이 문화적 다양성과 관용을 바탕으로 보다 개방적으로 형성될 수 있는 조건이 마련되어 있다.

그러나 일반적인 외국인과 외국인 이주자는 구분되어 인식되는 경우가 많다. 관광이나 유학 등의 목적으로 일시적으로 방문한 외국인은 환영의 대상으로 비교적 긍정적으로 인지되지만, 장기적으로 함께 살아가야 하는 외국인 이주자는 전혀 다른 시선으로 바라보게 된다. 외국인 이주자는 일자리 경쟁자로 간주되기도 하며, 이주자들이 밀집해 거주하는 지역에 대해서는 문화적 이질감, 치안 불안 등의 이유로 혐오 정서가 확산될 가능성이 크다. 이러한 부정적 인식은 언론 보도나 SNS 등을 통해 반복적으로 재생산되며 여론을 형성하고, 결국 이주자에게 불리한 정책과 제도, 나아가 배제적인 사회 규범으로 제도화될 위험이 있다. 따라서 도시지역에서는 외국인에 대한 문화적 개방성과 관용의 가능성이 존재함에도 불구하고, 외국인 이주자에 대해서는 오히려 더 강한 편견이나 부정적인 태도가 형성될 수 있는 이중적인 경향도 함께 나타날 수 있다.

이주의 사회학: 국제이주와 이주자

외국인 이주자에 대한 편견은 반복적으로 생산되고 확산될 경우 사회적 규범으로 자리 잡게 된다. 이러한 규범은 집단 내 상호작용을 통해 학습되며, 결국 편견이 고착화되는 결과로 이어질 수 있다. 따라서 외국인 이주자에 대한 왜곡된 인식이 형성되지 않도록 하려면, 이들과의 상호작용이 보다 원활하게 이루어질 수 있는 환경을 조성하는 것이 중요하다. 만약 개인이 속한 사회적 집단이 외국인 이주자에 대해 부정적인 편견을 공유하고 있다면, 그 집단의 규범과 가치관을 비판 없이 수용할 가능성이 높아진다. 그렇기 때문에 이러한 집단 중심적 사고로부터 벗어나려는 노력이 필요하다. 하지만 개인의 자발적인 노력만으로는 한계가 있으므로, 아동기부터의 체계적인 교육과 성인을 대상으로 한 직·간접적인 캠페인 및 교육 프로그램이 지속적으로 시행되어야 한다.

일회성 교육은 오랜 시간에 걸쳐 형성된 태도, 가치관, 신념체계를 변화시키기 어렵기 때문에, 꾸준하고 반복적인 교육이 요구된다. 반복적 교육을 한다면 교육수준이 높은 사람일수록 외국인 이주자를 출신이나 외모가 아닌, 능력과 자질로 평가할 가능성이 높아진다.[5] 사회적 규범은 교육 수준이 높고 사회적 영향력이 큰 사람들에 의해 형성되는 경우가 많기 때문에, 이들의 인식 변화는 사회 전체의 이주자에 대한 인식을 긍정적으로 전환시킬 수 있는 중요한 계기가 될 수 있다. 물론 교육수준이 높은 사람들이 단지 '정치적 올바름'을 의식하여 편견을 드러내지 않도록 훈련될 수도 있다. 그러나 그러한 가능성을 이유로 교육적 노력을 시작조차 하지 않는 것은 바람직하지 않다. 오히려 더 적극적이고 체계적인 접근을 통해 사회 전반의 편견을 줄여나가는 노력이 필요하다.

또한 외국인 이주자와의 접촉 가능성을 높이는 일도 중요하다. 그러나 단순한 접촉만으로는 외국인 이주자에 대한 이해를 증진하거나 갈등을 완화하는 데 한계가 있다. 이주자와의 상호작용이 편견의 감소로 이어지기 위해서는 일정한 조건이 충족되어야 한다. 그 핵심은 상호작용에서의 지위의 동등성을 확보하는 것이다. '동등 지위 접촉 가설$^{Equal Status Contact Hypothesis}$'에 따르면, 단순한 만남이 아니라 지위가 평등한 조건에서의 협력적 상호작용이 이루어질 때, 집단 간 이해와 관용이 증진될 수 있다.[6] 따라서 외국인 이주자와의 접촉이 효과를 발휘하려면, 지위의 불균형이나 일방적 관계가 아닌, 상호 존중과 협력을 전제로 한 접촉이 이루어져야 한다.

'동등지위 접촉 가설'은 효과적인 상호작용을 위해서 필요한 다섯 가지 조건을 제시한다. 첫째, 사회적 자원과 권력이 모든 집단에 공정하게 분배되어야 한다. 권력이 불균형한 상황에서의 접촉은 오히려 긴장과 갈등을 심화시킬 수 있다. 둘째, 접촉은 공동의 목표를 달성하기 위한 협력적 맥락 속에서 이루어져야 한다. 집단 간 상호 이해와 신뢰는 공동의 과업을 수행하는 과정에서 더 쉽게 형성된다. 셋째, 상호작용은 제로섬 경쟁이 아닌, 상호 이익을 도모하는 방식이어야 한다. 한 집단의 이익이 다른 집단의 손해로 간주되는 환경에서는 편견 해소의 효과가 제한적일 수밖에 없다. 넷째, 편견을 줄이기 위한 노력은 교육, 정치, 종교 등 사회의 여러 영역에서 일관되고 통합적으로 추진되어야 한다. 예를 들어, 교육 현장에서 편견의 위험성을 가르치면서도 정치적으로는 민족적 우월성을 강조한다면, 상호작용의 긍정적 효과는 크게 약화될 수 있다. 마지막으로, 접촉은 일회성이나 간접적인 수준을 넘어, 지속적이고 반복적인 대면 상호작용이 가능해야 한다. 개별 구성원들 간의 직접적인 의사소통은 상대 집단에 대한 이해를 심화시키고, 기존의 고정관념을 변화시키는 데 중요한 역할을 한다. 이러한 바탕이 마련될 때 외국인 이주자와의 접촉의 빈도를 높이면 서로 간의 편견을 상당히 줄일 수 있다.

물론 현실에서 외국인 이주자와의 상호작용이 접촉 가설에서 제시하는 모든 조건을 충족한 상태에서 이루어지기는 어렵다. 그러나 이러한 조건들이 완전히 갖추어지지 않은 제한된 접촉이라 하더라도 편견을 줄이는 데 일정한 효과를 가질 수 있다. 예를 들어, 미국인들의 무슬림에 대한 인식을 조사한 연구에 따르면, 단 한 명의 무슬림이라도 개인적으로 알고 있는 사람들은 그렇지 않은 사람들에 비해 "무슬림은 비행기 탑승 시 특별한 보안 점검을 받아야 한다"고 생각할 가능성이 약 3분의 1 정도 낮았으며, 무슬림과 같은 비행기에 탑승했을 때 불편함을 느끼는 정도도 현저히 낮았다.[7] 이처럼 외국인 이주자에 대한 부정적 사회 규범이 강하게 작용하고 있고, 공동체 다수가 이주자에 대해 편견을 가지고 있는 상황이라 하더라도, 제한된 수준의 접촉과 상호작용이 가능한 환경이 조성된다면, 막연하고 근거 없는 편견을 완화시키는 데 기여할 수 있다.

그럼에도 불구하고 주의 깊게 살펴보아야 할 점은 외국인 이주자와의 접촉이나 상호작용의 효과가 상황이나 사회적 맥락에 따라 다르게 나타날 수 있다는 사실이다. 예컨대 외국인 이주자가 직장에서 나의 동료인 경우, 그에 대한 편견은 거의 드러나지 않을 수 있다. 직장은 공동의 목표를 향해 협력해야 하는 공간이며, 실력과 성과가 주요한 평가 기준이 되므로 이주자에 대한 편견이 작동할 여지가 상대적으로 적기 때문이다.

그러나 승진과 같이 경쟁이 부각되는 상황에서는 양상이 달라질 수 있다. 이주자가 동료에서 경쟁자로 전환되는 순간, 편견이나 배타적 감정이 다시 표면화될 수 있다. 또한 직장 내에서 외국인 이주자에게 우호적 태도를 보인다 해도, 이를 사적인 관계로 확장하기는 쉽지 않다. 예를 들어 친구로 사귀거나, 친목 모임에 초대하거나, 직장 외의 사회적 공간에서 관계를 맺는 데 있어서는 거리감을 유지하려는 경향이 여전히 존재할 수 있다.

다시 말해, 특정 영역에서 외국인 이주자에 대한 편견이 줄어들었다고 해서 그것이 일상 전반으로 확산된다고 보기는 어렵다. 따라서 외국인 이주자에 대한 편견을 해소하기 위해서는 다양한 사회 영역에서 지속적이고 다각적인 노력이 필요하다. 이와 함께, 이주자가 단지 수용의 대상이 아니라, 우리 사회의 공동 목표를 함께 실현해 나가는 협력적 동반자임을 부각하는 이미지 형성 역시 중요하다.

주

1 R. T. Schaefer, *Race and ethnicity in the United States*, 7th ed (New York: Pearson, 2013).

2 M. Douglas, *Purity and danger: An analysis of concepts of pollution and taboo* (London: Routledge, 1966).

3 M. Foucault, *The birth of the clinic: An archaeology of medical perception* (A. M. Sheridan Smith, Trans) (New York: Pantheon Books, 1973) (Original work published 1963); B. J. Good, *Medicine, rationality, and experience: An anthropological perspective* (New York: Cambridge University Press, 1994).

4 김태형 외, 『농촌 지역 외국인 노동자에 대한 주민 인식 조사』 (서울: 한국농촌사회학회, 2021); 박진호, "한국 농촌의 외국인 노동자에 대한 적대성과 경제적 의존의 모순," 『한국사회학』 제50집 3호 (2016), pp. 1–32; 조영태, 『지방소멸과 이주민 사회의 재구성』 (서울: 서울대학교출판부, 2023); 한상권, "지역주민의 다문화 수용성에 대한 도시-농촌 비교 연구," 『다문화사회연구』 제11집 1호 (2018), pp. 33–60.

5 Joseph F. Healey, *Race, Ethnicity, Gender and Class: The Sociology of Group Conflict and Change*, 6th Ed (London: Sage, 2012), p. 115.

6 T. F. Pettigrew, "Intergroup contact theory," *Annual Review of Psychology* 49 (1998), pp. 66–67.

7 L. Saad, "Anti-Muslim sentiments fairly commonplace," *The Gallup Poll (10 August 2006).*

14

차별의 시작

외국인 이주자에 대한 차별은 그들을 '동일한 구성원'으로 인정하지 않는 인식에서 비롯된다. 즉, '나'와 '남'을 구분하며 외국인 이주자를 '남'으로 간주하고, 권력과 자원에의 접근을 체계적으로 차단하는 것이다. 이 구분의 기준은 국적일 수도 있고, 인종이나 민족일 수도 있으며, 이 요소들이 복합적으로 작용하기도 한다. 외국인 이주자에 대한 차별에는 그들이 '당연하고 자연스러운 질서'를 위반한 존재라는 인식이 깔려 있다.

한 국가의 지배집단 구성원들은 자신이 누리는 특권을 거대한 가족 공동체의 일원으로서 지극히 당연한 것으로 여긴다. 할아버지의 자산을 아버지가 물려받고, 그것을 자식이 이어받는 것이 자연스러운 일인 것처럼, 조상의 땅에서 몇 세대에 걸쳐 살아온 사실은 그 땅이 곧 자신에게 속한 것이라는 강한 주인의식으로 이어진다. 또한 자신들의 지위는 단순히 주어진 것이 아니라, 탁월한 능력과 오랜 노력의 결과로 얻은 것이라는 자부심은 지배집단이 지닌 자민족중심주의의 핵심이다. 이러한 관점에서 볼 때, 이 땅에 들어온 지 얼마 되지 않은 외국인 이주자들은 출신도 불분명하고, 생김새나 문화도 다르며, 뛰어난 능력도 없어 보이는 존재로 여겨진다. 따라서 이방인인 그들이 자신들과 동등한 대우를 받는 것 자체가 오히려 '역차별'처럼 느껴지기도 한다.

그럼에도 불구하고 지배집단의 구성원들은 자신과 다른 외국인 이주자를 차별하는 것이 도덕적으로 옳지 않다는 교육을 받아왔다. 제도와 법 역시 차별을 부당한 행위로 규정하고 있기 때문에, 노골적으로 외국인 이주자에 대한 차별을 주장하기는 어렵다. 이는 차별을 용납하지 않는 '정치적 올바름'의 원리가 사회 전반에 뿌리내리고 있기 때문이다. 문제는, 지배집단 구성원들이 자신의 행동이 차별이라는 사실을 인식하지 못하거나, 그것에 대해 깊이 고민하지 않는다는 점이다. 다시 말해, 편견이 있더라도 교육이나 사회적 규범에 의해 의식적으로 차별을 자제하려는 경향은 있지만, 무의식 속에서 자연스럽게 드러나는 태도나 행동이 외국인 이주자에게는 분명한 차별로 작용할 수 있다.

이러한 행위는 오랜 시간 동안 지위의 불평등이 지속된 사회에서 지배집단 구성원들에게서 자연스럽게 나타난다. 매킨토시^{Peggy McIntosh}는 가부장제 사회에서 남성들이 자신이 누리는 특권을 자각하지 못하는 현상과 인종 불평등 사회에서 지배계급이 가진 특권에 대한 인식 부족이 매우 유사하다고 지적한다.[1] 가부장제는 오랫동안 지속되어 온 대표적인 불평등 제도로, 남성이라는 이유만으로 주어지는 다양한 특권이 존재한다. 그러나 대부분의 남성들은 이러한 특권을 얻기 위해 특별히 노력한 적이 없기 때문에, 자신이 특권을 갖고 있다는 사실조차 인식하지 못한다. 그들은 또한 자신이 그 특권을 마음대로 행사한 적도 없다고 생각한다. 하지만 실제로는, 부지불식간에 남성 중심 사회가 제공하는 수많은 혜택을 누리며 살아가고 있다.

예컨대, 역사 속의 주인공은 대부분 남성이며, 영웅 역시 남성으로 그려진다. 영화와 드라마의 중심인물도 대개 남성이다. 직장에서는 주요 직책을 남성이 차지하는 경우가 많고, 전문직 종사자 중에서도 남성이 압도적으로 많다. '의사는 남성, 간호사는 여성'이라는 고정관념도 여전히 자연스럽게 받아들여지고 있다. 하지만 이러한 결과가 남성이 여성보다 본질적으로 뛰어나기 때문에 나타난 것이라고 보기는 어렵다.

이와 마찬가지로, 지배집단의 구성원들은 자신의 일상적 생활공간에서 다른 사람들과 자연스럽게 어울릴 수 있다. 예를 들어, 주변 대부분이 민족적으로 동일한 한국인이기 때문에, 한국인이 한국에 산다는 것은 너무도 당연하고 자연스러운 일로 여겨진다. 일상생활 속에서 어디를 가더라도, 자신의 신분이 한국인인지, 출신 국가가 어디인지에 대해 질문 받는 일은 거의 없다. 식당, 학교, 관공서 등에서도 아무런 제약이나 특별한 시선을 받지 않고 필요한 일을 처리할 수 있다. 지하철이나 버스를 이용할 때도 주위의 시선이 자신에게 집중되지 않는다. 즉, 한국인이라는 이유만으로 일상 속에서 어떠한 어색함이나 억압도 경험하지 않는 것이다. 이처럼 '아무 일도 일어나지 않는 상태', '자연스럽고 당연한 일상'을 누릴 수 있는 것이 바로 지배집단 구성원들이 가진 특권이다.

그러나 외국인 이주자의 입장은 전혀 다르다. 그들은 자신의 출신 국가, 인종, 민족과 관련된 정체성 때문에 쉽게 부당한 대우를 경험하게 된다. 문화적 차이, 사회 내에서의 불편함, 다수집단으로부터의 배제 등 다양한 형태의 소외를 감내하며 살아가야 한다. 지배집단과는 달리, 외국인 이주자는 그 존재 자체만으로 이미 불평등한 위치에 놓여 있다. 한국에서는 한국인이라는 것이 확실한 자원이자 권력의 원천이다. 그러나 외국인 이주자에게 그것은 배제된 권리이다. 능력을 갖추고 성실히 노력하면 성공할 수 있다는 '성공 신화'도 오직 한국인에게만 유효한 이야기다. 특권에서 배제된 외국인 이주자들은 아무리 노력해도 제도적이든 비제도적이든 성공의 길이 구조적으로 차단되어 있는 경우가 많다. 결국 어떤 명시적인 차별 행위를 하지 않는다 해도, 차별은 가장 자연스럽고 당연하게 여겨지는 일상 속 '존재의 차이'에서부터 이미 시작되고 있는 것이다.

외국인 이주자는 두 가지 차별에 동시에 노출된다. 하나는 외국인 이주자라는 정체성, 즉 존재 자체에서 비롯되는 차별이며, 다른 하나는 아무리 노력해도 목표를 달성하기 어렵게 만드는 제도적 차별이다. 존재에서 비롯되는 차별은 외국인 이주자들이 자신에게 부여된 부정적 이미지와 편견을 내면화하게 만든다. 그 결과, 스스로를 열등한 존재로 인식하게 되고 자존감 또한 쉽게 손상된다. 이러한 상태를 '내재화된 억압 internalized oppression'이라고 부른다.[2]

미디어, 언어, 농담, 책, 드라마, TV쇼 등 다양한 문화적 도구들은 외국인 이주자에 대한 왜곡된 고정관념을 반복적으로 재생산한다. 이러한 문화적 메시지는 지배집단 구성원에게 편견을 강화시키는 동시에, 이주자 자신에게도 그 고정관념을 수용하도록 강요한다.[3] 이주자들은 점차 스스로를 열등하다고 인식하는 동시에, 우월하다고 여겨지는 지배집단에 대한 동경을 품게 되며, 지배집단의 문화를 자신의 것으로 동일시하려는 노력을 하게 된다.

이러한 소수집단의 태도는 '문화적 인종주의 cultural racism'라는 개념과 연결된다. 문화적 인종주의는 특정 문화가 본질적으로 다른 문화보다 우월하다고 주장함으로써 정치적·경제적 지배를 정당화하는 이데올로기이다. 외국인 이주자와 관련해서는 주로 지배집단의 문화가 우월한 기준으로 작용하며, 이주자는 그 기준에 맞추려는 압력을 받는다.

클락 Kenneth B. Clark의 인형 실험은 소수자 집단이 어떻게 지배집단의 문화를 내면화하는지를 보여주는 대표적인 실험 연구이다.[4] 연구에서는 흑인 아이들에게 피부색과 머리색이 다른 네 개의 인형을 보여주고, 가장 좋아하는 인형을 선택하게 하였다. 두 개는 갈색 피부에 검은 머리카락을, 나머지 두 개는 흰 피부에 금발 머리카락을 가진 인형이었다. 그 결과, 대부분의 흑인 아이들이 가장 좋아하는 인형으로 흰 피부의 인형을 선택한 반면, 가장 싫어하는 인형으로는 갈색 피부의 인형을 고르는 경향을 보였다. 이후 "자신과 가장 닮은 인형을 고르라"는 질문에 많은 아이들이 주저하거나 선택을 포기했다. 특히 주목할 점은, 인형을 고른 아이들 중 약 33%의 흑인 아이들이 흰 피부의 인형을 자신과 가장 닮았다고 응답했다는 사실이다.

이처럼 문화적 인종주의는 성장 과정에서 사회화의 형태로 내면화된다. 소수자들은 지배집단의 문화가 우월하며, 그것을 닮고 따르지 않으면 사회의 구성원으로 받아들여질 수 없다는 믿음을 자연스럽게 내면화하게 된다. 그러나 문제는, 그들이 아무리 지배집단의 문화를 따르고 동화되려 해도, 지배집단은 소수자를 쉽게 '우리'의 구성원으로 받아들이지 않는다는 점이다.

외국인 이주자들이 한국에 정착하여 한국 문화를 배우고, 한국인의 삶의 방식을 따르며, 일상 속에서도 한국적인 요소에 익숙해져 간다고 해서 그들이 동등한 사회 구성원으로 받아들여질 수 있을까? 자신과 다른 문화에 동화되는 과정은 소수자에게 큰 심리적 스트레스로 작용한다. 외국인 이주자들이 매운 떡볶이, 김치찌개, 청국장 등을 잘 먹는 모습을 보이면, 한국인들은 일시적으로 대단하다며 호의적인 반응을 보이기도 한다. 결혼이주 여성의 경우, '좋은 며느리'가 되기 위해 김장을 잘하고, 매운 음식을 즐기며, 시부모를 잘 모시는 것이 기대된다. 그러나 반대로, 베트남 며느리가 고수를 듬뿍 넣은 음식을 만들거나, 캄보디아 노동자들이 자신들의 방식대로 카레를 요리하면 그것은 '이국적'이거나 '이상한 것', 혹은 '기괴한 것'으로 간주된다. 지배집단에게 이주자의 문화는 선택적으로 소비할 수 있는 대상일 뿐이지만, 이주자들에게 지배집단의 문화는 반드시 받아들여야 하는 생존의 조건이자 의무로 작용한다.

또한 지배집단의 문화를 우월한 것으로 받아들이고 수용하려는 이주자들의 노력은, 결국 자신이 속한 사회에서 자리를 지키고 지위를 유지하기 위한 생존 전략이 되기도 한다. 그러나 아무리 지배집단의 문화를 열심히 배우고 따라 하려 해도, 그것을 완전히 자기 것으로 만들기는 어렵고, 특히 신체적 차이까지 극복하는 것은 불가능에 가깝다. 예컨대 한국어를 아무리 열심히 익혀도 기본적인 의사소통은 가능할지 몰라도, 완벽하게 구사하는 사람은 극소수에 불과하다. 더불어, 신체적 미의 기준이나 피부색과 같은 외적인 요소는 애초에 따라갈 수 없는 영역이다. 이처럼 동화의 과정에서 사회가 요구하는 표준화된 기준에 도달하지 못하게 되면, 이주자들은 점차 좌절하게 되고, 자신의 능력을 부정하거나 자존감을 잃는 상태에 이르게 된다.

이주자들은 때로 지배집단의 문화에 저항하며 자신들의 목소리를 내어 문화적으로 인정받으려 노력하기도 한다. 그러나 이러한 도전은 쉽게 성공하지 못하는 경우가 많은데, 그 이유 중 하나는 이주자 내에서도 전폭적인 지지를 받지 못하기 때문이다. 이미 지배적인 문화를 내재화한 일부 이주 소수자들은, 자신들이 내면화한 문화와 반대되는 행태를 보이는 동료 이주자들을 오히려 비난하기도 한다. 이는 우월한 지배집단의 문화를 수용하는 것이 최소한의 사회적 지위를 유지하는 유일한 방법이라고 믿기 때문이다. 이러한 상황이 지속되는 한, 이주 소수자들은 사회의 주변부에 머무를 수밖에 없다.

☀ 주

1 P. McIntosh, "White privilege and male privilege: A personal account of coming to see correspondences through work in women's studies," *Independent School*, Winter, 1990 ed. (1988).
2 F. Fanon, Black skin, *White masks* (R. Philcox, Trans.), (New York: Grove

Press, 2008) (Original work published 1952); S. Lipsky, *Internalized racism* (Washington: The Rational Island Publishers, 1987).

3 M. B. Tappan, "Reframing internalized oppression and internalized domination: From the psychological to the sociocultural," *Teachers College Record*. 108–10 (2006), pp.2115–2144.

4 K. B. Clark & M. P. Clark, "Emotional factors in racial identification and preference in Negro children," In T. M. Newcomb & E. L. Hartley (Eds.), *Readings in social psychology* (Holt, 1947).

15

이주자와의 접촉상황과 차별

차별은 인류 역사 속에서 늘 존재해 왔다. 시대와 상황에 따라 차별의 대상과 형태가 달라졌을 뿐, 차별 자체는 지속되어 왔다. 서로 다른 두 집단 이상이 접촉하게 되면, 사람들은 자연스럽게 '나'와 '남', '우리'와 '그들'을 구분하고, '우리' 중심으로 결속하여 외부 집단에 대응하게 된다. 이 대응 방식이 반드시 적대적인 형태일 필요는 없으며, 경우에 따라 화합이나 통합으로 나타날 수도 있다. 그러나 접촉이 이루어지는 순간, 자민족중심주의, 집단 간 경쟁, 권력의 차이와 같은 요소들이 상호작용하게 된다. 사회학자 노엘Donald Noel은 이러한 세 가지 요인이 집단 간에 작동할 때, 불평등이 발생한다고 주장하였다.[1] 그의 이론에 따르면, 집단 간 접촉이 이루어질 때 자민족중심주의, 경쟁, 권력의 차이가 함께 작용하면 지배집단과 종속집단이 형성되고, 그 과정에서 지배집단이 종속집단을 차별하게 된다는 것이다.

자민족중심주의는 자신이 속한 문화, 지배집단의 삶의 방식과 가치관을 우월한 기준으로 삼아 타문화를 바라보는 태도이다. 이는 단순히 다른 사람의 삶과 문화의 차이를 인지하는 수준에 머무르지 않고, 타문화를 열등하고 나쁜 것으로 간주하게 만든다. 따라서 자민족중심주의가 작동하는 상황에서는 필연적으로 차별이 뒤따를 수밖에 없다.

경쟁은 제한된 자원을 두고 서로 다투는 과정이다. 이기는 것이 최우선 목표가 되기 때문에, 경쟁 상대 집단에 대해 부정적인 편견을 형성하거나, 불공정한 수단을 사용하더라도 자원을 확보하려는 경향이 나타난다. 그 결과 경쟁의 승패에 따라 집단 간 서열이 형성되며, 지배집단은 자신들의 우월한 지위를 유지하기 위해 소수 집단을 착취하고 통제하며 차별을 정당화한다.

또한 집단 간 접촉에는 언제나 권력의 차이가 존재한다. 물론 비슷한 수준의 권력을 가진 집단들이 접촉하는 경우도 있지만, 외국인 이주자와 지배집단 사이에는 대체로 현격한 권력의 불균형이 존재한다. 지배집단은 이 권력의 우위를 바탕으로 소수 집단에 영향력을 행사하며, 이 과정에서 차별은 자연스럽게 발생한다. 따라서 자민족중심주의, 경쟁, 그리고 권력의 차이가 접촉의 상황과 형태를 결정한다. 차별은 바로 집단들의 다양한 접촉상황에서 발생하며 차별구조의 기본적인 틀이 이 과정에서 만들어진다.

그러나 사회학자 블라우너^{Robert Blauner}는 노엘의 접촉상황 가설을 수용하면서도, 지배집단과 소수집단이 최초로 어떻게 만나게 되었는지가 매우 중요하다고 강조한다.[2] 그는 집단 간 접촉을 크게 두 가지 유형으로 구분하는데, 하나는 식민지에 의한 접촉이고, 다른 하나는 이민에 의한 접촉이다. 식민지 접촉은 처음부터 한 집단이 지배자, 다른 집단이 피지배자의 위치로 만나기 때문에 불평등 구조가 극단적으로 고착된다. 이 경우 편견, 인종주의, 문화적 차별이 매우 심각하며, 열등한 사회적 지위는 쉽게 극복되지 않는다. 반면, 이민 접촉은 자발적인 이주를 통해 이루어진 관계이므로, 식민지 접촉처럼 외부 강제에 의해 소수자로 전락한 경우와는 다르다. 이민자들은 자발적으로 소수자 지위를 선택한 것으로 간주되기 때문에, 일정한 불평등과 차별을 감수할 수 있는 준비나 여지가 더 크다. 또한 지배집단의 문화를 보다 적극적으로 수용하려는 경향이 있어, 지배집단에 쉽게 동화될 수 있는 가능성도 높다. 특히 이민자 집단의 문화적 특성이 지배집단과 유사한 경우, 이들은 비교적 짧은 시간 안에 지배집단에 흡수되어 집단 간 경계가 희미해지거나 사라질 수 있다.

블라우너에 따르면, 미국 사회의 이민 과정에서 이민자 집단이 지배집단인 영국계 백인과 처음 접촉한 방식에 따라, 이후 나타난 불평등과 차별의 양상은 크게 달라졌다. 그는 원주민과 흑인을 식민지 접촉 사례로, 유럽계 이민자를 이민 접촉 사례로 구분한다. 원주민은 제거의 대상이었고, 흑인은 노예로 강제 이주된 집단이었기 때문에, 이들의 지배집단과의 초기 접촉은 극도로 불평등한 방식으로 이루어졌다. 이로 인해 두 집단 모두 문화적 동화나 사회 통합이 제한적이었고, 현재까지도 차별과 억압의 문제에서 벗어나지 못하고 있다.

반면 유럽계 이민자들은 자발적으로 이주한 집단이며, 지배집단과 인종적·문화적 유사성이 높았다. 이들은 지배집단의 문화를 빠르게 수용했고, 궁극적으로 백인 지배집단에 흡수되어 통합되었다. 설령 이들 집단의 정체성이 일부 남아 있더라도 이는 '문화적 다양성'의 일부로 받아들여질 뿐, 더 이상 구조적 차별의 대상이 되지는 않는다.

아시아계 이민자들은 식민지와 이민이라는 두 가지 접촉 유형이 복합된 사례로 볼 수 있다. 이들은 자발적으로 이주한 집단이지만, 식민지 접촉 집단보다 더 많은 자원을 보유한 채 미국에 도착하였다. 한편으로는 지배집단의 문화를 적극적으로 수용하고, 개인적 능력을 바탕으로 경제적으로는 백인 지배집단보다 평균적으로 더 높은 지위를 확보하기도 했다. 그러나 유럽계 이민자들과 달리, 아시아계 이민자들은 신체적·인종적 특성에서 지배집단과 뚜렷이 구별되었고, 문화적 유사성도 상대적으로 낮았다. 이로 인해 백인 지배집단에 완전히 통합되지 못하고 있으며, 유럽계 백인 이민자들보다 더 큰 차별과 불평등에 노출되어 있다.

한국으로 유입되는 외국인 이주자들 또한 이와 크게 다르지 않다. 모든 외국인 이주자가 동일하게 불평등한 지위에 놓이는 것은 아니다. 주로 경제적 자산이나 전문적 능력을 갖추고 입국한 이주자들은 상대적으로 차별을 덜 경험한다. 예컨대 미국, 캐나다, 호주, 유럽 등 선진국 출신의 이주자들에 대해서는 차별이 거의 드러나지 않는다. 이들에 대한 법적·제도적 차별은 여전히 존재할 수 있으나, 한국 사회는 그들을 차별의 대상으로 보기보다는 오히려 선망의 시선으로 대하곤 한다.

이는 자민족 중심주의가 역으로 작용한 결과이기도 하다. 서구 선진국의 문화는 종종 '우월한' 것으로 인식되고, 경제적으로 앞서 있는 국가의 국민들은 그 '국가의 위상'에 걸맞은 우호적 대우를 받는다. 반면, 동남아시아를 비롯한 개발도상국 출신의 노동이주자들은 처음부터 지배와 종속의 위계 속에서 바라보는 경향이 강하다. 이들에게는 자민족 중심주의적 시각이 그대로 적용되며, 그들이 종사하는 일들은 대개 한국인들이 꺼려하는 일들이고, 그러한 일들을 하는 이주자들은 불평등한 사회구조의 맨 아래 바닥을 차지한다. 훨씬 우월한 한국인 지배집단 권력은 직접적으로 이주자들에게 행사되며, 편견과 차별도 자연스럽게 뒤 따른다.

한국으로 집단 유입된 이주자들 가운데 아프가니스탄 난민은 지배집단과의 접촉 상황 측면에서 독특한 사례로 볼 수 있다. 이들은 2021년 미군 철수 이후 탈레반이 아프가니스탄을 재장악하면서 생명의 위협을 받게 된 사람들로, 대부분이 현지에 파견된 한국 기관을 지원하던 직원들과 그 가족들이다. 한국정부는 이들의 위기를 인도적으로 받아들이며 같은 해 8월, 군사 작전에 준하는 방식으로 항공기를 파견해 약 76가구, 총 390명의 아프가니스탄인을 한국으로 이송했다. 이들은 실질적으로는 난민에 해당하지만, 한국정부에 협력한 공로를 인정받아 '난민'이 아닌 '특별공로자special contributor'라는 명칭으로 입국하였다. 이송 당시 이들의 입국은 전 국민의 주목을 받았고, 일반적으로 개발도상국 출신 난민 수용에 대해 부정적인 인식이 강한 한국 사회에서도 예외적으로 환영의 목소리가 크게 나타났다. 이는 '특별공로자'라는 상징적 지위가 이들에 대한 사회적 시선을 바꾸는 데 중요한 역할을 했음을 보여준다.

이후 정부는 이들에게 일자리를 제공하고, 한국 사회에 안정적으로 정착할 수 있도록 적극적인 지원을 펼쳤다. 초기 접촉 단계에서 한국의 지배집단은 이들에게 매우 우호적인 태도를 보였으며, 차별적 시선을 드러내는 사례는 거의 관찰되지 않았다. 그러나 일정 시간이 지난 2022년 2월, 이들 아프가니스탄 이주자의 자녀들이 초등학교에 배정되자 상황은 달라졌다.[3] 해당 학교의 일부 학부모들이 배정에 반대 의사를 밝히고 나선 것이다. 표면적인 이유는 교실 과밀로 인한 교육환경 악화였지만, 근본적인 우려는 한국어 능력이 부족한 아프가니스탄 아이들의 수업 참여가 어려울 것이며, 이것이 곧 자기 자녀들의 학습에도 부정적인 영향을 줄 수 있다는 점이었다.

이 사건은 초기 접촉이 아무리 우호적이었다 하더라도, 이주자 자녀들이 일상적인 생활공간에서 '우리'와 직접 관계를 맺게 될 경우, 그 태도가 얼마나 빠르게 적대적으로 전환될 수 있는지를 단적으로 보여준다. 이주자 자녀 문제는 단순한 교육 문제가 아니라 지방자치단체, 학교, 학부모, 지역사회 전체가 협력하여 풀어가야 할 사회적 과제임을 상기시켜주는 사례다.

💡 주

1 D. Noel, "A theory of the origin of ethnic stratification," *Social Problems* 16-2 (1968), pp. 157-172.

2 R. Blauner, *Racial oppression in America* (New York: Harper & Row, 1972).

3 "개학 열흘여 남았지만 아프가니스탄 이주민 자녀 학교배치 여전히 공전," 『국제신문』, 2022년 2월 20일 https://www.kookje.co.kr/news2011/asp/newsbody.asp?code=&key=20220220.99099004674

차별하지 않는 것이 차별이다

이주자에 대한 편견과 차별은 일상 곳곳에 존재하지만, 그것이 명확하게 드러나는 경우는 드물다. 특히 이주자 유입이 활발한 선진국에서는 인권 의식과 평등 의식을 중시하는 '정치적 올바름political correctness' 문화가 강하게 작동하기 때문에, 노골적인 차별 행위는 사회적으로 용인되지 않는다. 겉보기에는 이주자에 대한 편견과 차별이 사라지고, 모두가 더불어 살아야 한다는 가치가 사회적 공감대를 얻은 듯 보인다. 그러나 실제로는 보다 은밀하고 복합적이며 간접적인, 그리고 제도적인 방식으로 차별이 작동하고 있다. 이는 과거의 노골적인 차별 방식과는 확연히 다르다. 오늘날의 차별은 직접적인 폭력이나 모욕적 언사로 표현되기보다는, 중립적이고 객관적인 언어와 논리를 표방하면서도 결과적으로 이주자에게 불이익을 주는 형태로 나타난다.[1] 외형상 합리성과 공정성을 강조하지만, 실제로는 이주자에 대한 구조적 배제를 강화하는 것이다.

예를 들어, 한국에 거주하는 외국인 이주자나 다문화가족 자녀들의 학교 성적이 낮다고 가정해 보자. 과거에는 그 이유를 생물학적 열등성이나 지적 능력 부족, 혹은 '공부를 못하는 나라 출신'이라는 식의 직접적이고 노골적인 차별 언어로 설명하곤 했다. 그러나 오늘날에는 이러한 편견이 보다 간접적이고 '객관적인' 형태로 나타난다. 예컨대, 이주자 부모들이 자녀 교육에 한국인 부모들처럼 극도로 헌신하지 않기 때문에 성적이 낮다는 식의 해석이 그것이다. 더 이상 '지능이 낮다'거나 '민족적으로 열등하다'는 생물학적 편견을 드러내지는 않지만, 대신 '문화적 차이'라는 이유를 들어 마치 중립적 사실인 양 설명한다.

또한 이주자 부모가 자녀 교육에 조금만 더 관심을 기울인다면 성적이 향상될 수 있을 것이라는, 실현 가능해 보이는 '희망의 서사'를 덧붙이기도 한다. 이러한 담론은 표면적으로는 어떠한 편견이나 차별도 드러내지 않는 듯 보이지만, 실상은 그렇지 않다. 가난한 이주자 부모들은 생계를 위해 장시간 노동에 시달리는 경우가 많고, 자녀에게 사교육을 제공할 경제적 여유도 없다. 그럼에도 불구하고 이러한 구조적 불평등은 간과된 채, 성적 부진의 책임은 온전히 이주자 가족의 문화나 노력 부족으로 환원된다. 이는 겉으로는 중립적이고 합리적인 언어를 쓰지만, 실제로는 차별을 재생산하는 또 다른 방식이다. 이주자들이 처한 구조적 조건을 간과하게 되면, 이주자와 지배집단 사이의 경계는 점점 선명해지고, 그에 따른 분리와 갈등은 더욱 심화될 수밖에 없다.

한편, 이주자의 수가 증가함에 따라 전국 곳곳에는 외국인 이주자들이 밀집하여 거주하는 지역이 형성되기 시작했다. 겉보기에는 이주자들이 한국 사회 속에서 한국인과 함께 살아가는 듯 보이지만, 실제로는 명확히 분리되어 생활하는 경우가 많다. 특히 이주노동자들이 거주하는 지역은 대체로 직장 인근의 주거비가 저렴한 곳으로, 산업단지와 공장 밀집 지역이 중심을 이룬다. 대표적인 사례로는 경기도 안산시 원곡동, 서울의 구로구와 영등포구, 경기도 수원과 화성 등지의 산업단지 주변, 충청남도 아산과 천안의 대기업 계열 공장 인근 등 전국 산업단지 주변에 이주자 집중지역이 있다. 또한 전라남도 목포, 신안군 등 농어촌 지역에는 이주 여성과 농업 노동자들이 다수 거주하고 있다. 이러한 지역적 집중은 사회적 통합이 아닌 공간적 분리로 이어지며, 이주자와 기존 주민 간의 거리감을 더욱 고착화시키는 요인이 되고 있다.

대부분의 이주자들이 열악한 경제 여건에 처해 있기 때문에, 자연스럽게 주거비가 저렴하고 일자리가 밀집된 지역으로 몰릴 수밖에 없다. 그럼에도 불구하고 이주자들이 특정 지역에 함께 거주하는 현상을 마치 '같은 문화권 사람들끼리 함께 사는 것이 편해서' 자발적으로 선택한 결과라고 해석한다면, 이는 현실적인 주거지 분리를 합리화하는 것이 된다. 이러한 해석은 주거 분리를 지속가능하게 만들며, 구조적 불평등의 고착화를 초래한다. 이처럼 경제적 제약에 의해 형성된 공간적 분리는 종종 간과되며, 이주자와의 공존을 위한 실질적인 노력은 뒷전으로 밀려난다. 그 결과, 외국인 이주자의 수가 아무리 증가하더라도, 한국인들은 여전히 이주자들과의 공간적 분리를 유지하려는 경향을 보인다. 한국인들끼리만 이웃공동체를 형성하고, 이주자들은 그들로부터 분리된 공간에서 생활하게 되는 현실이 반복되고 있는 것이다.

한국인 자녀들은 자신이 거주하는 지역의 학교에 다니게 되므로, 자연스럽게 이주자 자녀들과 접촉할 기회가 거의 없다. 이러한 환경은 어릴 때부터 이주자들과의 분리된 삶을 당연한 것으로 인식하게 만들며, 그 결과 성장 이후에도 이주자와의 사회적 관계는 제한되고 지배집단과 이주자 간의 분리는 지속된다. 따라서 토착 한국인 시민들과 그 자녀들이 이주자에 대해 노골적인 편견을 드러내거나 직접적인 차별 행위를 하지 않았다고 하더라도, 그들의 겉으로는 가치중립적으로 보이는 일상적 선택들이 이주자의 배제와 소외로 이어지는 구조를 재생산하게 된다.

이러한 지배집단의 사고방식과 행동은 이주자와 자신들을 동등한 조건 위에 놓고 바라보는 인식에서 비롯된다. 그들은 한국 사회에 인종, 민족, 출신국가에 따른 차별은 존재하지 않는다고 전제하며, 만약 이주자가 사회 내에서 불평등한 위치에 놓여 있다면 그것은 이주자 개인이 충분히 노력하지 않았기 때문이라고 간주한다. 가난한 이주자들은 사회에 기여하는 존재라기보다는 사회복지나 의료보험 등의 공공자원을 더 많이 소비하는 수혜자 계층으로 인식되며, 이로 인해 이주자가 처한 어려움은 구조적 조건이나 제도적 배제의 결과가 아니라, 이주자 개인의 잘못된 가치관이나 행동에서 비롯된 것으로 해석된다. 결과적으로 이주자와 관련한 사회 문제가 발생할 경우, 지배집단은 그 원인을 구조에서 찾기보다 이주자 개인에게 돌리며, 모든 책임을 이주자에게 전가하게 된다.

겉으로 보기에는 이주자에 대한 편견이나 차별 행위가 드러나지 않는다. 지배집단은 단지 '객관적인 사실'을 언급할 뿐이라고 주장한다. 그러나 이러한 태도는 실제로는 이주자의 문제 해결을 위한 사회정책이나 프로그램의 도입과 실행을 어렵게 만든다.[2] 즉, 이들은 이주자에 대한 물리적 차별이나 혐오 표현을 하지 않더라도, 이주자를 위한 법안 제정이나 복지 정책 확대에는 반대한다. 모든 사람은 동일하게 취급받아야 하며, 한국인들 중에도 가난하고 어려운 사람들이 많은데, 그들에게 특별한 대우를 하지 않듯 이주자에게도 별다른 지원은 필요 없다는 입장이다. 이러한 사고방식은 '컬러블라인드 인종주의Color-blind racism' 개념을 통해 더욱 명확하게 이해될 수 있다. 겉으로는 인종이나 국적을 고려하지 않는 '평등한' 태도로 보이지만, 실상은 구조적 불평등을 외면하고 기존의 차별을 은폐하는 역할을 하기 때문이다.

미국과 같이 다양한 인종과 이민자들로 구성된 사회에서는 오늘날 인종중립적인 원칙을 내세우는 새로운 형태의 인종주의가 득세하고 있으며, 이를 '컬러블라인드 인종주의'라고 부른다.[3] 이 개념은 과거의 노골적인 인종차별과는 구별되며, 인종 문제를 더 이상 언급하지 않음으로써 인종차별이 사라진 것처럼 보이게 만든다. 그러나 이는 실제로는 역사적으로 누적된 인종적 불평등 구조를 은폐하고 기존의 사회적 위계를 유지하려는 시도이다.

인종을 보지 않는다는 태도는 겉보기에는 인종적 평등을 추구하는 것처럼 보이지만, 실상은 인종 불평등을 고착화하는 전략으로 작용한다. 백인들은 자신들이 인종에 따라 편견이나 차별을 하지 않기 때문에 인종주의자가 아니라고 주장하지만, 인종적 이슈가 사회문제의 담론에서 사라지게 되면 모든 문제는 개인의 능력이나 성격의 문제로 축소된다. 그러나 미국 사회의 빈곤, 복지, 범죄, 도시문제 등은 단순히 개인의 특성만으로 설명할 수 없으며, 이는 과거부터 지속되어 온 구조적 인종차별과 깊게 연결되어 있다. 과거로부터 누적된 차별의 결과를 무시하고, 이제부터 인종을 고려하지 말자는 태도는 현재의 불평등한 계층 구조를 고착시키거나 그 격차를 더욱 심화시킬 수 있다. 왜냐하면 소수 인종이 처한 불평등한 지위는 단순히 인종을 고려하지 않는다고 해서 한 세대 만에 극복될 수 있는 문제가 아니기 때문이다.

외국인 이주자와 관련된 문제 역시 이와 크게 다르지 않다. 지배집단에 속한 다수의 국민들은 이주자들이 자신들과 본질적으로 다르지 않음에도 불구하고, 그들에게 특별한 배려나 지원을 제공하는 것은 불합리하다고 여긴다. 오히려 자신들이 이 사회에 더 많은 기여를 하고 있다고 생각하기 때문에, 이주자들을 위한 정책이나 지원이 '역차별'로 인식되기도 한다. 이러한 인식은 과거 이주의 역사적 맥락이나 구조적 불평등을 외면한 채, 이주자들도 이제는 한국인과 똑같이 대우받아야 한다는 '형식적 평등'의 논리로 이어진다.

예컨대, 최초의 외국인 이주자 출신 국회의원이었던 이자스민 의원이 2016년 '미등록 이주 아동 권리 보호 법안'을 발의했을 때, 이에 대한 비판의 목소리가 상당히 많았다.[4] 이 법안은 한국에 온 이주자들이 미등록 상태가 되었을 경우에도, 그 자녀의 출생신고와 체류 안정, 의료·교육·복지 권리를 보장하고자 하며, 자녀에게는 '특별 체류 자격'을 부여하고 부모 역시 직권 추방되지 않도록 체류 안정 조치를 포함하고 있다. 그러나 이에 대해 일부 국민들은 한국의 세금으로 불법 체류자 가족을 지원하는 것은 부당하며, 미등록 이주자의 수가 증가해 국민의 부담이 커질 수 있다는 점, 불법 체류를 조장할 수 있다는 점, 이주자에게는 권리만 있고 의무는 없다는 점 등을 들어 강하게 반대했다.[5] 그럼에도 불구하고 많은 사람들은 자신들이 이주자에 대한 편견도 없고 차별도 하지 않는다고 당당히 주장한다.

오늘날 이주자에 대한 차별은 이처럼 간접적이고 중립적이며, 객관적이고 논리적으로 보이는 지배집단의 태도에 바탕을 두고 있어 쉽게 드러나지 않는다. 이러한 특성 때문에 이주자 차별 문제를 해결하는 것은 더욱 어렵다. 외국인 이주자 문제 역시 이주자에 대한 특별한 고려 없이 한국인과 동일한 기준으로 판단할 경우, 그 의도와는 무관하게 이주자가 처한 구조적 불평등을 해결하기 어렵다. 차별은 오랜 시간에 걸쳐 사회를 구성하는 다양한 제도 속에 자연스럽게 스며들어 있으며, 이로 인해 일상생활에서 다수집단과 소수집단 모두가 그 존재를 쉽게 인식하지 못하는 경우가 많다. 차별 행위가 겉으로 명확히 드러나지 않더라도, 제도와 사회구조 속에서 은밀하게 작동하는 경우가 많다. 차별을 내포한 사회 제도, 법, 정책, 관행 등이 존재할 경우, 소수자의 권리는 구조적으로 박탈되거나 제한될 수 있으며, 이러한 현상을 '제도적 차별institutional discrimination'이라고 한다.[6]

제도적 차별은 사회제도 속에 깊이 스며들어 관행처럼 불평등한 억압을 지속시키는 것으로, 편견을 가진 개인이 타인을 차별하는 것과는 구별된다. 이러한 차별은 교육, 사법제도, 의료 서비스, 노동시장, 주택 구입, 정부 운영 등 다양한 제도 전반에 걸쳐 뿌리내리고 있다. 이처럼 확립된 제도는 지배집단과 소수자 집단 모두에게 동일하게 적용되는 것처럼 보이기 때문에, 그 안에 내재된 차별을 인식하거나 이에 저항하고 개선 조치를 취하는 것이 쉽지 않다.

예컨대 교육제도 내에서 나타나는 대표적인 차별로는 농어촌과 도시 간의 교육 격차를 들 수 있다. 대학수학능력시험은 모든 학생에게 동일하게 적용되는 학력 평가 방식이기 때문에, 대부분의 사람들은 이 시험 자체가 불평등하다고 여기지 않는다. 그러나 도시 지역 학생들은 보다 나은 학교 교육과 학원, 과외 등 다양한 교육 자원에 손쉽게 접근할 수 있는 반면, 농어촌 지역 학생들은 학생 수가 적어 여러 학년이 한 교실에서 수업을 받거나, 학교 밖 교육 기회 자체가 거의 없는 경우도 많다. 빈부 격차 또한 학생 개인의 노력이나 의지와 무관하게 구조적인 차별로 작용한다. 그럼에도 불구하고 다른 요소들을 고려하지 않은 채 대학입시는 수능 하나로 결정하는 것이 가장 평등하다는 주장들이 존재한다. 이는 단순하고 투명한 제도라는 이유로 정당화된다. 그러나 교사의 수준, 학교 교육 환경, 사교육 이용 여부 등 다른 조건이 통제되지 않는 한, 도시에 사는 상층 계급의 자녀들이 상대적으로 더 큰 이익을 볼 수밖에 없다.

이러한 구조적 불평등은 외국인 이주자 자녀들에게는 더욱 뚜렷하게 나타난다. 그들은 상대적으로 한국어 실력이 부족하고, 정체성 혼란을 겪거나 주변 학생들로부터 과도한 관심이나 괴롭힘의 대상이 될 가능성이 크다. 결과적으로 하층계급 자녀로서의 불이익과 외국인 이주자라는 이유로 겪는 이중의 불이익을 동시에 경험한다. 그럼에도 불구하고 이들에 대한 별도의 대책 없이 한국인 학생들과 동일한 방식으로 교육받게 된다면, 상대적으로 학업 성취도가 낮아질 수밖에 없다. 또한 미등록 이주자의 자녀들은 비록 의무교육이 보장되어 있더라도, 서류 미비 등의 이유로 입학이 거부되거나 차별을 겪는 사례가 존재한다.

정치제도 안에서도 외국인 이주자에 대한 제도적 차별은 분명히 존재한다. 일반적으로 선거권은 해당 국가의 국적을 가진 국민에게만 주어지기 때문에, 외국인 이주자가 특정 지역에 오랜 기간 거주하더라도 그 지역의 시의원, 시장, 국회의원 등을 선출하는 선거에 참여할 수 없다. 그러나 외국인 이주자도 한 지역의 주민으로 살아가고 있다면, 자신이 거주하는 지역과 직접적으로 관련된 정책에 대해 권리를 주장할 수 있어야 한다. 그렇게 함으로써 이주자들의 지역사회 참여가 확대되고, 사회통합에도 긍정적인 효과를 기대할 수 있다.

하지만 한국의 경우 선거권은 헌법상 국민에게만 부여된 권리로 간주되며, 이것이 당연한 질서로 받아들여진다. 이 제도가 외국인 이주자를 의도적으로 배제하기 위한 것이라고 보기는 어렵지만, 결과적으로는 이들을 정치 과정에서 소외시키는 효과를 낳는다. 현재 외국인 이주자는 매우 제한된 조건에서만 지방선거에 참여할 수 있다. 구체적으로는 만 18세 이상이며, 한국에 3년 이상 계속 거주하고 영주권(F-5 비자)을 보유한 경우에만 투표권이 인정된다. 따라서 결혼이민자, 장기 체류 해외동포, 기술이민자 등 일부에만 해당되며, 다수의 외국인 이주자들은 여전히 배제된다. 게다가 외국인은 정당 가입이나 정치자금 기부가 금지되어 있으며, 시위나 선거 유세와 같은 정치 활동에도 제한을 받는다. 이로 인해 아무리 오랜 기간 지역에 거주했더라도, 대부분의 정치적 권리는 실질적으로 박탈당한 상태다.

사회보장제도 내에서도 건강보험, 국민연금, 고용보험, 기초생활보장 등 다양한 복지 혜택에서 외국인 이주자는 제한되거나 배제되는 경우가 많다. 그중 건강보험과 관련된 사례는 외국인 이주자가 겪는 대표적인 제도적 차별을 잘 보여준다. 건강보험은 보험료 산정 기준에서 내국인과 외국인을 구별하지 않는 것처럼 보이지만, 실제 운영에서는 차별적 요소가 존재한다. 직장 가입이 어려운 대부분의 외국인은 지역가입자로 등록되며, 보험료는 재산과 소득 기준으로 책정된다. 내국인의 경우 소득이나 재산이 없으면 최저 보험료가 부과되거나 감면 대상이 될 수 있다. 그러나 외국인 이주자는 재산이나 소득 정보가 없거나 불분명한 경우가 많아, 평균 보험료 기준으로 일괄 적용되는 수가 빈번하다. 그래서 동일한 조건의 내국인보다 훨씬 높은 보험료를 부담하게 된다.

또한 가족 단위 가입에 있어서도 외국인 이주자는 제도적 차별을 겪는다. 내국인과 외국인 모두 가족을 피부양자로 등록하면 무소득 피부양자는 보험료가 면제된다. 그러나 외국인의 경우 피부양자로 인정받기 위해 추가적인 요건을 충족해야 한다. 체류자격, 체류기간, 가족관계 증빙서류 등을 제출해야 하며, 외국에서 발급된 서류는 번역과 공증 절차를 거쳐야 한다. 이러한 복잡한 행정 절차와 까다로운 기준으로 인해 외국인 이주자들은 가족을 피부양자로 등록하기 어렵고, 결국 가족 구성원 각각이 별도의 지역가입자로 등록해 보험료를 납부해야 하는 상황에 놓인다. 이로 인해 실질적인 부담과 차별이 발생한다.

제도적 차별은 개인이 가하는 명시적 차별과 달리, 외국인 이주자에게 집단적으로 작용하며 눈에 잘 띄지 않는 방식으로 나타난다. 물리적이거나 언어적인 폭력과는 달리, 이러한 차별은 사람들이 쉽게 인식하지 못하기 때문에 장기간에 걸쳐 지속되고 사회 전반으로 확산되기 쉽다. 제도적 차별이 작동하는 상황에서 지배집단은 자신들이 차별을 가하고 있다는 사실을 쉽게 부인한다. 해당 제도가 차별을 목적으로 설계된 것이 아니며, 특정 집단의 특권을 직접적으로 박탈하려 했던 것도 아니라는 인식 때문이다. 이로 인해 그들은 차별에 대한 죄책감이나 책임감을 느끼지 않는다. 더욱이, 차별의 대상인 소수자조차도 자신이 제도로부터 차별을 받고 있다는 사실을 명확히 인지하지 못하는 경우가 많으며, 차별에 반대하는 지배집단의 구성원들도 일상 속 제도나 법적 장치에 내재된 차별을 의식하지 못한 채 살아가기 쉽다.[7]

이주의 사회학: 국제이주와 이주자

이처럼 체계적으로 작동하면서도 쉽게 드러나지 않는 제도적 차별은, 차별이 밝혀지더라도 이를 쉽게 제거하거나 개선하려는 저항이 어렵다. 외국인 이주자들도 차별이 너무나 일상화되어 있어 처음에는 깨닫지 못할 수 있지만, 오랜 기간 동안 반복적으로 경험되는 제도적 차별은 결국 그들의 삶을 황폐하게 만든다.

💡 주

1 E. Bonilla-Silva, *Racism without racists: Color-blind racism and the persistence of racial inequality in America* (New York: Rowman & Littlefield, 2006).

2 L. Quillian, "New approaches to understanding racial prejudice and discrimination," *Annual Review of Sociology* 32 (2006), pp. 299−328.

3 E. Bonilla-Silva, *Racism without racists: Color-blind racism and the persistence of racial inequality in America*, 5th ed (New York: Rowman & Littlefield, 2018).

4 "이주아동, 교육, 의료 차별 여전," 『한국일보』, 2016년 3월 6일 https://www.hankookilbo.com/News/Read/201603062055005094?utm

5 "다학연 "이주아동권리보장법은 '무조건적인' 다문화 오픈정책," 『기독일보』, 2015년 1월 23일 https://www.christiandaily.co.kr/news/53089?utm

6 J. R. Feagin, *Systemic racism: A theory of oppression* (London: Routledge, 2006); Bonilla-Silva (2018).

7 K. Ture & C. Hamilton, *Black power: The politics of liberation* (New York: Vintage Books, 1992).

17

상징적 폭력과 상징권력

외국인 이주자에 대한 제도적 차별은 법과 제도 안에 은밀하게 내재되어 있어, 가해자와 피해자 모두 이를 명확히 인식하지 못한 채 일상생활 속에서 오랜 기간 지속될 수 있다. 이러한 비가시적인 억압과 차별은 단지 법률과 제도에 국한되지 않고, 일상의 삶 속에서도 확장되어 나타나며, 이는 오늘날 선진국을 비롯한 다수 국가에서 공통적으로 드러나는 특징이기도 하다. 그러나 이러한 양상이 선진국에서 이주자에 대한 차별이 사라졌다는 것을 의미하지는 않는다. 오히려 이주자 관련 이슈가 공론화될 경우, 잠재된 편견과 차별이 표면으로 드러나 공공연하게 나타나는 사례도 적지 않다. 다만 과거와 달리, 이주자에 대한 억압과 차별은 물리적 폭력보다는 더욱 정교하고 자연스럽게 위장된 방식으로 나타난다는 점에서 차이를 보인다.

이처럼 '위장된 차별'은 겉으로 보기에 물리적인 힘이나 강제력이 동반되지 않지만, 지배와 복종의 관계가 심리적이고 구조적인 수준에서 무의식적으로 작동하는 은밀한 폭력의 형태로 나타난다. 이러한 차별은 더욱 인식되기 어렵고, 그만큼 해소하기도 복잡하며 장기화될 가능성이 크다.

사회학자 부르디외Pierre Bourdieu는 이러한 현상을 '상징적 폭력symbolic violence'이라는 개념으로 설명한다.[1] 상징적 폭력은 지배자와 피지배자 사이에서 발생하는 무형의 폭력으로, 사람들이 지배를 지배로 인식하지 못한 채 그것을 자연스럽고 정당한 것으로 받아들이도록 만드는 권력 작용을 의미한다. 이는 물리적 강제력이 아니라 심리적이고 비가시적인 권력

관계에 기반한 억압의 방식이며, 외적으로 드러나지 않기 때문에 인지하고 발견하기가 어렵다. 이러한 특성 때문에 상징적 폭력에 대한 저항은 더욱 어렵고, 그 결과 지배집단은 자신에게 유리한 기존의 제도와 질서를 지속적으로 유지할 수 있다. 그 속에서 지배와 복종의 관계는 별다른 저항 없이 반복적으로 재생산된다.

상징적 폭력은 일상생활 곳곳에 스며들어 있으며, 특징적인 점은 가해자와 피해자 모두 폭력의 존재를 인식하지 못한다는 것이다. 지배집단은 자신이 폭력을 행사하고 있다는 자각이 없고, 피지배집단 역시 자신이 억압받고 있다는 사실을 인지하지 못하는 경우가 많다. 이는 상징적 폭력이 지배와 피지배의 관계 속에 자연스럽게 내면화되어 작동하기 때문이며, 지배집단이 의도적으로 억압을 기획하거나 행사한 결과가 아니라는 점에서 더욱 은밀하고 강력하다.

상징적 폭력이 이주자와 관련하여 작동하는 사례를 하나 들어보자. 오랫동안 한 사회에 거주해왔고 국적을 보유한 국민들은 자연스럽게 '주인의식'을 내면화하고 있다. 이러한 주인의식은 사회적 통합이나 국가에 대한 충성심의 표현으로 긍정적으로 평가되곤 한다. 중요한 점은, 이 같은 주인의식이 의도적으로 외국인 이주자를 차별하기 위한 것이 아님에도 불구하고, 그 자체가 이주자에게는 억압적 경험으로 다가올 수 있다는 점이다.

한편, 이주자들은 낯선 사회에 처음 진입했을 때, 그 사회의 구성원들과의 관계 속에서 자신이 '이 땅의 주인이 아니다'라는 인식을 내면화하기 쉽다. 이로 인해 시민과 이주자 사이에는 자연스럽게 위계가 형성되며, 지배와 종속의 관계가 무의식적으로 정당화된다. 상징적 폭력은 바로 이러한 방식으로 작동한다. 이는 국민들이 외국인 이주자에게 물리적 폭력이나 노골적인 차별을 가함으로써 지배관계를 유지하려는 방식과는 본질적으로 다르다. 겉으로는 평등하고 조화로운 관계처럼 보이지만, 실제로는 비가시적이고 은밀한 권력 작용을 통해 지배구조가 공고히 재생산되고 있는 것이다.

일상생활 속에서 상징적 폭력은 프로야구나 축구 경기와 같은 스포츠 관람 현장에서도 유사하게 체험될 수 있다. 예를 들어, 내가 응원하는 팀이 원정팀이고, 원정팀 전용 좌석을 구하지 못해 어쩔 수 없이 홈팀 응원석 한가운데에 자리를 잡았다고 해보자. 경기는 치열하고, 관중석의 응원 열기도 뜨겁다. 그러나 나는 과연 그 열기 속에서 마음껏 원정팀을 응원할 수 있을까?

홈팀 팬들의 압도적인 함성과 분위기에 위축되어, 결국 조용히 경기를 지켜볼 수밖에 없었다면, 나는 이미 그 공간의 '상징적 폭력'을 경험한 것이다. 홈팀 팬들 누구도 나를 직접 억압하지 않았다. 그들은 나의 정체를 알지 못하거나, 알더라도 나를 향해 물리적 혹은 언어적 폭력을 행사하려는 의도는 없었을 것이다. 그저 자신들의 팀을 열정적으로 응원했을 뿐이다. 그러나 문제는 바로 거기에 있다. 홈팀 응원석이라는 공간은 암묵적으로 홈팀 팬들의 영역으로 간주된다. 같은 값을 주고 입장권을 구매했음에도, 나는 그 공간의 '손님'이었고, 그들은 '주인'이었다. 그들이 주도하는 분위기 속에서 나는 자연스럽게 위축되고, 스스로의 표현을 자제하게 되었다. 그 누구의 강요도 없이 스스로 억압을 받아들인 셈이다.

이처럼 상징적 폭력은 가시적인 억압이나 물리적 강제가 아닌, 특정한 분위기나 구조 속에서 스며들듯 작동한다. 억압은 존재했지만, 누구도 억압했다고 느끼지 못하고, 나조차도 그 억압을 폭력이라 인식하지 못한 채 응원할 권리를 제대로 행사하지 못했다. 이것이 바로 상징적 폭력의 본질이며, 어떻게 일상 속 공간에서 권력의 위계가 자연스럽게 내면화되고 수용되는지를 보여주는 사례이다.

이주의 사회학: 국제이주와 이주자

눈에 잘 띄지 않게 작동하는 상징적 폭력의 존재를 드러내는 일은 쉽지 않다. 특히 사회적 지위가 서로 다른 계급 간에 작용하는 권력의 실체를 정확히 파악하기란 더욱 어렵다. 부르디외는 모든 사회가 사회통제와 질서를 통해 유지된다고 보았다. 그러나 이러한 사회의 지속은 법이나 규칙에 의한 직접적 명령과 통제보다는, 간접적 방식에 의해 이루어진다고 주장한다. 간접적 방식이란, 오랜 시간에 걸쳐 형성된 집단적 공유 가치와 규범이 개인에게 압력으로 작용하는 방식을 의미한다. 모든 관계에는 권력이 존재하고 그 권력이 한쪽이 크고 다른 쪽이 작은 비대칭 관계가 되면 그 관계 안에 상징적 폭력이 존재한다.

상징적 폭력이 외국인 이주자들에게 어떻게 작용하는지를 구체적으로 이해하기 위해서는 부르디외의 핵심 개념인 아비투스^{habitus}, 장^{field}, 그리고 자본과 실천의 관계를 살펴볼 필요가 있다. 먼저, '아비투스'는 개인이 속한 집단의 일상적인 삶 속에서 내면화된 사고방식, 행동양식, 인식의 틀을 의미한다. 사람들은 같은 사회적 환경에서 서로 상호작용하면서 비슷한 기질과 성향을 형성하게 되며, 이러한 성향들은 시간이 지나면서 자연스럽게 몸에 배어든다. 다시 말해, 아비투스는 사회구조가 개인 안에 새겨진 결과물이며, 개인의 사고와 행동은 단순한 개인적 특성이나 습관이 아니라 계급, 교육, 문화 등 사회적 조건에 의해 형성된다.

언뜻 보기에는 매우 개인적인 특성처럼 보이는 언어 습관, 식성, 몸짓 등도 아비투스의 산물이다. 예를 들어, 한국인들이 선호하는 김치 맛은 개인마다 조금씩 다르지만, '맛있는 김치'에 대한 공통된 감각이 존재한다. 이는 특정한 기준을 명시적으로 배우지 않아도, 다양한 김치를 함께 맛보는 과정을 통해 '김치 맛'에 대한 집단적 감각이 체화되었기 때문이다. 반면, 김치를 제대로 경험해보지 못한 외국인이 평가하는 김치 맛은 한국인의 기준과는 크게 다를 수 있다. 이처럼 아비투스는 세대 간 전승과 일상적 상호작용을 통해 형성되고, 관계 속에서 끊임없이 교환되며, 변화하거나 조정된다. 또한 당연하게 여겨지는 특정한 행위들이 반복적으로 재생산되면서 사회 구성원들의 인식과 판단에도 영향을 준다.[2]

아비투스는 개인의 인식, 사고, 행동을 형성하지만, 개인은 이를 명확히 자각하지 못한다. 또한 아비투스는 개인이 자의적으로 선택하거나 마음대로 형성할 수 있는 것이 아니다. 일단 형성된 아비투스는 쉽게 바뀌지 않으며, 지속적이고 안정적인 특성을 지니면서 외부의 사회구조에 영향을 받는다. 그러나 아비투스가 고정되거나 객관적인 실체로 존재하는 것은 아니다. 개인이 태어나고 성장하는 환경, 그리고 삶에서 겪는 다양한 경험들이 종합되어 만들어진 것이 바로 아비투스다.

개인은 특정한 집단이나 공동체 속에서 살아가며 타인과 상호작용하고, 이러한 관계 속에서 상호주관적으로 영향을 주고받는다. 이로 인해 유사한 사회적 배경을 공유하는 사람들 사이에는 공통된 아비투스가 형성되며, 이는 집단적인 특성을 지니게 된다. 아비투스는 반복적이고 습관적인 일상의 흐름 속에서 작동하지만, 동시에 예기치 않은 사건이나 역사적 변화에 따라 유연하게 움직이기도 한다. 이러한 점에서 아비투스 역시 고정된 것이 아니라 변화의 가능성을 내포하고 있다.[3]

부르디외가 제안한 또 다른 핵심 개념인 '장field'은 사회적 활동이 전개되는 공간을 의미한다. 사람들은 일상생활 속에서 타인과 관계를 맺으며 다양한 연결망을 형성하는데, 그것이 펼쳐지는 활동의 무대가 장이다. 그런데 그 연결망이 단순한 인간관계만을 의미 하지는 않는다. 개인의 인생사 속에서 체화된 성향을 바탕으로 이루어진 것이며, 게임의 규칙과 권력관계가 함께 존재하는 공간이다. 개인은 하나의 장에만 속하는 것이 아니라, 동시에 여러 장에 속해 활동하게 된다. 각 장은 고유한 규칙, 지배 구조, 가치 판단의 기준을 가지고 있으며, 개인의 지위나 위치는 어떤 장에 속해 있는가에 따라 달라진다. 예를 들어, 어떤 사람이 가족이라는 장에서는 가장으로서 최고의 권위를 가질 수 있지만, 직장이라는 장에서는 명령을 받는 하위직일 수 있다. 이처럼 개인의 사회적 위치는 고정된 것이 아니라, 그가 속한 장의 성격과 구조에 따라 달라질 수 있다.

장은 일정한 규칙과 권력관계가 존재하는 경쟁의 공간이며, 그 안에서의 경쟁 방식은 장의 성격에 따라 상이하다. 장 안에서 개인의 지위는 자본의 분포와 축적 정도에 따라 결정되며, 사람들은 자신이 보유한 자본을 활용해 경쟁에 참여한다. 부르디외가 말하는 자본은 단순히 경제적 자산을 의미하지 않으며, 경제자본, 문화자본, 상징자본의 세 가지 주요 형태로 구분된다. 경제자본은 돈이나 재산과 같은 물질적 자원을 의미하며, 문화자본은 지식, 교육, 기술, 언어 능력 등 개인이 축적한 비물질적 자산을 포함한다. 상징자본은 명예, 위신, 명성처럼 사회적으로 인정받는 상징적 가치로, 종종 다른 자본으로부터 전환되거나 사회적 맥락에 따라 의미를 획득한다. 자신이 활동하는 장에서 이러한 자본을 많이 소유할수록 높은 지위를 차지한다.

개인은 하나의 장이 아니라 여러 장에서 동시에 활동하며, 각 장에서 요구되는 자본의 종류나 가치도 서로 다르다. 따라서 특정 장에서는 자본을 풍부하게 보유하여 유리한 위치를 차지할 수 있지만, 다른 장에서는 상대적으로 불리한 위치에 놓일 수도 있다. 이러한 상황에서 개인은 자신이 보유한 자본을 다른 형태의 자본으로 전환하려는 전략을 취하기도 한다. 예를 들어, 경제자본은 풍부하지만 문화자본이나 상징자본이 부족한 경우, 경제자본의 일부를 활용해 교육기관을 후원하거나 사회적 명성을 높이는 활동에 참여함으로써 상징자본을 축적하려 시도한다. 이러한 자본 간의 전환과 축적은 장 안에서의 위치를 강화하고, 나아가 다른 장으로의 이동 가능성도 열어준다.

예를 들어, '경제 장'은 경제활동이 이루어지는 공간으로, 자본주의 시장에서 가장 핵심적인 경쟁 요소는 경제자본이다. 이 장에서 가장 높은 지위를 차지하는 사람은 보통 재벌이나 막대한 자산을 보유한 인물일 것이다. 그러나 동일한 인물이라 하더라도 정치적 권력을 둘러싼 경쟁이 벌어지는 '정치 장'에서는 상대적으로 낮은 지위에 머물 수 있다. 이는 그가 정치적 지지 세력이나 조직 기반과 같은 정치자본을 충분히 갖추지 못했기 때문이다. 만약 그가 정치 장에서도 영향력을 확보하고자 한다면, 자신이 가진 경제자본을 정치자본으로 전환하려는 전략을 취할 수 있다. 과거 현대그룹의 정주영 회장이나 정몽준 회장이 그러한 예에 해당한다. 이들은 경제 장에서 축적한 경제자본을 정치 장에서 활용함으로써 일정한 정치적 지위를 확보하려 시도하였고, 실제로 상당한 영향력을 발휘하기도 했다. 이처럼 경제자본을 정치자본으로 전환해 국회의원과 같은 정치적 지위를 얻고자 한 사례는 비일비재하다.

한편, '교육 장'에서는 학벌, 학력, 교양 등과 같은 문화자본이 주요 경쟁 요소로 작동하며, 이 역시 정치 장이나 경제 장으로 전환하고자 하는 시도가 흔하다. 그러나 자본 간의 전환이 항상 성공하는 것은 아니다. 그 성공 여부는 전환을 시도하는 개인이 해당 장에서 이미 점하고 있는 위치와 지위에 크게 좌우된다.[4] 하나의 장에서 자본을 풍부하게 보유하여 높은 지위를 차지한 개인은, 다른 장에서도 그 자본을 활용해 성공할 가능성이 높다. 그러나 자본 전환의 성공 여부는 단순히 자본의 양에만 달려있는 것이 아니라, 그것을 어떤 방식으로 전환하느냐에 따라 달라질 수 있다. 또한 각 장은 고유한 규칙과 논리를 가지고 있으며, 자본의 전환을 허용하는 정도나 방식 역시 장의 특성에 따라 결정된다.

이러한 자본의 전환을 포함하여, 장 안에서 이루어지는 개인의 행위와 실천은 겉보기에는 개인의 의도와 계획에 따라 전략적으로 수행되

이주의 사회학: 국제이주와 이주자

는 것처럼 보인다. 그러나 개인의 사고와 행동은 자신이 속한 장에서 형성된 아비투스에 의해 깊이 체화되어 있기 때문에, 실제로는 아비투스가 개인의 실천에 결정적인 영향을 미친다. 이로 인해 장 안에서 지배적인 지위를 가진 사람뿐만 아니라 피지배적인 지위를 가진 사람 역시 장의 질서와 권력관계에 기반한 실천을 자연스럽고 당연한 것으로 받아들이게 된다. 부르디외는 이러한 관계 속에 '동의consent', '공모complicity', '오인misrecognition'의 과정이 작동한다고 보았으며, 지배와 피지배의 관계는 이러한 과정을 통해 자연스럽고 정당한 것으로 인식된다고 주장한다.

여기에는 지배와 피지배를 결정짓는 권력이 존재하지만, 그 실체가 명확하게 드러나지 않는다. 권력을 행사하는 가해자뿐만 아니라, 그 대상이 되는 피해자조차 권력의 존재를 인식하지 못하는 경우가 많다. 그 결과, 피해를 준 사람은 자신의 행위에 책임을 느끼지 못하고, 피해자는 피해의 고통을 자각하지 못한 채 지배와 복종의 권력관계가 자연스럽게 형성된다. 부르디외는 이러한 메커니즘에서 작동하는 권력을 '상징권력symbolic power'이라고 개념화한다.

상징권력은 사람들의 인식과 실천을 지배하는 권력이지만, 물리적 강제력을 수반하지 않기 때문에 사람들이 그것을 무의식적으로 수용하며 당연한 것으로 여긴다. 이처럼 상징권력은 사람들의 의식 속에서 작동하면서도, 자신이 권력에 의해 억압받고 있다는 사실을 인식하지 못하게 만든다. 따라서 상징권력은 지배를 자연스럽고 정당한 것으로 포장하는 은폐성을 띠며, 이를 통해 지배-복종관계의 정당성legitimacy을 확보한다. 이러한 지배는 언어, 규범, 제도, 태도 등의 상징적 수단을 통해 이루어지며, 피지배자는 이 지배를 스스로 정당하다고 믿음으로써 그것을 내면화하고 체화하게 된다.

그러므로 상징권력은 지배집단이 강압적으로 피지배자에게 일방적으로 행사하는 것이 아니라, 피지배자의 자발적인 '동의'에 의해 작동한다. 여기서 '동의'란 지배자의 존재를 인식하고 그에 굴복하여 수동적으로 따르는 것이 아니다. 피지배자는 자신에게 작동하는 권력의 실체를 인식하지 못한 채, 지배의 여러 상징적 형식을 자연스럽게 받아들이게 되고, 그 과정에서 자신이 권력관계 속에서 놓인 위치를 암묵적으로 수용하게 된다. 이로써 피지배자는 상징권력의 재생산에 무의식적으로 협력하게 되는 것이다.

예를 들어, 학벌은 강력한 상징권력으로 기능할 수 있다. 명문대 졸업장은 개인의 능력을 보증하는 상징으로 작동하며, 사회적으로 높은 권위를 부여받는다. 명문대를 졸업하지 못한 사람들은 명문대 출신이 좋은 직장을 얻고 더 높은 보수를 받는 것을 자연스럽고 정당한 일로 받아들인다. 나아가, 자신의 낮은 사회경제적 위치를 구조적인 문제로 인식하기보다는 개인의 노력 부족으로 내면화한다. 이러한 인식이 반복되면서 명문대 학벌은 경제적 불평등과 계층 분화를 정당화하는 상징권력으로 지속적으로 작용하게 된다.

이와 유사한 방식의 상징권력은 사회 전반에서 광범위하게 작동한다. 예컨대, 수도권과 지방의 구분에서 수도권은 '수준 높은 지역'의 상징으로 간주되는 반면, 지방은 그에 반대되는 이미지로 구성된다. 서울과 경기 지역을 묶어 '수도권'이라는 권위 있는 명칭을 부여하면서, 전라도·경상도·충청도 등은 각기 뚜렷한 문화적 특성과 정체성을 지니고 있음에도 불구하고 단일한 '지방'이라는 이름 아래 묶인다. 이로 인해 수도권은 세련됨과 현대성의 상징으로, 지방은 촌스러움과 낙후됨의 상징으로 인식된다.

언어의 위계도 이와 같은 상징권력의 일환으로 작동한다. 수도권에서 사용되는 말을 '표준어'라 칭하며, 그것은 곧 교양 있고 올바른 말로 규정된다. 반면, 지방에서 사용되는 '사투리'는 촌스럽고 세련되지 못한 것으로 간주된다. 그 결과, 거주 지역이나 사용하는 언어에 따라 상징적 위계가 형성된다. 이처럼 특정 지역성과 언어를 중심으로 구성된 위계는 단순한 문화적 차이를 넘어, 사회적 권력관계의 정당성을 부여하는 상징권력으로 기능한다. 지방에 거주하며 사투리를 사용하는 사람들은 자신이 '촌스럽고 교양이 없으며 능력과 수준이 떨어진다.'는 인식을 자연스럽게 내면화하게 된다. 서울은 '올라가는 곳'이고 지방은 '내려가는 곳', 서울은 '출세의 공간'이고 지방은 '좌천의 장소'라는 상징은 서울 사람과 지방 사람 모두에게 비판 없이 수용되며 동의된다. 이로써 지배와 피지배의 위계는 자연스럽고 정당한 질서로 고착된다.

이처럼 상징권력은 그것이 작동하는 대상, 즉 피지배자의 자발적인 동의와 협력 속에서 유지된다. 지방에 거주하는 사람들이 수도권과의 위계적 차이를 당연한 것으로 받아들이는 것처럼, 피지배자는 상징권력에 의해 형성된 위계질서를 스스로 인정하고 내면화한다. 이러한 상태를 부르디외는 '공모complicity'라고 개념화한다. 이는 피지배자가 지배 질서에 대해 비판하거나 저항하지 않고, 오히려 그것을 자연스럽게 받아들여 그 질서의 재생산에 참여하는 행위를 의미한다.

공모는 피지배 집단의 구성원이 자유로운 의도나 자발적 선택에 따라 지배와 복종의 질서를 받아들이는 것을 의미하지 않는다. 오히려 지배 구조에 대해 비판하거나 저항하지 않고, 그것을 '당연한 것'으로 수용함으로써 무의식적으로 그 구조에 참여하게 되는 상태를 뜻한다. 상징권력이 행사하는 상징적 폭력이 효과적으로 작동하려면, 피지배자는 그것을 비판 없이 내면화해야 한다. 이러한 내면화는 바로 공모를 통해 가능해진다. 다시 말해, 지배와 피지배 간의 위계적 권력관계는 피지배자의 공모 없이는 지속되거나 정당화될 수 없다.

부르디외는 선물 행위를 비유로 들어, 공모에 의해 상징권력과 상징폭력이 작동하는 과정을 설명한다. 선물은 단순히 호혜적 관계에서 주고받는 것이 아니라, 계산된 행위이면서도 계산되지 않은 것처럼 가장된 행위다. 즉, 선물은 자신의 이익을 고려한 교환이지만, 그것을 의식적으로 드러내지 않고 감추는 방식으로 이루어진다. 따라서 선물을 줄 때는 그것이 교환으로 인식되지 않도록 포장되어야 하며, 받은 사람 역시 즉각적인 답례 대신 일정한 시간 간격을 두고 보답함으로써 호혜적 관계의 외양을 유지하게 된다.

이처럼 선물 행위는 오랜 시간에 걸친 사회적 관행에 따라, 물질적 보답 없이도 감정적 반응이나 관계 지속 자체로 충분히 보상될 수 있다. 하지만 선물을 받은 사람에게는 은연중에 부채 의식이 생기며, 이러한 감정은 관계 안에서 권력의 비대칭성을 만들어낸다. 선물을 준 사람은 관대한 존재로 인식되고, 받은 사람은 심리적 빚을 지닌 입장에 놓이게 되어, 이 관계는 호혜성이 아닌 위계와 지배로 전환된다. 결국 선물은 교환임에도 불구하고 그것이 교환처럼 보이지 않게 위장되며, 무의식적 계산에 따라 수행된다. 이러한 호혜성의 외피 속에 상징권력이 작동하고, 받는 이의 무의식적인 공모를 통해 상징적 폭력이 정당화된다. 그 결과, 지배와 복종의 위계질서가 자연스러운 관계처럼 형성되고 유지된다.[5]

선물을 받은 사람이 그것을 자연스럽게 받아들이듯이, 상징권력 또한 피지배자가 그 권력을 정당한 것으로 인정하고 수용할 때 비로소 자연스럽게 작동한다. 즉, 지배자와 피지배자 간의 공모는 상징권력이 피지배자에게 부과하는 상징적 폭력을 합법적이고 정당한 것처럼 보이게 만든다. 이처럼 상징적 폭력은 권력이 합법성과 정당성에 기반해 행사된다고 '오인^{misrecognition}'하는 주관적 인식을 통해 발생하며, 이러한 오인은 상징적 폭력을 명백한 폭력의 형태로 인식하지 못하게 만든다. 그 결과, 상징적 폭력은 외형적으로는 드러나지 않으면서도 효율적이고 지속적으로 지배-종속의 관계를 유지하는 수단이 된다. 따라서 상징적 폭력의 피해자라 하더라도 그 폭력을 자각하지 못한 채 순응하게 되며, 그 피해 또한 무의미하거나 자연스러운 것으로 받아들이게 된다. 상징적 폭력은 이처럼 비가시성과 오인의 과정을 통해 사람들 사이의 관계성에 은밀하게 침투하며, 강압적이지 않지만 매우 효과적인 권력의 형태로 작동하게 되는 것이다.

상징권력과 상징적 폭력은 지배집단의 고도의 전략적 도구로 작동하기도 하지만, 지배집단 스스로 인식하지 못한 채 피지배자 집단에게 무의식적으로 부과되기도 한다. 예를 들어, 사업으로 큰 성공을 거둔 한 부자가 있다고 하자. 그는 자동차에 깊은 애착을 가지고 있어, 매우 값비싼 스포츠카를 구입해 타고 다닌다. 이러한 소비 행위가 우월감을 과시하기 위한 것인지, 단순히 자기만족을 위한 것인지, 혹은 그 둘 모두인지 명확하지는 않다. 그러나 그가 하층계급을 멸시하거나 깔보려는 의도로 스포츠카를 구입한 것은 아니다. 그는 단지 자본이 풍부하기 때문에, 자신이 선호하는 고가의 물건을 자연스럽게 소비한 것이며, 이는 그의 계급적 위치에서 형성된 아비투스에 기반한 실천 행위로 볼 수 있다.

하지만 그의 의도와 무관하게, 그의 소비는 사치나 과소비로 사회적 비난의 대상이 될 수 있다. 일반 대중의 경제적 현실을 고려할 때, 그의 소비 행위는 과도하고 불공정한 것으로 인식되기 때문이다. 그러나 그의 경제적 자산 규모를 기준으로 보면, 해당 소비는 사치나 과소비라기보다는 일상적인 소비일 뿐이다. 그럼에도 불구하고 그의 소비가 비판받는 이유는, 보통 사람들은 감히 상상할 수 없는 소비가 상징적 위압으로 작용하여 무력감과 상대적 박탈감을 유발하기 때문이다. 즉, 의도하지 않은 방식으로 그의 소비 행위는 상징적 폭력으로 작동하며, 이는 상징권력이 무의식적 실천을 통해 어떻게 재생산되는지를 보여준다.

　이러한 계급적 억압에 대해 하층계급은 다양한 방식으로 대응한다. 첫째, 대체 소비를 통해 상층계급의 소비문화를 모방하려는 시도를 한다. 예컨대, 부자가 소유한 고가의 스포츠카를 그대로 구입할 수는 없기에, 국산 차량을 스포츠카처럼 튜닝하거나, 상대적으로 저렴한 외제차를 구입하는 방식으로 최상위 계층의 아비투스를 모방하여 추구하는 것이다. 둘째, 무대응 혹은 무관심으로 일관하는 전략이다. 이는 부유층의 소비 행위에 직접적으로 반응하지 않고, 그것을 '자신과는 무관한 타인의 일'로 여기며 무덤덤하게 받아들이는 태도다. 셋째, 부유층의 소비 행태와 그에 따른 아비투스에 대해 적극적으로 도전하거나 저항하는 방식이다. 이는 소비를 통한 계급적 상징체계 자체에 대해 비판적으로 반응하며, 대립적인 태도를 드러내는 것이다.

　일반적으로 부유층은 하층계급의 감정을 상하게 하거나 차별하려는 목적에서 소비를 하는 것이 아니라, 단순히 자신의 취향과 욕망에 따른 소비를 하는 것이다. 그럼에도 불구하고 이처럼 의도와 무관하게 발생하는 계층 간의 반응과 긴장은, 상층계급의 실천이 하층계급에게 억압이나 배제, 더 나아가 차별로 인식될 수 있음을 보여준다. 다시 말해, 권력 있는 자의 실천이 명시적 차별 의도를 포함하지 않더라도, 그것이 사회적 관계 속에서 상징적 폭력으로 기능할 수 있는 가능성은 항상 열려 있다.

💡 주

1 삐에르 부르디외, 『언어와 상징권력』, 김현경 옮김 (파주: 나남, 2014).
2 P. Bourdieu & L. Wacquant, *An invitation to reflexive sociology* (Cambridge,

UK: Polity Press, 1992).

3 R. Jenkins, *Key sociologists: Pierre Bourdieu*. London: Routledge, 1992

4 부르디외 (2014).

5 P. Bourdieu, *Practical reason: On the theory of action* (Cambridge, UK: Polity Press, 1998).

18

민족정체성과 이주자 차별

과거 외국인 이주자에 대한 차별은 국민이 주인이고 이주자는 노예인 것처럼 명확한 주종관계를 바탕으로 이루어졌다. 그러나 오늘날에는 일상생활 속에서 이주자를 노골적으로 차별하는 경우는 드물다. 일부 후진국에서는 여전히 과거의 물리적이고 가시적인 차별 방식이 잔존하기도 하지만, 대부분의 선진국에서는 그러한 노골적인 억압은 더 이상 두드러지지 않는다. 이는 법과 제도가 이주자에 대한 차별을 명시적으로 금지하고 있기 때문이다.

하지만 부르디외가 말하는 아비투스에 기반한 실천으로서의 상징권력과 상징적 폭력은, 합리적 이성에 따라 전략적으로 의도된 행위로 행사되는 것이 아니다. 이러한 권력은 지배자인 다수자, 즉 토착 국민들뿐만 아니라, 피지배자의 위치에 있는 소수자인 이주자들에게도 체화된 개인의 역사, 경험, 환경 등이 총체적으로 작용한 결과로 나타난다. 이러한 과정속에서 사람들은 차별이나 편견을 인지하지 못한 채, 그것을 자연스럽고 당연한 것으로 받아들이며 행동하게 된다. 다시 말해, 아비투스에 의한 실천은 비의도적이며 무의식적인 성격을 가지며, 이러한 점이 오늘날의 차별을 더욱 은밀하고 구조적으로 만드는 요인이 된다.

외국인 이주자에게 아비투스에 의한 실천의 비의도성이 어떻게 작용하는지 예를 들어 살펴보자. 한국 사회에서 지배적 다수 집단은 대체로 한국인 중산층 계급이며, 이들은 외국인 이주자에 대해 뚜렷한 편견이나 차별의식을 갖고 있지 않으며, 오히려 한국 사회의 일손을 채워주는 존재로서 그들에게 호의적인 태도를 지니고 있다고 하자. 어떤 외국인 이주자가 일자리를 찾아 한국에 들어왔다. 그는 다른 외국인 이주자들처럼 저소득층에 속해 있었고, 주거비용을 최소화하기 위해 값싼 주택이 밀집한 동네에 정착했다. 그 지역은 그와 비슷한 처지의 외국인 이주자들이 많이 모여 사는 곳으로, 주거환경이나 교육여건이 열악하고 치안도 좋지 않았다. 이후 그는 성실히 일한 결과 어느 정도 경제적인 성취를 이루었고, 자녀 교육과 가족의 삶의 질을 고려하여 더 나은 주거환경을 가진, 상대적으로 비싼 동네로 이주하기로 결정했다. 이러한 선택은 단지 외국인 이주자이기 때문에 내린 특별한 결정이 아니라, 한국인 중산층이라면 누구나 유사한 조건에서 자연스럽게 내릴 수 있는 판단이다. 이는 바로 한국 중산층의 아비투스에 내재된 실천이 외국인 이주자에게도 영향을 미치고, 그의 실천 또한 그러한 아비투스에 의해 비의도적으로 이루어졌음을 보여준다.

그렇다고 해서 지배계급인 중산층이 외국인 이주자에게 자신들의 아비투스를 강제로 강요한 것은 아니다. 이는 어디까지나 지배집단의 아비투스에 따른 자연스러운 실천 행위의 결과일 뿐이다. 실제로 외국인 이주자의 주거 이동 결정에 대해 누군가 문제를 제기하거나 비난하는 경우는 거의 없다. 그러나 문제는 그가 떠난 동네에 있다. 그 동네에서는 경제적으로 나아진 사람일수록 지역을 떠나는 경향이 나타난다. 이러한 현상은 단발적인 것이 아니라 반복적으로 지속되며, 결과적으로 잘 살게 된 이주자들이 떠난 자리에는 가난하고 경제적으로 취약한 이들만 남게 된다. 시간이 지나며 동네의 발전은 정체되고, 교육과 주거 인프라 등 생활 기반은 점차 열악해진다. 이에 따라 동네에 남은 이주자들의 경제적 상승 이동 가능성은 크게 낮아지고, 그들의 삶은 더욱 황폐화되는 구조가 고착된다.

중요한 점은, 더 나은 동네로 이사한 이주자들이 의도적으로 남은 이주자들을 차별하거나 배제하기 위해 떠난 것이 아니라는 점이다. 그들 역시 한국인 중산층 지배집단의 아비투스를 자연스럽게 따른 것일 뿐이다. 그러나 그들의 이사라는 실천 행위는 결과적으로 특정 지역을 열악한 환경으로 만들고, 구조적인 차별을 심화시키는 역할을 한다. 더욱 복잡한 문제는, 떠난 이주자도 자신의 결정이 남은 이주자들에게 부정적인 영향을 미친다는 사실을 인식하지 못하고, 남아 있는 이주자 또한 자신의 주거환경이 왜 점점 악화되는지 그 구조적 원인을 잘 알지 못한다는 점이다. 이로 인해 떠난 이주자는 책임감을 느끼지 않으며, 양심의 가책 또한 갖지 않게 된다. 이처럼 아비투스에 의한 비의도적인 실천은 개인의 도덕성과 무관하게 차별 구조를 재생산하는 메커니즘으로 작동할 수 있다.

한국인 지배집단의 권력이 외국인 이주자에게 부과되는 과정도 이와 같은 방식으로 이루어진다. 지배집단에 속한 한국인 토착시민과 외국인 이주자는 각각 서로 다른 아비투스를 지니고 있는데, 이는 개인이 속한 사회적 공간인 '장^{field}'에서 차지하는 지위에 따라 형성되기 때문이다. 만약 한국인 토착시민과 외국인 이주자가 동일한 사회적 장 안에서 경쟁한다면, 당연히 지배집단을 구성하는 토착시민들이 우위를 점하게 된다. 이로 인해 지배와 피지배의 종속적인 권력관계가 자연스럽게 형성된다. 물론 동일한 사회 공간에 머물면서 토착 시민과 이주자가 일부 공동의 아비투스를 공유할 수도 있으나, 아비투스 간에는 필연적으로 차이가 존재하며, 그 차이가 발생하는 지점에서 토착시민들의 아비투스는 외국인 이주자에게 상징적 폭력의 형태로 작용하게 된다. 이 과정에서 한국인 토착시민들이 이주자를 의도적으로 차별하려는 정치적 의도를 갖고 있지 않더라도, 그러한 의도와는 무관하게 지배집단의 아비투스가 자연스럽게 실천되는 결과로 상징적 폭력이 이주자에게 부과된다.

　지배집단의 아비투스와 외국인 이주자 집단의 아비투스가 가장 크게 차이가 나는 부분 중 하나는 바로 '민족정체성'이라 할 수 있다. 한국인들은 자신들이 단일민족이라는 믿음을 바탕으로, 문화적·역사적으로 오랜 기간에 걸쳐 한국인으로서의 민족정체성을 형성해 왔다. 이 정체성은 개인의 경제적 상황이나 교육 수준과 무관하게, 한국인이라면 태어날 때부터 부여받는 지배적인 지위로 작용한다. 실제로 '우리'와 '남'을 구분하는 기준도 대부분 민족정체성에 근거한다. 그러나 이러한 민족정체성은 외국인 이주자들이 아무리 자신들의 것으로 만들고자 노력해도 쉽게 획득하거나 내면화할 수 없는 특성이다. 소수자인 이주자들은 한국인 지배집단이 가진 민족적 아비투스를 자신들의 아비투스로 대등하게 맞설 수 없다.

　한편, 한국인 토착시민들은 이주자에 대해 호의적이든 그렇지 않든 간에, 나름의 민족정체성을 갖고 있다. 또한 민족의 탁월성과 우수성을 강조하며, 애국심과 문화적 자존감을 고취하는 민족정체성과 관련된 아비투스를 일상적으로 실천한다. 이처럼 지배집단이 민족정체성에 기반한 아비투스를 더욱 적극적으로 실천할수록, 외국인 이주자와의 아비투스 간 거리는 더욱 멀어질 수밖에 없다.

　한국인 토착시민과 외국인 이주자가 같은 사회적 공간을 공유하며 각자 다른 아비투스를 실천할 때, 두 아비투스 간의 경쟁에서 결국 지배집단인 한국인 토착시민의 민족정체성 아비투스가 우위를 차지할 수밖에 없다. 이 과정에서 지배집단은 이주자에게 상징적 폭력을 가하게 된다. 예를 들어, 민족의 탁월성을 강조할수록 같은 민족이 아닌 이주자는 열등하게 여겨지고, 민족 단결을 강하게 외칠수록 이주자는 배제될 수밖에 없다. 비록 지배집단이 의도적으로 이주자를 차별하거나 폄훼하려는 목적 없이 단지 자신의 아비투스를 성실히 실천했을 뿐이라도, 그 행위는 결과적으로 이주자에게 피해를 준다.

한국인 토착시민들은 자신들이 상징적 폭력의 가해자임을 인식하지 못하며, 단지 자신들의 민족정체성 아비투스를 자연스럽게 실천했을 뿐이라고 생각한다. 이주자들 또한 자신들이 다른 나라 출신이고 민족적으로 다르다는 사실을 알고 있기 때문에, 한국인 토착시민들의 민족정체성 아비투스가 잘못되었거나 자신들이 피해를 당하고 있다는 사실을 쉽게 인식하지 못한다. 그렇지만 민족정체성과 관련된 이러한 상징적 폭력은 한국인 지배집단과 이주자 집단 사이의 차이를 극복할 수 없는 지배와 종속의 관계로 만들며, 사회적 화합과 통합을 저해하는 심각한 걸림돌이 된다.

나는 한국인들의 민족정체성 아비투스 실행과 외국인 이주자에 대한 차별 의식과의 관계를 설문조사 자료를 바탕으로 구체적으로 분석해 본 적이 있다.[1] 특히 단일민족 아비투스에 따른 실천 행위가 외국인 이주자에 대한 호감이나 적대감, 나아가 차별 의식에 어떠한 영향을 미치는지 살펴보았다. 예상한 대로, 한국인 민족주의에 대한 정체성을 강하게 가진 사람들은 이주자에 대한 적대감이 더 컸다. 그것은 이주자가 자신의 일자리를 위협한다든지, 가난한 이주자를 위한 세금을 국민들이 더 많이 내야 한다든지, 이질적인 사람들이 들어와서 공동체의 안정을 깬다든지 하는 것과 같이 이주자들이 토착 시민들의 삶에 부정적인 영향을 미칠 것으로 생각하기 때문에 그렇다. 다시 말하면 자신들이 지배하던 공간에 이주자들이 들어와서 지배적 지위에 영향을 줄 것이라는 걱정 때문이다.

그러나 반대로, 민족정체성이 약한 집단이 외국인 이주자들에게 특별한 호감을 보이는 것도 아니었다. 만일 민족정체성이 이주자들과의 통합과 화합을 저해하는 요인이라면, 이를 완화시키는 방향의 정책적 개입이 필요하며, 이는 환대의 정치학이 적극적으로 구현될 수 있는 기반이 될

이주의 사회학: 국제이주와 이주자

수 있다. 그러나 실증적 분석 결과, 민족정체성이 약한 응답자들도 이주자들에 대해 특별히 우호적인 태도를 보이지는 않았다.

이러한 결과는 한국인들의 민족정체성 아비투스가 전체적으로 너무나 강해서 그렇다고 추론해 볼 수 있다. 민족정체성이 약한 사람이라고 하더라도 그들은 이미 한국 땅에서 지배적인 지위에 있는 사람들이다. 단일민족이라는 정체성이 너무나 강해서 외부에서 유입한 어떠한 사람들도 그 지위를 넘볼 수 있는 것은 아니다. 그러므로 민족정체성이 아무리 약하다고 할지라도 자신들이 지배하고 있는 공간에 이주자들이 새로운 아비투스를 가지고 들어와서 실천하는 행위에 대해서는 불편해하고 염려하는 점은 민족정체성이 강한 사람과 그렇게 다르지 않다. 다만, 민족정체성이 강한 집단은 이주자의 유입 자체에 부정적인 태도를 보이는 반면, 민족정체성이 약한 집단은 국가의 필요나 기능적 요구에 따른 이주자 수용에 대해서는 보다 관대한 입장을 취할 뿐이다.

한국인들은 외국인 이주자들이 국가와 국민의 삶에 실질적으로 도움이 되는 방식으로 한국에 들어오는 것은 허용할 수 있다고 인식하지만, 그렇다고 해서 그들을 적극적으로 환영하는 태도를 보이지는 않았다. 민족정체성이 엄청나게 강한 사람은 논리적으로 보면, 자신이 속한 민족이나 국가의 발전을 우선시 할 것이며 따라서 이를 위해 필요한 이주자들의 유입을 환영해야 한다. 그러나 이주자들이 한국의 이익을 위해서만 들어오는 것이 아니라 이주자들 자신의 이익도 동시에 극대화하려고 한다는 사실을 알고 있다. 이러한 인식은 이주자들에 대한 정서적 수용의 한계를 형성한다. 다시 말해, 한국 사회가 기능적 필요에 의해 이주를 허용한다 하더라도, 이주자들이 자국의 이익을 실현하려는 주체로 이해되는 순간, 그들에게 고마움을 느낄 이유가 없어진다. 이는 사장이 직원의 노동을 회사에서 일어나는 당연한 기여로 간주하듯, 이주자가 한국 경제에 기여하거나 문화적으로 잘 적응한다 하더라도 그것은 환영이나 감사의 대상이 아니라 당연한 것으로 간주되는 것이다.[2] 이처럼 주인의식이 강한 한국인의 인식 구조는 이주자에 대한 '환대의 정치학'이 정착하거나 실질적인 힘을 발휘하기 어려운 근본적 원인을 제공한다.

그런데, 한국인들이 보유한 민족정체성의 아비투스는 영토, 전통, 문화 등에 대한 애착과 자긍심의 실천 양식이지, 다른 민족을 의도적으로 배척하거나 차별하기 위한 실천은 아니다. 민족정체성은 대부분의 한국인들에게 오랜 사회화 과정을 통해 자연스럽게 각인된 것으로, 한국인들은 이를 일상적으로 수행하는 가운데 스스로 인식하지 못한 채 아비투스를 실천하고 있을 뿐이다. 따라서 외국인 이주자에 대한 차별은 사전에 의도되거나 전략적으로 계획된 행위가 아니다. 달리 표현하면, 한국인들은 자신들에게 내면화된 민족정체성의 아비투스를 자연스럽게 따랐을 뿐이며, 그 비의도적 결과로써 이주자에 대한 차별이 발생한 것이다.

이처럼 아비투스의 실천은 그 자체로 특정 집단에 대한 의식적 폭력이나 배제를 의도하지 않았음에도 불구하고, 결과적으로 외국인 이주자에게는 차별적 처우라는 형태로 작용하게 된다. 이러한 차별은 상징적 폭력의 한 형태로 이해될 수 있으며, 그것이 어떻게 폭력으로 작동하는지는 가해자인 한국인 토착시민조차 자각하지 못한 채 수행된다. 이주자들 역시 자신에게 가해지는 차별이 민족정체성의 자연스러운 실천에서 비롯된 것임을 인식하지 못하는 경우가 많다. 결국, 외국인 이주자에 대한 차별적 처우는 의도하지 않은 아비투스의 결과로 나타난 상징적 폭력이며, 이는 민족정체성이 지닌 무의식적 위력을 단적으로 보여준다.

예를 들어 보자. '신토불이身土不二'는 국내산 농수산물의 소비를 촉진하기 위해 식료품 시장에서 널리 활용되어 온 표어로, "신체身와 태어난 땅土은 분리되지 않는다"는 의미를 담고 있다. 이는 자국산 식품이 소비자의 건강에 더 적합하다는 문화적 신념과 자존감의 표현으로 기능하며, 대다수 한국인에게는 일상적으로 수용 가능한 감각적·실용적 아비투스로 자리 잡고 있다. 실제로 국내산 식품은 안전성과 품질 관리 측면에서 높은 신뢰를 얻고 있기에, 해당 표어는 차별의 의도를 담고 있지 않으며 특정 집단을 명시적으로 배제하려는 목적도 없다.

그러나 '신토불이'의 담론은 자신의 몸과 태어난 땅이 일치하지 않는 외국인 이주자들에게는 낯설고 이질적인 감정을 유발할 수 있다. 이 구호의 논리대로라면, 외국인 이주자들은 식료품 마켓에서 자신의 건강에 가장 적합한 먹거리를 찾기 어려울 수 있기 때문이다. 이는 민족정체성에 바탕을 둔 한국인의 일상적 소비 행위가 외국인 이주자에게는 낯설고 억압적으로 작용할 수 있음을 보여준다. 결국, 이는 무의식적 차별을 강화하는 상징적 폭력symbolic violence의 구조로 기능하며, 외국인 이주자에 대한 배제의 정당화를 문화적 자연성이라는 이름 아래 은폐하는 효과를 낳는다.

실제로 한국 사회에서 외국인 이주자에 대한 혐오나 차별이 일상적으로 노골적인 형태로 표출되는 경우는 드물다. 이는 사회적 규범과 공적 담론에서 차별적 표현을 자제하는 분위기와 무관하지 않다. 그러나 이러한 겉으로 드러난 평등성과는 달리, 외국인 이주자에 대한 편견과 차별은 여전히 구조적으로 잠재되어 있으며, 특정 조건 하에서 언제든지 표면화될 수 있는 불안정한 평화의 상태에 가깝다.

갈등이 억제되고 표면상 평화가 지속되는 것은 한국인과 이주자 간의 관계가 지배와 종속의 위계질서를 유지하고 있을 때에만 한정된다. 외국인 이주자들이 점차 사회적 역량을 키워 영향력을 확대하고, 기존 지배집단의 권위에 도전할 수 있는 잠재적 행위자로 부상할 경우, 다수자인 한국인 집단은 이를 지위 위협으로 인식할 가능성이 크다. 예컨대, 이주자들과의 일자리 경쟁 심화, 공공 자원의 배분에 대한 갈등, 사회 규범이나 법질서 위반 등의 이슈는 이주자에 대한 두려움과 적대감을 촉발시키는 주요 요인으로 작용할 수 있다. 이는 외국인 이주자에 대한 정서적 거리감과 사회적 불신이 여전히 구조화된 방식으로 존재하며, 필요시 쉽게 동원될 수 있는 차별의 정당화 장치로 기능하고 있음을 시사한다.

그러므로 외국인 이주자에 대한 다수집단의 관용은 우선적이며 필수적인 조건이 되어야 한다. 그러나 보다 근본적인 과제는 '나'와 '타자'를 구분 짓는 구별짓기의 작동 방식 자체를 성찰하고 변화시키는 데 있다. 이는 토착시민과 이주자를 완전히 동일한 존재로 간주하고, 동일한 방식으로 정책을 적용하자는 의미는 아니다. 그러한 접근은 컬러블라인드 인종주의처럼 차이를 의도적으로 지우는 방식이며, 결과적으로 지배-종속 관계의 구조를 은폐하고 공고히 할 위험이 있다.

따라서 토착시민과 이주자 사이의 아비투스 차이에서 비롯되는 불균형은 적극적인 제도적 지원을 통해 완화될 필요가 있다. 이를 위해서는 다수집단의 문화적 관용과 함께, 아비투스의 차이가 점차 축소되어 동일한 사회적 공간에서 유사한 실천 행위가 가능해지는 방향으로 나아가야 한다. 결국 구별짓기가 더 이상 작동하지 않는 사회를 만들기 위해, 문화적·교육적·제도적 수단을 모색하고 실천하는 것이 요구된다.

💡 주

1 김정규, "한국인 민족주의와 상징적 폭력의 의도하지 않은 결과: 외국인 이주자에 대한 편견과 차별," 『사회이론』 제47호 (봄/여름) (2015a), pp. 221-264.
2 김정규, 『국경을 넘는 사람들: 이주와 범죄』 (서울: 에듀컨텐츠휴피아, 2018), pp. 231-236.

19

이주자는 잠재적 범죄자인가?

외국인 이주자는 종종 낯선 이방인으로 인식되며, 안정적인 지역 공동체를 훼손하는 존재로 여겨졌다. 이러한 인식은 그들을 두려움과 위협의 대상으로 만들었다. 서구 선진국들이 산업화 과정에서 노동력을 충당하기 위해 받아들인 이주노동자들은 대부분 하층계급 출신이었으며, 이들은 대개 도시 외곽의 슬럼지역에 거주했다. 그 결과, 사회질서를 어지럽히고 일탈과 범죄를 유발하는 '필요악'으로 취급되곤 했다.

19세기 말에서 20세기 초 사이, 유럽에서 미국으로 유입된 이주자 수가 급격히 증가하면서, 미국 사회는 수용 능력에 한계를 드러냈고, 이에 따라 이주자와 관련된 사회문제도 심화되었다. 특히 도시 주변의 슬럼지역은 각종 사회문제가 집중된 공간이 되었고, 범죄 역시 이 지역에서 주로 발생했다. 이주자들이 대부분 저소득 하층 노동자였기 때문에, 주거비가 낮고 도시 중심지와 가까운 슬럼지역에 밀집하여 거주할 수밖에 없었고, 그 결과 사회문제를 유발하는 집단으로 간주되었다.

이주자와 범죄 간의 관계를 규명하기 위해, 학자들은 이주자들이 잠재적 범죄자로서 범죄를 저지를 가능성이 더 높은지, 실제로 범죄 발생률이 더 높은지를 다각도로 연구해 왔다. 그러나 그 연구 결과는 조사 시기와 활용된 자료에 따라 상이하게 나타났다.

쇼Clifford R. Shaw와 맥케이Henry D. McKay의 연구는 이주와 범죄 간의 관계를 분석한 대표적인 사례로 꼽힌다. 그들은 1920~1940년대 미국 시카고지역을 중심으로 한 연구에서, 이주민이 다수 유입되어 거주하는 지역일수록 범죄율이 상대적으로 높다는 사실을 발견하였다.[1] 외부에서 유입된 이주민은 지역 사회의 민족적·문화적 이질성을 증가시키며, 이는 공동체 구성원 간 유대와 통합을 저해하게 된다. 그 결과, 지역 공동체의 조직력은 약화되고, 사회적 통제 기능 역시 저하된다. 공동체가 약화되면 구성원들의 일탈행동을 효과적으로 규제할 수 없으며, 이는 곧 범죄율 상승으로 이어질 수 있다. 이러한 분석을 바탕으로 쇼와 맥케이는 '사회해체이론Social Disorganization Theory'을 제시하였다. 이 이론은 이주자 유입으로 인한 이질성이 지역사회의 해체를 초래하고, 해체된 공동체가 통제력을 상실하면서 범죄를 억제할 수 없게 된다는 점을 핵심으로 한다.

사회해체이론과 유사한 관점에서, 허쉬Travis Hirschi의 사회통제이론 또한 이주자의 범죄 가능성이 높다고 진단한다. 사회통제이론은 사람들이 왜 범죄를 저지르는가보다는, 왜 범죄를 저지르지 않는가에 초점을 둔다. 이는 인간 누구나 일탈 성향을 지니고 있다는 전제에서 출발하며, 그러한 성향이 억제되는 이유는 사회 내의 통제 메커니즘 때문이라는 설명이다. 허쉬는 법과 제도에 기반한 공식적 통제보다, 애착·양심·책임감 등 비공식적 통제가 일탈과 범죄를 예방하는 데 더 효과적이라고 보았다.[2] 이 중에서도 '사회적 유대'는 핵심적인 비공식 통제로, 사회적 유대가 약할수록 일탈과 범죄의 가능성이 높아진다고 주장한다. 이주자는 외부에서 유입된 존재이기 때문에, 오랜 기간 공동체를 구성해온 토착 주민들보다 사회적 유대가 상대적으로 약할 수밖에 없다. 따라서 사회통제이론은 이주자들이 일탈이나 범죄 행위를 저지를 가능성이 더 높다고 추정한다.

한편, 차별기회이론은 범죄의 기회가 많은 환경에 놓인 사람들이 그렇지 않은 사람들보다 범죄를 저지를 가능성이 더 크다고 본다.[3] 사회경제적 조건이 열악한 이주자들은 주로 도시 변두리나 슬럼지역에 정착할 수밖에 없으며, 이들은 두 가지 구조적 문제에 직면한다.

첫째, 가난한 이주자들은 아무리 노력해도 합법적인 성공의 기회를 얻기 어려운 상황에 놓인다. 대부분 저학력인 데다 언어 및 문화적 장벽을 극복하기 힘들며, 이로 인해 토착 시민들과 동등한 경쟁이 사실상 불가능하다. 여기에 더해, 이주자에 대한 편견과 차별은 공정한 기회의 접근 자체를 차단한다. 결국 이주자들은 주어진 기회를 노력으로 획득할 수 있는 조건에서 배제된다.

둘째, 이주자들이 거주하는 지역은 범죄 기회에 더 많이 노출되어 있다. 도시 변두리나 슬럼지역은 중산층 지역보다 보안이 취약하고, 공공의 관리나 사회적 통제 역시 약하다. 이처럼 주변부에 위치한 민족공동체는 사회적 관심에서 멀어져 있으며, 내부적으로 조직적 범죄나 폭력 범죄가 발생할 가능성도 상대적으로 높다. 출신 국가별로 구성된 조직범죄 집단이나 갱단이 형성되기도 하며, 이로 인해 해당 지역은 기피 대상이 되고, 범죄 하위문화가 일상화되는 악순환이 반복된다.[4]

결국 합법적 기회는 차단된 반면, 불법적 기회가 넘치는 환경에 놓인 이주자들은 주류 사회의 지배 규범이나 통제에서 벗어난 존재로 인식된다. 이러한 인식은 편견과 차별을 더욱 심화시키며, 이주자들이 범죄로 내몰리는 악순환을 낳는다. 차별기회이론은 바로 이 구조적 조건과 기회의 불균형이 이주자들의 범죄 행위로 이어지는 메커니즘을 설명한다.

이러한 시각들을 종합해 보면, 이주자와 범죄 사이의 관계는 구조적 맥락 속에서 이해될 수 있다. 이주자들은 외부인으로서 갖는 문화적·사회적 이질성 때문에 지역 공동체 내의 통합을 저해하고, 이는 공동체의 해체로 이어진다. 해체된 공동체에서는 사회적 유대가 약화되고, 그 결과 일탈이나 범죄를 억제하는 통제력 역시 약해진다. 경제적으로 취약한 이주자들은 대체로 도시 외곽의 열악한 환경에 거주하게 되며, 이러한 지역은 중산층 지역에 비해 공동체 기반이 약하고 사회적 통제가 느슨하여 사회해체가 더욱 용이하게 일어난다. 이주자의 이질성은 이러한 해체 과정을 더욱 가속화한다.

한편, 이주자들은 언어적·문화적 장벽과 사회적 차별로 인해 합법적인 성공 기회를 얻기 어렵지만, 그들이 거주하는 지역은 불법적 행위에 대한 기회가 풍부한 환경이다. 이주자들이 밀집한 민족공동체는 주류 사회의 감시와 통제에서 벗어난 주변부로 자리 잡게 되고, 그 안에서는 갱단이나 폭력조직이 형성되기 쉬운 조건이 조성된다. 이러한 하위문화는 범죄를 일상화하며, 범죄의 기회를 확대시키는 동시에 공동체의 고립을 심화시킨다. 이로 인해 이주자들에 대한 토착 시민들의 반감은 더욱 커지고, 편견과 차별은 강화된다. 이와 같은 반복되는 구조적 악순환 속에서, 공정한 기회를 박탈당한 이주자들은 생존을 위한 수단으로 범죄를 선택할 가능성이 높아진다. 결국 이러한 상황은 이주자를 잠재적 범죄자로 보는 인식을 강화시키는 결과로 이어진다.

그러나 이러한 전통적인 범죄 사회학 이론들과는 달리, 최근에는 이주와 범죄 간의 관계가 반드시 명확하지 않으며, 오히려 이주가 범죄율을 감소시킬 수 있다는 주장이 점차 힘을 얻고 있다. 기존 이론을 뒷받침하는 통계나 자료는 종종 불완전하거나 해석에 따라 달라질 수 있으며, 이주자의 이주시기, 정착 환경, 사회적 조건 등에 따라 범죄와의 관계는 크게 달라질 수 있다는 점이 지적된다. 나아가 이주를 통해 생산가능인구가 증가하고, 지역사회의 문화적 다양성이 확대되면서 오히려 범죄 억제 효과가 나타난다는 연구도 등장하고 있다.[5] 이처럼 이주와 범죄 간의 관계는 단순한 인과관계로 설명하기 어렵기 때문에, 보다 정교하고 다각적인 관찰과 분석이 필요하다는 점이 강조되고 있다.

사회해체이론이 주도적으로 이주와 범죄의 관계를 설명하던 시기는

1920~1940년대로, 이는 19세기 후반부터 본격적으로 이주자들이 대거 유입되었고, 20세기 초에 그 절정을 이룬 시기와 맞물린다. 그러나 당시 미국 경제는 이들을 충분히 수용할 여력이 없었고, 특히 1929년 대공황 이후 1930년대의 경제 침체 속에서 대도시로 몰려든 이주자들은 안정적인 일자리를 구하지 못한 채, 경제적·사회적 부담으로 인식되었다. 이로 인해 이주자들에 대한 편견과 차별은 심화되었고, 범죄의 원인으로 지목되기 쉬운 환경이 조성되었다. 이러한 시대적 배경 속에서, 사회해체이론은 이주자와 범죄 간의 관계를 효과적으로 설명하는 데 활용되었다.

그러나 사회해체이론은 이주자들이 본질적으로 범죄적 성향을 가진 집단이라는 전제를 두지 않았다. 이 이론이 주목한 것은 개인의 특성이 아니라, 이주자들이 거주하게 된 지역의 구조적 특성이었다. 이주자가 들어와서 그 지역이 황폐하게 된 것이 아니라, 그 지역은 이주자가 들어오기 전부터 제도의 붕괴와 일탈과 범죄의 문화가 만연한 지역이었다는 것이다. 그렇다면 이주자가 들어오기 전 그 지역의 범죄율과 유입된 이후의 범죄율을 비교해서 살펴보아야 하는데 이주자의 유입이 그 지역의 범죄율을 더 크게 상승하게 만들었다는 뚜렷한 증거는 부족하다. 또 만약 이주자들이 본래 범죄적 성향을 지녔다면, 그들이 이주한 다른 지역에서도 범죄율이 상승해야 한다. 하지만 경제적 여건이 나아진 이주자들이 더 나은 지역으로 이주한 후, 해당 지역의 범죄율이 상승했다는 근거는 발견되지 않았다. 그래서 사회해체이론은 이주자가 병리적인 것이 아니라 해체된 공동체가 범죄를 유발한다고 주장한다. 쇼와 맥케이는 해체된 공동체가 범죄에 친화적인 문화적 전통을 만들어내며, 이러한 일탈의 문화는 시간이 흐르면서 스스로 생명력을 가지게 되어 범죄를 지속적으로 유발할 수 있다고 보았다. 다시 말해, 문제의 본질은 이주자가 아니라, 범죄적 문화를 가능하게 만드는 해체된 공동체에 있다는 것이다.

그러나 한편, 사회해체이론은 이주자가 외부인으로서 문화적 이질성을 지닌 채 공동체에 유입되기 때문에, 그 이질성이 공동체의 안정성을 저해하고 사회해체를 유발할 수 있는 요인이 될 수 있다고 본다. 그러나 이주자들이 이질적인 문화를 지니고 있다고 하더라도, 소수의 이주자가 유입되는 수준에서는 기존 공동체의 주된 문화가 실질적으로 위협받거나 도전받는 경우는 드물다. 문제는 이주자들이 대규모로 유입될 때 발생한다. 이 경우, 사회해체이론의 주장처럼 문화적 이질성이 기존 공동체의 문화와 충돌하거나 갈등을 일으켜 공동체의 조직적 통제력이 약화될 수 있다.

　하지만 반대로, 이주자의 대규모 유입은 새로운 민족공동체의 형성을 가능하게 하며, 이는 기존 공동체의 문화적 구조를 대체하거나 재편할 수 있는 기반이 되기도 한다. 이러한 이주자 공동체는 동일한 민족이나 국가 출신자들로 구성되거나, 출신 지역의 유사성과 이주 경험이라는 공통점을 바탕으로 형성된 집단이다. 이들은 낯선 환경 속에서 '운명 공동체'로서 상호 협력과 상부상조를 통해 생존해 나가며, 동시에 구성원들 간의 긴밀한 네트워크를 바탕으로 상호 감시와 통제를 수행한다. 따라서 이주자 공동체는 단순히 이질적이고 해체된 집단이 아니라, 내부적으로는 통합된 질서를 지닌 조직적 공동체로 기능할 수 있다. 이들은 구성원들의 일탈과 범죄 행위를 억제하는 자율적 통제력을 갖추고 있으며, 외부로부터의 편견과 위협에 대응하는 방어기제로서도 작동할 수 있다.[6]

　사회해체이론이 주로 적용되었던 20세기 초의 미국은, 이주자들이 대거 유입되었음에도 불구하고 그들을 안정적으로 수용할 수 있는 경제적 여건이나 독립적인 이주공동체가 존재하지 않았다. 이주자들은 기존 지역 공동체에 편입될 수밖에 없었고, 이 과정에서 문화적 이질성으로 인한 갈등과 긴장이 발생할 가능성이 컸다. 이는 공동체의 통합을 저해하고,

사회적 통제의 약화를 초래하여 결과적으로 범죄율 상승으로 이어질 수 있었다. 설령 이주자들이 별도의 공동체를 형성하더라도, 초기 단계에서는 내부적 유대나 통합이 제대로 이루어지기 어렵다. 특히 사회경제적 기반이 취약한 공동체는 쉽게 주변부화 되며, 차별기회이론이 지적하듯 범죄 기회를 제공하는 환경으로 전락할 위험이 존재했다.

그러나 보다 최근의 연구들은 이주공동체가 오히려 낮은 범죄율을 보이는 경향이 있다는 점을 보고하고 있다. 이는 초기 이론들이 간과했던 이주공동체 내부의 자율적 통제력과 연대, 그리고 방어기제로서의 기능이 범죄 억제에 기여할 수 있다는 점을 시사한다. 예컨대, 미국에서 가장 큰 이주자 집단 중 하나인 멕시코 출신 이주자들의 범죄율은 상대적으로 낮으며, 이주공동체 내 비공식적 통제가 범죄 방어기제로 작용하고 있음을 보여준다.[7] 이주공동체가 본격적으로 형성된 이후에는 범죄의 기회보다 일자리 제공과 정착 지원, 성공의 기회를 마련하는 역할이 더욱 부각된다. 새로 유입된 이주자들은 공동체 경제에 활력을 불어넣으며, 이주공동체의 경제 활성화에 중요한 기여를 한다.[8]

실제로, 미국 내 이주자 비율이 높은 도시들은 범죄율이 낮은 경향을 보이며, 이주자 대규모 유입 시기에는 오히려 범죄율이 감소하는 현상이 관찰된다.[9] 이는 이주공동체가 지배집단의 공동체에 비해 환경이 열악하더라도, 공동체에 대한 애착과 합법적 성공 기회에 대한 믿음이 범죄 행위를 억제하는 데 효과적임을 시사한다.[10] 또한, 이주자들은 본국의 어려움을 극복하고 더 나은 삶을 찾아 온 공통점을 지니고 있어, 현재의 어려움이 있더라도 본국보다는 더 나은 환경이라고 인식하는 경향이 있다. 이러한 특성은 이주자들이 어려움을 극복하는 능력을 키우는 데 도움을 주며, 결과적으로 범죄율이 낮은 이유 중 하나로 설명될 수 있다.[11]

저명한 범죄 사회학자 서덜랜드Sutherland는 이주와 범죄 간의 직접적인 상관성을 부정하며, 범죄는 이주자의 개인적 특성보다는 미국 사회에 얼마나 잘 적응했는지에 따라 달라진다고 주장하였다.[12] 그는 미국에 오래 거주한 이주자일수록, 특히 이민 1세대보다 2세대에서 범죄율이 상대적으로 더 높다는 점에 주목하였다. 이는 미국 사회의 문화에 동화될수록 오히려 범죄 가능성이 증가한다는 사실을 보여준다. 서덜랜드는 이러한 경향이 미국사회가 이주자들의 출신국보다 폭력에 더 관대한 문화를 갖고 있기 때문이라고 설명하였다.

그의 주장은 이후의 연구들에서도 뒷받침되고 있다. 예를 들어, 이주한 연령이 어릴수록 구금율이 높고, 이주 세대가 지날수록 비행률이 증가하는 현상 등이 보고되었다.[13] 이러한 연구 결과들은 범죄 발생이 단순히 이주자 개인의 배경이 아니라, 수용국의 문화적 맥락과의 상호작용 속에서 이해되어야 함을 시사한다.

 주

1 C. R. Shaw & H. D. McKay, *Juvenile delinquency and urban areas* (Original work published 1942), (Chicago: University of Chicago Press, 1969).
2 T. Hirschi, *Causes of delinquency* (Berkeley, CA: University of California Press, 1969).
3 R. Cloward & L. Ohlin, *Delinquency and opportunity: A theory of delinquent gangs* (New York: Free Press, 1960).
4 M. L. Sullivan, *"Getting paid": Youth crime and work in the inner city* (Ithaca, NY: Cornell University Press, 1989); M. S. Jankowski, Islands in the street: Gangs and American urban society (Berkeley, CA: University of California Press, 1991).
5 B. Feldmyer & D. Steffensmeier, "Immigration effects on homicide offending for total and race/ethnicity-disaggregated populations (White, Black, and Latino)," *Homicide Studies* 13-3 (2009), pp. 211-226; J. Hagan, R. Levi & R. Dinovitzer, "The symbolic violence of the crime-immigration nexus:

Migrant mythologies in the Americas," *Criminology & Public Policy* 7–1 (2008), pp. 95–112; R. Jr. Martinez, *Latino homicide: Immigration, violence and community* (London: Routledge, 2002); R. G. Rumbaut, & W. A. Ewing, *The myth of immigrant criminality* (2007) http://borderbattles.ssrc.org/Rumbault_Ewing/index.html; R. J. Sampson, "Open doors don't invite criminals: Is increased immigration behind the drop in crime?" *The New York Times*, 11 March 2006.

6 김정규, 『국경을 넘는 사람들: 이주와 범죄』 (서울: 에듀컨텐츠휴피아, 2018).

7 R. J. Sampson, Morenoff, J. D., & Raudenbush, S. W. "Social anatomy of racial and ethnic disparities in violence," *American Journal of Public Health* 95–2 (2005), pp. 224–232.

8 M. T. Lee & R. Jr. Martinez, "Social disorganization revisited: Mapping the recent immigration and Black homicide relationship in Northern Miami," *Sociological Focus* 35–3 (2002), pp. 365–382.

9 Sampson (2006); J. I. Stowell, S. F. Messner, K. F. McGeever, & L. E. Raffalovich, "Immigration and the recent violent crime drop in the United States: A pooled, cross-sectional time-series analysis of metropolitan areas," *Criminology* 47–3 (2009), pp. 889–928.

10 Martinez (2002).

11 J. I. Stowell, *Immigration and crime: The effects of immigration on criminal behavior* (New York: LFB Scholarly Publishing, 2007).

12 Hagan et al. (2008).

13 Rumbaut & Ewing (2007); Hagan et al. (2008).

이주의 사회학: 국제이주와 이주자

이주자와 범죄-국가별 차이

만약 이주와 범죄의 관계가 미국 사회와 문화의 특성에 따라 영향을 받는다면, 1990년대 이후 이주자 수가 급격히 증가한 유럽 국가들의 사례도 함께 살펴볼 필요가 있다. 유럽은 EU 체제 출범 이후 국경 이동이 자유로워지면서 본격적인 이주가 활발히 이루어졌다. 이주와 범죄의 관계를 분석하기 위해 솔리베티Luigi M. Solivetti는 유럽 각국의 국가별 통계를 비교·분석하였다.[1] 그의 연구에 따르면, 미국과는 달리 유럽 국가들에서는 이주와 범죄의 관계가 국가마다 상이한 양상을 보였다. 외국인 이주자의 절대 수가 많거나 전체 인구 대비 외국인 비율이 높은 국가일수록 외국인 이주자의 범죄율이 낮을 것으로 기대되지만, 실제로는 그러한 경향이 일관되게 나타나지 않았다.

예컨대, 최근 통계에 따르면 인구 대비 외국인 이주자 비율이 높은 스위스에서는 외국인 이주자들이 저지른 범죄율이 자국민에 비해 현저히 높은 것으로 나타났다.[2] 그러나 이를 출신 국가별로 구분해 보면, 서유럽 출신 이주자들의 범죄율은 상대적으로 낮은 반면, 동유럽이나 아프리카 출신 이주자들의 범죄율은 높은 경향을 보여 국가 출신에 따라 뚜렷한 차이를 보인다. 이는 문화적 이질성이나 이주자들의 사회경제적 지위가 범죄 발생에 영향을 미칠 수 있음을 시사한다.[3]

한편, 외국인 이주자 수가 가장 많은 국가 중 하나인 독일에서는 외국인 이주자의 범죄율이 이주자 수와 비례하지 않는 양상을 보였다. 2018년부터 2023년까지의 자료에 따르면, 난민 유입 규모와 관계없이 각 지역의 외국인 이주자 비율과 범죄율 사이에서 뚜렷한 인과관계는 발견되지 않았다.[4] 튀르키예 출신 이주자들이 독일 내에서 가장 큰 규모를 차지하고 있으며, 이들이 언론이나 미디어를 통해 문제 집단으로 묘사되기도 했지만, 이는 종종 과장된 이미지였다. 솔리베티[5]의 연구가 있기 이전에도 외국인 이주자의 범죄율이 전반적으로 안정적이거나 감소하는 경향을 보였으며, 이러한 추세는 이후에도 지속되었다. 따라서 독일의 경우, 이주가 범죄에 미치는 영향은 제한적이라고 평가할 수 있다.

서구 유럽 국가들의 경우, 각국이 처한 사회적·경제적·문화적 조건과 유입된 이주자들의 출신 국가 등 다양한 요인에 따라 이주와 범죄 간의 관계가 상이하게 나타난다. 그러나 일반적으로 외국인 이주자들이 범죄를 목적으로 국경을 넘는 경우는 거의 없다. 대부분은 더 나은 기회와 성공을 꿈꾸며 낯선 땅을 선택했을 것이다. 이처럼 새로운 환경에 적응해야 하는 사회적 약자인 이주자들이, 익숙하지 않은 타국에서 범죄를 저지를 가능성이 높다고 보는 것은 타당하지 않다. 앞서 서덜랜드가 지적한 것과 같이 범죄는 지리적으로 문화적으로 익숙한 사람들이 저지를 가능성이 더 크기 때문이다. 따라서 이주자라는 개인적 특성이 곧 범죄의 원인이라는 인식은 근거가 부족하며, 오히려 편견일 수 있다.

다만 국가별로 이주와 범죄 간의 관계에서 차이가 나타난다면, 몇 가지 요인을 고려해 볼 필요가 있다.[6] 첫째, 국가의 이민 제도와 외국인 이주자 관련 정책의 차이가 이주자에게 직접적인 영향을 미친다. 합법적으로 이주하기 위한 요건이 까다로운 국가일수록, 이주자가 해당 국가에 들어올 때 직업, 자산, 사회적 네트워크 등에서 비교적 유리한 조건을 갖추었을 가능성이 크다. 반면, 이주 자격에 대한 심사가 느슨하여 누구나 쉽게 들어올 수 있는 국가일 경우, 상대적으로 경제적 자산이 부족한 이주자의 비중이 더 높을 수 있다. 자산이 많은 이주자는 그렇지 못한 이주자에 비해 합법적인 기회를 더 많이 확보할 수밖에 없고 그만큼 불법적인 기회를 선택하는 범죄에 연루될 가능성은 떨어진다.

둘째, 지리적 특성도 중요한 변수다. 지리적으로 접근이 어려운 국가는 이주자의 유입 속도와 규모를 보다 쉽게 통제할 수 있는 반면, 정치·경제적 불안정으로 인해 난민이 자주 발생하는 국가나, 이주민이 많이 발생 지역과 인접한 국가는 몰려오는 이주자들에 효과적으로 대처하기 힘들다.

셋째, 각국의 노동시장 유연성(노동 탄력성)은 이주와 범죄 간의 관계에 영향을 미칠 수 있다. 노동시장 유연성이 높은 국가에서는 고용과 해고가 비교적 자유로워, 필요한 만큼의 노동력을 이주자들로부터 확보할 수 있다. 이는 이주자들이 일자리를 가질 수 있는 가능성을 높여준다. 물론 해고 또한 쉬운 구조이기 때문에 경제 상황이 악화되면 이주자들이 일자리를 잃기 쉬우나, 경기 회복 시 재취업이 용이할 것이라는 기대가 생기게 된다. 이러한 기대는 현재의 경제적 어려움을 감내하게 하며, 불법적 선택을 할 가능성을 낮추는 요인으로 작용할 수 있다.

반면 노동시장 유연성이 낮은 국가에서는 해고가 어려운 만큼 고용 자체가 신중하게 이루어지며, 외국인 이주자들이 일자리를 얻는 것이 상대적으로 더 어렵다. 일자리를 잃었을 때 재취업 가능성도 낮기 때문에 이주자들의 경제적 전망은 비관적일 수밖에 없다. 따라서 노동시장과의 유대가 약하거나 고용 기회가 제한적인 환경에 처한 이주자들은 범죄에 연루될 가능성이 상대적으로 높아질 수 있다.[7] 실제로 라티노 공동체에 대한 연구에서는, 폭력 범죄율이 낮은 이유로 이주자들의 기대 수준에 비해 실질적인 고용률이 높기 때문이라는 분석이 제시된 바 있다.[8]

넷째, 이주자 공동체의 활성화 정도도 이주와 범죄의 관계에 중요한 영향을 미친다. 이주자 공동체는 낯선 환경에 처한 이주자들이 새로운 삶을 시작하고 원활하게 적응할 수 있도록 다양한 자원과 지원을 제공한다. 예를 들어, 공동체 내에서의 일자리 제공, 상부상조의 협력적 네트워크 형성, 그리고 문화적 충격을 완화시키는 문화적 완충지대로서의 기능을 수행한다.[9] 이러한 역할은 이주자들이 경험할 수 있는 사회적 긴장을 완화시키고, 합법적인 기회를 보다 쉽게 확보할 수 있도록 돕는다. 더나아가, 이주자 공동체를 기반으로 형성된 사업이 공동체 외부로 확장될경우, 저숙련 이주자들에게 일자리를 제공함으로써 실업률을 낮추는 선순환 구조를 형성할 수 있다.[10] 아울러 공동체 내부의 사회적 유대가 강화되면, 내부 규범과 상호 감시를 통한 비공식적인 사회통제 기제가 작동하게 되어, 이주자들의 범죄 행위를 억제하는 방어기제로 기능할 수있다.

마지막으로, 이주의 역사, 이주자의 규모, 그리고 지배집단의 구성 형태 역시 이주와 범죄의 관계에 중요한 영향을 미친다. 일반적으로 이주의 역사가 길고, 오랜기간 동안 다양한 출신의 이주자들이 유입되어 온사회일수록, 이주자에 대한 편견과 차별은 상대적으로 낮을 가능성이 크다. 반면, 이주의 역사가 짧고, 단기간에 많은 수의 이주자가 급격히 유입된 경우에는 사회적 긴장과 갈등이 쉽게 고조되며, 이주자에 대한 편견과 차별도 더욱 심화될 수 있다.

특히, 지배집단이 단일 민족으로 구성된 국가일수록 외부자인 이주자에 대한 경계심과 배제의 태도가 강하게 나타날 수 있다. 이러한 조건들이 결합되면, 이주자들은 기존 사회 질서와 공동체를 위협하는 존재로 인식되어 배타적 분위기가 조성되기 쉽다. 경제 침체나 사회적 문제가 발생할 경우, 이주자들은 희생양으로 지목되기 쉬운 상황에 놓이게된다. 더 나아가, 이주 공동체가 지역사회와 문화적 충돌을 일으키거나, 지배집단으로부터 편견과 차별의 대상이 되어 갈등이 발생할 경우 범죄율이 높아질 수 있다는 점은 선행연구를 통해 이미 밝혀진 바 있다.[11] 이주자 공동체는 내부적으로 유대의식과 자생적 네트워크를 형성하고 있으며, 외부로부터의 차별과 억압이 가해질 경우 공동체 내부의 결속력이 강화되어 집단적 저항의 형태로 나타날 수 있다. 차별과 편견이 심화될수록 이주자 공동체의 내적 통합은 강해지고, 이로 인해 지배집단과의 갈등이 격화되며, 그 결과 폭력이나 범죄로 표출될 가능성 또한 높아질 수 있다.

이러한 논의와는 별개로, 최근 여러 나라의 자료를 분석한 마리^{Olivier Marie}와 피노티^{Paolo Pinotti}의 연구 결과는 주목할 만하다.[12] 이들은 국가별 이주자 수와 범죄율 사이에 유의미한 상관관계가 없다고 주장하며, 이주자 집단의 범죄율이 통계적으로 두드러지게 나타나는 이유는 이주자 개인의 특성이 아니라 구조적 조건 때문이라고 지적한다. 많은 국가에서 범죄를 저지르는 사람들은 대체로 젊고, 남성이며, 교육수준이 낮은 경향을 보인다. 그런데 이주자 집단은 바로 이러한 인구통계학적 특성과 일치하기 때문에, 범죄에 연루될 가능성이 상대적으로 높게 나타날 수 있다. 그러나 이는 그들이 '이주자이기 때문'이 아니라, 나이, 성별, 교육수준 등의 측면에서 '구조적으로 취약한 조건'에 놓여있기 때문이라는 점을 강조한다.

또한 이들은 이주자 밀집 지역의 범죄율이 높게 나타나는 현상도, 이주자들이 그 지역에 거주하기 때문이 아니라, 해당 지역의 열악한 도시구조와 자원 부족, 그리고 경찰의 과잉 집중 등 구조적 요인 때문이라고 설명한다. 예를 들어, 이주자들은 주로 대도시 내 빈곤 지역에 거주하는데, 이 지역은 경찰의 단속이 집중되는 곳이기 때문에 이주자의 검거율이 상대적으로 높게 나타나는 경향이 있다.

마리와 피노티는 국가별 데이터를 분석한 결과, 이주자 비율의 증가는 해당 지역의 범죄율 증가와 명확한 관련이 없다는 점도 밝혀냈다. 다시 말해, 이주자의 유입이 범죄율을 높인다는 통념은 통계적으로 뒷받침되지 않는다는 것이다. 그들은 나아가, 이주자 범죄를 억제하는 데 있어 가장 효과적인 방법은 이주자의 합법적 고용 기회를 확대하고, 이주자의 법적 지위 안정성을 보장하는 것이라고 제안한다. 이러한 주장은 '이주자가 문제라기보다는, 이주자가 거주하는 지역의 열악한 조건이 문제'라는 사회해체이론의 관점과 맞닿아 있으며, 동시에 이주자에게 합법적인 성공의 기회 또는 기회를 얻을 수 있다는 기대를 제공해야 한다는 차별기회이론의 시각도 포괄하고 있다.

 주

1 L. M. Solivetti, *Immigration, social integration and crime: A cross-national approach* (London: Routledge, 2010).

2 "Foreigners made up 58% of convictions in Switzerland in 2022." National Conservative. https://national-conservative.com/foreigners-made-up-61-of-serious-convictions-in-switzerland-in-2022/

3 "Italy: Young immigrants commit nearly 1 out of every 2 crimes in their age group." Remix. https://rmx.news/article/italy-young-immigrants-commit-nearly-1-out-of-every-2-crimes-in-their-age-group/

4 "More Foreigners Do Not Increase Germany's Crime Rate." ifo Institute. 2025.02.18. https://www.ifo.de/en/press-release/2025-02-18/more-foreigners-do-not-increase-germanys-crime-rate

5 Solivetti (2010).

6 김정규, 『국경을 넘는 사람들: 이주와 범죄』 (서울: 에듀컨텐츠휴피아, 2018), pp. 134-139.

7 R. D. Crutchfield & S. R. Pitchford, "Work and crime: The effects of labor stratification," *Social Forces* 76-1 (1997), pp. 93-118.

8 R. Jr. Martinez, *Latino homicide: Immigration, violence and community* (London: Routledge, 2002).

9 T. Wadsworth & C. E. Kublin, "Hispanic suicide in U.S. metropolitan areas:

Examining the effects of economic disadvantage, immigration, and cultural assimilation," *American Journal of Sociology* 112-6 (2007), pp. 1848-1885.

10 L. W. Reid, H. E. Weis, R. M. Adelman & C. Jaret, "The immigration-crime relationship: Evidence across U.S. metropolitan areas," *Social Science Research* 34-4 (2005), pp. 757-780.

11 J. L. Heitgerd & R. J., Jr. Bursik, "Extracommunity dynamics and the ecology of delinquency," *American Journal of Sociology* 92-4 (1987), pp. 775-787.

12 O. Marie & P. Pinotti, "Immigration and crime: An international perspective," *Journal of Economic Perspectives* 38-1 (2024), pp. 81-200.

21

이주자와 범죄-한국

한국에서 외국인 이주자의 범죄는 최근 외국인 이주자 수의 증가와 맞물려 언론과 대중매체의 주목을 받고 있으며, 이에 따라 사회적 우려도 커지고 있다. 그러나 한국에 정착한 외국인 이주자의 범죄와 관련된 구체적인 자료는 구하기 어려운 실정이다. 현재 활용되는 통계 자료는 외국인의 거주 기간이나 체류 자격 등을 구분하지 않고, 한국에 거주하는 전체 외국인을 대상으로 하고 있기 때문이다.

경찰청 통계에 따르면, 한국 내 외국인 범죄 건수는 2000년 3,438건에서 10년 후인 2010년에는 1만 9,445건으로 급증하였으며, 2015년에는 3만 5,443건으로 계속 증가하였다. 그러나 2015년 이후부터 2023년까지는 연평균 약 3만~3만 5,000건 수준을 유지하며 비교적 안정적인 추세를 보이고 있다.[1] 2000년대 초반 외국인 범죄 발생 건수가 급격히 증가한 것은 한국 내 외국인 인구의 급증과 밀접한 관련이 있다. 따라서 단순한 범죄 건수의 증가만으로 외국인 범죄가 심각해졌다고 단정하기는 어렵다. 그럼에도 불구하고 외국인 범죄의 급증은 외국인에 대한 사회적 불안과 두려움을 키우는 계기가 되었고, 이러한 감정은 여론과 언론, 정치권, 영화 등 다양한 미디어를 통해 확대·재생산되었다. 이 과정에서 외국인 이주자에 대한 유입 반대 여론이 확산되고, 편견과 차별적 태도가 강화되는 현상이 나타났다.

외국인의 범죄가 심각하다고 주장하려면, 내국인과 비교하여 범죄 발생 비율이 더 높아야 할 것이다. 그러나 실제 통계 분석 결과에 따르면,

외국인의 범죄 수준은 내국인의 절반에도 미치지 않는다.[2] 경찰청의 「범죄통계」 및 대검찰청의 「검찰연감」 자료를 기반으로 2012년부터 2021년까지 10년간의 범죄율을 살펴보면, 전체 범죄 중 외국인 범죄가 차지하는 비율은 1.3%에서 2.4% 사이로, 평균적으로 2% 내외에 불과하다. 2022년 기준 외국인 인구는 약 224만 명으로, 전체 인구의 5%에도 미치지 못한다. 따라서 외국인의 범죄율이 5%에 도달해야만 내국인과 외국인의 범죄율이 동일하다고 볼 수 있으며, 5%를 초과할 경우 외국인의 범죄가 상대적으로 심각하다고 평가할 수 있다. 하지만 실제 통계는 외국인의 범죄율이 이 기준에도 크게 못 미친다는 점을 보여준다. 특히, 인구 10만 명당 범죄자 검거 인원으로 산출한 '검거 인원지수'를 기준으로 2011년부터 2020년까지 10년간 비교해보면, 외국인의 범죄자 수는 내국인의 절반 수준에 그친다.

그럼에도 불구하고 외국인 이주자의 범죄에 대한 사회적 두려움이 쉽게 사그라지지 않는 이유는, 살인이나 강도와 같은 중범죄에서 외국인 이주자의 범죄율이 내국인보다 높거나 유사한 수준을 보이기 때문이다. 동일한 분석 기간 동안 인구 10만 명당 검거 인원을 기준으로 살펴보면, 살인의 경우 외국인은 내국인보다 2배 이상 높은 수치를 보였다. 예를 들어, 2020년 외국인의 살인범 검거 지수는 3.2였던 반면, 내국인은 1.4에 불과하였다. 강도의 경우에는 외국인과 내국인의 수준이 거의 비슷한 것으로 나타났다. 경범죄나 일반 범죄에서는 외국인의 범죄율이 내국인에 비해 낮음에도 불구하고, 중범죄에서는 상대적으로 높은 비율을 보인다는 점에서 우려가 제기될 수 있다. 그러나 전반적인 10년 추세를 보면, 외국인의 중범죄율 역시 점차 하향 안정세를 보이고 있다.

한 연구에서는 한국의 외국인 고용허가제를 도구변수로 활용하여 시군구 단위의 지역별 자료를 분석한 결과, 외국인 주민 비율이 1%p 증가할 때 범죄 발생은 약 5%p 증가하는 것으로 나타났다.[3] 그러나 이와 같은 범죄 증가는 주로 개인 간의 다툼 등 폭력 범죄에서 나타났으며, 절도나 사기, 중범죄와 같은 다른 범죄 유형에서는 유의미한 증가가 관찰되지 않았다. 따라서 외국인 유입이 범죄율 전반을 높인다는 주장은 과장된 통념일 수 있다. 연구자는 이러한 결과를 바탕으로 외국인 범죄를 예방하기 위해 사회적 통합을 촉진하고, 다문화 수용 정책의 적절한 시행과 함께 정책적·문화적 지원을 강화할 필요가 있다고 제안한다.

다만 일부 통계에서 외국인의 폭력 범죄 비율이 상대적으로 높게 나타났다고 해서, 외국인이기 때문에 강력범죄를 더 쉽게 저지른다고 단정할 수는 없다. 오히려 외국인 이주자들이 처한 사회적·경제적 환경, 제도적 배제, 그리고 내국인에게는 적용되지 않는 편견과 차별 등 구조적 억압이 작용할 때, 이에 대한 반발로 살인 등 강력 범죄로 이어질 가능성이 존재한다. 미국 대도시를 대상으로 한 연구들에서도 인종 간 불평등이 심한 지역일수록 폭력범죄 및 살인 발생률이 높다는 결과가 도출되었으며, 이는 이러한 해석을 뒷받침한다.[4]

그럼에도 외국인이 강력범죄를 저지르면, 내국인의 경우보다 훨씬 더 큰 주목을 받게 되며, 이는 외국인 전체가 위험한 존재라는 잘못된 인식을 심어줄 수 있다는 점에서 문제가 된다. 소수 외국인의 범죄로 인해 전체 외국인 이주자에게 범죄자라는 낙인이 씌워지고, 이로 인해 실제로 외국인과 범죄 사이에 뚜렷한 연관성이 없음에도 불구하고 이주자들은 사회적으로 더욱 소외되고 어려운 처지에 놓이게 된다. 이러한 상황은 결국 일부 이주자들이 생존을 위한 최후의 수단으로 범죄에 내몰리는 결과로 이어질 수 있다.

그렇다면 지금까지 살펴본 이주자와 범죄 간의 관계를 바탕으로, 한국에서 이주자의 범죄 가능성이 낮은 이유와 이러한 기조를 지속적으로 유지하기 위해 주목해야 할 요인들을 살펴보자.[5] 먼저, 한국의 이주자 범죄율이 다른 선진국에 비해 낮은 주요한 이유는 국가 주도의 엄격한 이주자 정책 때문이다. 국가는 외국인 이주자에 대해 철저한 검증을 거쳐 엄격한 이민 심사를 실시하며, 그 결과 일자리, 가족관계, 자산, 재능 등 일정 기준을 충족한 이주자들이 선별적으로 입국하게 된다. 특히 대부분의 이주노동자는 입국 전부터 직업이 미리 정해져 있고, 입국 시에도 해당 직무를 수행할 수 있는 자격이 충분히 확인되어야 한다. 이처럼 명확한 목적과 자격을 갖춘 이주자들이 주로 입국하기 때문에, 이들은 한국에서의 성공을 꿈꾸는 강한 '코리안 드림'을 가진 경우가 많다. 그로 인해 일시적으로 어려운 환경에 처하더라도, 범죄행위로 인해 모든 것을 잃을 수 있다는 점을 인식하고 있어, 범죄에 쉽게 가담할 가능성은 낮다. 한편, 이주노동자와는 달리 결혼이주자에게는 비교적 관대한 이주정책이 적용되지만, 이들은 배우자를 중심으로 한 가족 단위의 강한 인적 네트워크를 형성하고 있다. 이러한 네트워크는 정착 과정에서 기회를 제공함과 동시에 일종의 통제 장치로도 기능한다.

둘째, 한국에 거주하는 외국인 이주자들은 최초 입국 시 모두 합법적인 체류 자격을 갖춘 상태였다. 이는 한국의 지리적 특성과 밀접한 관련이 있다. 한국은 항공이나 해상을 통해서만 출입이 가능한 사실상 '섬나라'와 같은 지리적 특성을 지니고 있어, 육로를 통한 밀입국이 사실상 불가능하다. 따라서 현재 불법체류자로 분류되는 외국인 이주자들 또한 처음부터 무단 입국한 것이 아니라, 합법적인 체류자였다가 체류 기간을 초과하거나 자격 요건을 상실하여 미등록 상태가 된 경우가 대부분이다. 명확히 이들의 수가 얼마나 되는지 확인하기는 어렵지만 대체로 전체 외국인 체류자 중 10% 안팎으로 추정된다.[6] 이들은 대부분 체류 자격이 유효했을 당시 일정한 직업을 가지고 있었고, 비록 현재는 미등록 상태라 하더라도 동일하거나 유사한 일자리를 유지하고 있는 경우가 많다. 만약 생계유지가 불가능했다면, 본국으로 귀국하는 것이 더 나은 선택이었을 것이다.

그럼에도 불구하고 이들이 '불법체류자'라는 이유로 국민들 사이에서는 범죄에 쉽게 연루될 수 있는 위험한 존재로 인식되는 경향이 있다. 그러나 실제로는 정반대의 양상이 나타날 가능성이 크다. 미등록 이주자들은 단속과 강제출국이라는 지속적인 위협 속에서 살아가고 있으며, 사소한 법 위반조차도 체류의 전면 중단으로 이어질 수 있다는 두려움을 갖고 있다. 이로 인해 이들은 합법적 체류자보다 더욱 조심스럽게 생활하며, 범죄행위에 연루되지 않기 위해 스스로를 철저히 통제하려는 경향이 강하다. 따라서 미등록 이주자를 범죄 가능성이 높다고 일반화하는 것은 사실에 근거하지 않은 편견일 수 있다.

셋째, 현재까지 한국사회에서는 외국인 이주자와 일반 국민 간에 일상생활에서 직접적으로 충돌하거나 갈등을 빚는 사례가 상대적으로 드물다. 외국인 노동자는 한국의 경제와 산업 구조상 필수적인 인력으로, 이들의 수요는 주로 산업체의 요청을 바탕으로 국가가 총량을 조정하여 수용하는 방식으로 이루어진다. 이들이 종사하는 일자리는 대체로 내국인 노동자들이 기피하거나 충원이 어려운 분야에 집중되어 있어, 외국인 노동자들이 해당 일자리를 채운다고 해도 일반 국민과의 직접적인 일자리 경쟁이나 갈등으로 이어질 가능성은 크지 않다.

결혼이주자의 경우도 마찬가지이다. 이들은 주로 결혼하지 못한 한국인 남성과 그 가족의 일부로 편입되는 방식으로 한국사회에 진입하며, 경쟁자라기보다는 가족 구성원으로 받아들여진다. 다시 말해, 외국인 이주자는 경제적 측면에서든, 주거와 생활공간의 측면에서든 내국인과의 직접적인 이해관계를 형성하지 않는 경우가 많아, 갈등 가능성이 제한적

　　　　　　　　이주의 사회학: 국제이주와 이주자

이다. 그 결과, 외국인 이주자들은 사회 속에 존재하지만, 실질적인 상호작용이 적은 탓에 마치 '보이지 않는 존재'처럼 여겨지며, 전면적인 사회적 갈등의 대상이 되기보다는 주변화 된 상태로 머무는 경우가 많다.

그러나 이러한 관계가 단기적으로는 갈등을 유발하지 않기 때문에 표면적으로는 문제가 없어 보일 수 있으나, 장기적으로는 지배와 종속의 관계가 고착화될 위험이 존재한다. 외국인 이주자들이 종속적인 지위에 머무를 경우, 다수자인 토착 시민들은 그들을 대등한 사회 구성원으로 인식하기보다는, 단지 한국사회가 경제적 필요에 의해 수용한 '필요악'으로 바라볼 가능성이 크다. 이러한 인식 속에서는 외국인 이주자들이 한국사회에 기여하거나 공동체의 일원으로 더불어 살아가는 존재로 받아들여지기 어렵다. 더 나아가 이들이 함께 가지고 들어오는 문화적 요소들 또한 한국 문화를 다양화하고 풍요롭게 하는 자산이 아니라, 이질적이고 부정적인 것으로 간주될 수 있다. 이와 같은 문화적 배제와 차별은 외국인 이주자에 대한 사회적 갈등을 야기할 가능성을 높이며, 이는 범죄나 기타 사회문제로 비화될 위험도 내포하고 있다.

마지막으로, 외국인 노동자에 대한 고용과 해고에 관한 제도적 특성이 이주노동자들의 범죄율에 영향을 미칠 수 있다. 한국의 노동시장은 전반적으로 노동탄력성이 높지 않은 구조를 가지고 있다. 정규직의 경우 고용은 비교적 용이하지만 해고는 매우 어려운 편이어서, 고용주들은 채용에 신중할 수밖에 없다. 비정규직이나 계약직은 정규직보다는 상대적으로 노동탄력성이 높지만, 그렇다고 해서 필요에 따라 자유롭게 고용과 해고가 이루어질 수 있는 구조는 아니다.

앞서 미국의 사례에서 살펴본 바와 같이, 높은 노동탄력성은 외국인 이주자의 실업을 줄이고, 이로 인해 불법적이거나 범죄적인 선택을 할 가능성을 낮추는 데 기여할 수 있다. 이는 외국인 이주자의 고용 접근성을 높여 사회적 불안정성을 완화하고, 궁극적으로 범죄 발생률을 억제하는 데 긍정적인 영향을 줄 수 있음을 의미한다. 이러한 관점에서 보면, 노동탄력성이 낮은 한국의 고용 구조는 외국인 이주자의 범죄 예방이라는 측면에서 상대적으로 취약한 기반을 제공하고 있다고 볼 수 있다.

그런데 주목할 점은 외국인 노동자가 일반 국민과는 다른, 매우 특수한 고용 및 해고 구조 속에 놓여 있다는 사실이다. 외국인 노동자의 고용은 일반적인 노동시장에서의 수요와 공급에 따라 자율적으로 이루어지는 것이 아니라, 국가정책에 의해 엄격하게 통제되는 별도의 구조를 갖는다. 예컨대, 사업체 등에서 외국인 노동자가 필요하다고 하더라도, 국가가 정한 정책과 인력 할당에 따라 외국인 인력을 적시에 수급하기 어려운 구조다. 대표적으로, '외국인 고용허가제'는 이러한 통제 구조를 잘 보여준다. 사업주는 외국인 근로자를 채용하기에 앞서 고용허가를 신청해야 하며, 최소 2주간 내국인을 채용하려는 노력을 기울였다는 점을 입증해야 한다. 이는 내국인을 구할 수 없어 불가피하게 외국인을 고용한다는 사실을 국가에 증명해야 함을 의미한다. 이후 고용노동부는 송출국 — 주로 동남아 국가들 — 에 인력 명단을 요청하고, 송부받은 명단을 바탕으로 사업주가 특정 외국인을 선택하여 근로계약을 체결하는 방식으로 고용이 이루어진다. 따라서 외국인 고용허가제를 통해 입국하는 이주노동자는 사실상 '이미 취업이 확정된 상태'에서 한국에 입국하게 되는 것이다.

문제는 외국인 이주자의 해고와 재취업 과정에 있다. 외국인 노동자의 해고는 내국인과 동일한 법령과 제도에 따라 이루어지므로, 차별적인 해고는 법적으로 금지되어 있다. 그러나 사업장의 경영상 사유 등으로 합법적인 절차에 따라 해고되거나 근로계약이 해지된 경우에만 재취업이 가능하다는 점에서 제약이 크다. 외국인 이주자의 재취업 또는 사업장 변경은 고용노동부의 사전 허가를 받아야 하며, 이는 엄격하게 제한된다. 즉, 명백한 차별이나 불가피한 사유가 없는 한, 더 나은 근무 조건이나 업종을 찾아 자의적으로 이직하거나 전환하는 것은 사실상 불가능하다. 이로 인해 외국인 노동자는 직장에서 일정한 어려움이나 차별을 경험하더라도, 이를 감내하며 계속 근무할 수밖에 없는 구조에 놓인다. 그 결과, 직장 내 긴장과 스트레스가 누적되고, 일상생활에서도 심리적 부담이 증가할 수 있다. 더욱이 외국인 노동자들이 주로 종사하는 업종은 내국인이 기피하는 분야로, 산업재해 위험이 높고 근로 환경이 열악한 경우가 많다. 그러나 법적으로 명시된 노동권조차 제대로 보장받지 못하고, 부당한 처우를 겪는 사례가 빈번히 보고되고 있다. 또한 외국인 고용허가제를 통해 입국한 노동자는 최대 4년 10개월의 체류 기간이 만료되면 반드시 출국해야 하며, '성실근로자'로 인정되어 재입국 허가를 받는 경우를 제외하고는 추가적인 합법적 고용이 불가능하다. 이러한 고용과 체류의 불안정성은 미등록 이주자의 증가로 이어지며, 이들은 불안정한 신분 속에서 부당한 처우, 단속, 강제추방의 위협에 상시적으로 노출된다.

이러한 외국인 고용제도는 기본적으로 필요한 노동력을 확보하고, 이질성을 최소화하며, 지배-종속의 구조 속에서 외국인 노동자를 효과적으로 통제할 수 있도록 설계되어 있다. 그러나 노동 탄력성이 현저히 낮은 이 제도가 장기간 지속되고, 제도를 통해 유입되는 외국인 노동자의 수가 증가하게 될 경우, 이는 심각한 사회문제로 비화될 가능성이 있다. 기업이나 업체는 필요한 인력을 노동시장에서 즉각적으로 고용할 수 없기 때문에 외국인 고용이 제한되며, 이는 일반적으로 기대되는 고용의 긍정적 효과 — 예컨대 실업률 감소나 지역경제 활성화, 범죄율 저하 등 — 가 나타나기 어렵게 만든다.

더욱이 한국 노동시장의 구조적 특성상 외국인 이주자들은 차별적이고 고통스러운 노동 경험을 겪을 가능성이 크며, 이는 이들의 삶에 만성적인 긴장감을 유발하고, 좌절·분노·우울·불안·두려움과 같은 부정적인 감정을 증폭시킬 수 있다. 이러한 감정 상태는 범죄행위로 이어질 수 있는 심리적 기반을 제공할 수 있으며, 이는 사회적 긴장strain이 범죄 발생의 중요한 요인으로 작용할 수 있음을 시사한다.[7]

💡 주

1 죄종별 외국인 범죄현황, 경찰청 통계, 범죄정보관리시스템, https://www.index.go.kr/unity/potal/main/EachDtlPageDetail.do?idx_cd=1618
2 "외국인이 내국인보다 범죄를 많이 저지를까? [팩트체크K]" 『KBS 뉴스』 2023.06.19. https://news.kbs.co.kr/news/pc/view/view.do?ncd=7701977#:
3 H. Jung, "Effects of foreign residents on crime: Evidence from South Korea," *International Journal of Law, Crime and Justice* 73 (2023), 100594, https://doi.org/10.1016/j.ijlcj.2023.100594
4 J. R. Blau & P. M. Blau, "The cost of inequality: Metropolitan structure and violent crime," *American Sociological Review* 47-1 (1982), pp. 114-129; J. W. Blakwell, "Ethnic inequality and the rate of homicide," *Social Forces* 69-1 (1990), pp. 53-70; S. F. Messner & R. M. Golden, "Racial inequality and racially disaggregated homicide rates: An assessment of alternative theoretical explanations," *Criminology* 30-3 (1992), pp. 421-445.
5 김정규·신동준, "이민사회와 범죄: 쟁점과 전망," 『사회이론』 제39호 (봄/여름) (2011), pp. 113-158; 김정규, 『국경을 넘는 사람들: 이주와 범죄』 (서울: 에듀컨텐츠휴피아, 2018), pp. 139-148.
6 김정규 (2018), p. 140.
7 R. Agnew, "Foundation for a general strain theory of crime and delinquency," *Criminology* 30-1 (1992), pp. 47-88; R. Agnew & H. R. White, "An empirical test of general strain theory," *Criminology* 30-4 (1992), pp. 75-500.

이주의 사회학: 국제이주와 이주자

22

이주자가 두려움이 더 많다

외국인 이주자는 낯선 이방인으로서 인종적, 민족적, 문화적 이질성을 지니고 있기 때문에 토착 시민들에게 종종 두려움의 대상으로 인식된다. 특히 이들이 집단적으로 거주하며 경제적으로 어려운 상황에 처해 있을 경우, 사회문제를 유발하거나 범죄에 가담할 수 있는 잠재적 위협으로 간주되기도 한다. 이주자는 공동체의 안정성과 질서에 위협을 가하는 존재로 낙인찍히는 것이다.

하지만 더 큰 두려움을 느끼는 쪽은 오히려 외국인 이주자들이다. 이들의 다수는 사회 구조 내에서 가장 낮은 계급에 속해 있으며, 낯설고 익숙하지 않은 환경, 문화적 차이, 그리고 자신들과는 현저히 다른 배경을 가진 이들이 지배하는 공간 속에 놓여 있다. 시민들이 표면적으로는 이주자들을 환대한다고 하더라도, 낮은 사회적 지위에 대한 인식은 의식적 또는 무의식적으로 이주자에 대한 편견과 차별로 나타나기 쉽다. 결국 이주자들은 사회적으로 가장 취약한 계층으로서, 두려움과 불안에 가장 쉽게 노출될 수밖에 없는 위치에 놓이게 된다.

사회적 두려움 가운데 가장 심각한 것은 아마도 범죄 피해에 대한 두려움일 것이다. 토착 시민들이 외국인 이주자에게 불안감을 느끼는 주요한 이유 중 하나는, 그들이 언제든 범죄의 가해자로 돌변할 수 있다는 막연한 공포 때문이다. 그러나 일반적으로 약자가 강자보다 더 많은 두려움을 느끼는 경향이 있다는 점을 고려할 때, 범죄 피해에 대한 두려움 역시 이주자들이 더 크게 경험할 가능성이 높다.

실제로 앞서 살펴본 바와 같이, 전체적인 범죄 발생률을 기준으로 할 때 내국인의 범죄율이 외국인 이주자의 범죄율보다 거의 두 배 가까이 높은 것으로 나타난다. 이처럼 범죄의 가해자 비율이 지배집단에서 더 높게 나타난다는 점은, 오히려 이주자들이 범죄 피해에 대해 더 큰 불안을 느낄 수밖에 없는 근거가 된다. 게다가 이주자들은 상대적으로 열악한 주거환경에 처해 있으며, 한국의 법과 제도에 대한 이해도 낮은 경우가 많다. 체류 자격이나 체류 기간과 같은 법적 조건의 제약, 의료 서비스 접근의 어려움, 범죄 피해 발생 시 대응 방법에 대한 정보 부족 등은 이들의 불안감을 더욱 증폭시키는 요인이 된다. 결국 이주자들은 일상 속에서 다양한 위험 요소에 더욱 취약하며, 범죄 피해에 대한 공포도 그만큼 더 크게 경험하게 되는 것이다.

이주자들은 초기 정착 단계에서 경제적으로 낙후된 지역에 거주할 수밖에 없으며, 이러한 지역은 '차별기회이론'이 지적하듯 범죄의 하위문화가 형성되어 있을 가능성이 높다. 범죄가 만연한 환경에 거주하는 이주자들은 자연히 범죄 피해를 입을 위험에 더 많이 노출된다.[1] 또한 이주자들은 해당 지역사회가 형성하고 있는 공동체적 유대에서 배제되기 쉽다. 사회적 유대는 구성원들이 범죄에 연루되는 것을 억제하는 역할뿐만 아니라, 범죄 피해로부터 서로를 보호하는 비공식적 방어망의 기능도 수행한다. 그러나 이주자들은 이 같은 비공식적 사회통제의 바깥에 위치해 있기 때문에, 범죄 피해자가 될 가능성이 더 높고 이에 대한 두려움 또한 클 수밖에 없다.

한편, 외국인 이주자들은 상징적 폭력의 피해자가 되기도 한다. 이들은 신분적으로 토착 시민들과 구분되며, '이방인', '낯선 사람', '이질적인 존재', '어울릴 수 없는 사람', 심지어는 '공동체 파괴자'로 규정되기도 한다. 즉, '이주자'라는 신분 자체가 공동체의 질서와 안정에 해를 끼치는 존재로 낙인찍히게 만든다.[2] 이로 인해 외국인 이주자들은 아주 사소한 행동이나 태도조차 감시와 주목의 대상이 된다. 조금의 실수만 있어도 주변의 민감한 반응을 불러일으키기 때문에, 이주자들은 일반 국민보다 훨씬 더 큰 사회적 압력과 피해의식을 안고 살아가게 된다. 예컨대, 절도나 폭력 범죄가 발생했다고 해서 매스컴에서 일일이 다 방송되거나 기사화되지는 않는다. 그러나 가해자가 외국인 이주자일 경우, 해당 사건은 언론을 통해 전국적인 주목을 받으며 과도하게 부각된다.

이처럼 일상적인 감시와 주목 속에서, 외국인 이주자는 범죄자가 아님에도 불구하고 범죄자라는 인식에 시달리게 된다. 이주자를 잠재적 범죄자로 간주하는 것은 분명 잘못된 허위의식이지만, 그러한 인식이 잘못되었다는 사실만으로는 사람들의 고정관념이 쉽게 바뀌지는 않는다. 더욱이 일반 국민들은 자신이 그러한 고정관념을 갖고 있다는 사실을 인식하지 못하는 경우가 많다. 결국 이러한 허위의식은 지속적으로 이주자들에게 영향을 미치며, 상징적 폭력의 형태로 그들에게 부과된다.

이처럼 두려움을 안고 살아가는 삶은 외국인 이주자의 전반적인 삶의 질에 부정적인 영향을 미친다. 삶의 영역은 점차 축소되고, 태도는 수동적이고 방어적으로 바뀐다. 특히 외국인 이주자들은 '주인이 아닌 땅'에서 살아간다는 심리적 부담감까지 더해져, 스스로 폐쇄적인 삶을 선택하게 되는 경향이 있다. 열린 공간이나 공공 영역으로의 진출은 점점 어려워지며, 이는 결국 일반 시민들과의 공존과 사회적 통합을 저해하는 요인이 된다.[3]

또한 이주자들이 느끼는 두려움은 단지 개인의 감정에 그치지 않고 자신이 속한 공동체 전체로 확산될 수 있다. 이러한 유형의 감정을 '이타적 두려움altruistic fear'이라 부르는데, 이는 가족이나 친구, 이웃 등 가까운 이들이 범죄 피해를 입을 수 있다는 염려에서 비롯된 두려움이다.[4] 이주자

이주의 사회학: 국제이주와 이주자

들은 개인적인 두려움뿐 아니라, 타인을 대리하여 느끼는 두려움 역시 크게 경험한다. 이주자들은 유사한 환경과 조건을 공유하는 공동체에 함께 거주하는 경우가 많기 때문에, 공동체가 범죄에 취약할 경우 개인은 그 환경 전체를 두려움의 대상으로 인식하게 된다. 특히, 이타적 두려움은 직접 경험에서 비롯된 것이 아니라 주변의 집합적 경험과 사회적 분위기 속에서 형성되기 때문에 과장되기 쉽고, 그만큼 더 심각한 심리적 영향을 미칠 수 있다.[5]

결국 외국인 이주자들은 사회적 지위가 낮은 취약계층으로서, 약자로서의 일반적인 두려움, 일상생활에서의 경험과 체험을 통해 획득한 두려움, 그리고 공동체 구성원들의 고통을 대리하여 느끼는 이타적 두려움이 중첩되면서, 실제보다 훨씬 과장된 두려움을 안고 살아가게 된다.[6]

하지만 한국의 범죄피해조사 결과에 따르면, 외국인 이주자가 범죄 피해자가 될 가능성은 그리 높지 않은 것으로 나타난다. 그럼에도 불구하고 이주자들이 심각한 두려움을 경험하는 이유는 그들이 사회적으로 취약한 위치에 놓여 있기 때문이다. 예를 들어, 범죄 피해에 대한 두려움은 남성보다 여성이 더 크게 느끼는 경향이 있지만, 실제 범죄 피해자는 남성이 훨씬 더 많다.[7] 여성들이 실제 피해보다 더 심각한 두려움을 느끼는 것은 '인지된 취약성perceived vulnerability' 때문이라고 볼 수 있다.[8] 인지된 취약성이란 실제 위험과는 무관하게, 스스로를 취약하다고 인식할수록 더 큰 불안과 두려움을 경험한다는 개념이다. 여성의 경우 신체적 조건의 열세나 범죄 상황에서의 대처 능력 부족에 대한 우려 등으로 인해 이러한 인식이 강화된다.

외국인 이주자 역시 이와 유사한 맥락에서 이해할 수 있다. 그들은 상대적으로 열악한 환경에 처해 있으며, 범죄피해에 직면했을 때 사회제도나 법적 보호를 충분히 받기 어렵다는 인식을 가지고 있다. 또한 사회 전반에 대한 신뢰 부족 역시 취약하다는 자기 인식을 강화시킨다. 결국 외국인 이주자들은 실제 위험과는 무관하게, 인지된 취약성으로 인해 복합적이고 과장된 두려움을 경험하게 되는 것이다.

한국에 거주하는 외국인 이주자의 범죄 두려움에 관한 경험적 연구에서는, 생활 피해를 많이 경험한 이주자일수록, 그리고 단속 시 불공정한 처우를 받을 것이라고 인식하는 이주자일수록 범죄 피해에 대한 두려움 수준이 더 높은 것으로 나타났다.[9] 이러한 결과는 '인지된 취약성perceived vulnerability'이 이주자의 두려움에 영향을 미친다는 기존의 주장과 일치한다. 외국인 이주자들이 일상생활에서 피해를 경험하고, 법적·사회적 절차에서 공정한 대우를 받지 못할 것이라는 우려를 갖는 것은, 그들이 사회적 약자로서의 지위에 놓여 있기 때문이다.

이주자가 생활세계에서 경험하는 피해는 대부분 편견과 차별에서 비롯된다. 이주자들은 '낯선 자'로 간주되며, 지배집단에 의해 편견과 차별의 대상이 된다. 때로는 잠재적 범죄자로 낙인찍혀, 공동체에 위협이 될 수 있는 존재로 인식되기도 한다. 이러한 왜곡된 인식이 반복적으로 이주자에게 부과될 경우, 그들의 삶은 피해의식으로 가득 차고, 두려움은 일상화된다.[10] 일상 속에서 나타나는 편견과 차별은 명확한 잘못이나 행동에 대한 결과가 아니라, 단지 외국인이라는 이유만으로 모든 이주자에게 무차별적으로 가해진다. 피해를 입는 이주자들은 자신이 왜 그러한 대우를 받는지조차 명확히 알지 못하기 때문에, 막연한 두려움이 커질 수밖에 없다. 결국 이러한 구조적 차별이 지속되는 한, 이주자들이 느끼는 두려움을 근본적으로 해소하는 것은 불가능하다.

이주자들이 제도적으로 불공정한 대우를 받을 것이라는 인식은 두려움을 야기하는 또 다른 핵심 요인이다. 만약 이주한 사회에서 제도와 법, 사회정의가 올바르고 공정하게 적용된다는 신뢰가 있다면, 두려움은 상

대적으로 줄어들 수 있다. 그러나 특히 이러한 제도가 자신들에게 불공
정하게 작동한다고 느낄 경우, 이주자들은 언젠가 부당한 피해를 입을
수 있다는 막연한 불안에 사로잡히게 된다. 내국인과 외국인을 막론하
고 일상 속에서 법이나 제도를 사소하게 위반하는 경우는 흔히 발생하
며, 그에 따라 경찰이나 행정기관의 조치를 받을 수 있다. 그런데 이주자
가 자신이 '외국인'이라는 이유만으로 그 과정에서 차별적이고 불공정한
처우를 받게 될 것이라 생각한다면, 그들의 삶 전체가 위축될 수밖에 없
다. 사회정의가 누구에게나 평등하고 공정하게 적용된다는 제도적 신뢰
의 구축은 이주자의 두려움을 해소하는 데 그치지 않고, 나아가 그들의
삶과 정착의 문제와 밀접하게 관련이 있다.

 주

1 R. Cloward & L. Ohlin, *Delinquency and opportunity: A theory of delin-quent gangs* (New York: Free Press, 1960).

2 Sayad, A. *The suffering of the immigrant* (Cambridge, UK: Polity Press, 2004); J. Hagan, R. Levi & R. Dinovitzer, "The symbolic violence of the crime-immigration nexus: Migrant mythologies in the Americas," *Criminology & Public Policy* 7-1 (2008), pp. 95–112; 김정규, 『국경을 넘는 사람들: 이주와 범죄』 (서울: 에듀컨텐츠휴피아, 2018), p. 184.

3 W. Skogan, "Fear of crime and neighborhood change," *Crime and Justice* 8 (1986), pp. 203–229; J. Jackson & E. Gray, "Functional fear and public insecurities about crime," *British Journal of Criminology* 50-1 (2009), pp. 1–22; 장안식, "범죄피해에 대한 대중의 두려움: 개인적 두려움과 대리 두려움의 비교," 『피해자학연구』 제20집 2호 (2012), pp. 87–119.

4 M. Warr, "Altruistic fear of victimization in households," *Social Science Quarterly* 73-4 (1992), pp. 723–736; M. Warr & C. G. Ellison, "Rethinking social reactions to crime: Personal and altruistic fear in family households," *American Journal of Sociology* 106-3 (2000), pp. 551–578; 장안식 (2012).

5 K. A. Snedker, "Altruistic and vicarious fear of crime: Fear for others and gendered social roles," *Sociological Forum* 21-2 (2006), pp. 163-195.

6 D. A. Lewis & G. Salem, "Community crime prevention: An analysis of a developing strategy," *Crime and Delinquency* 27-4 (1981), pp. 405-421; S. Balkin, "Victimization rates, safety and fear of crime," *Social Problems* 26-3 (1979), pp. 343-358; Skogan (1986); 김정규 (2018), p. 186.

7 장안식·정혜원·박철현, "범죄두려움에 있어서 성과 연령의 상호작용효과: 범죄피해-두려움에 대한 새로운 접근,"『형사정책연구』제22집 3호 (2011), pp. 291-326; 김연수·장석헌, "범죄피해: 두려움의 패러독스에 관한 진화심리학적 분석,"『한국공안행정학회보』제41호 (2010), pp. 53-98.

8 R. M. Perloff, "Perception of vulnerability to victimization," *Journal of Social Issues* 39-2 (1983), pp. 41-61.

9 김정규, "범죄피해와 단속에 대한 외국인 이주자의 두려움,"『사회이론』제45집 봄/여름 통권 (2014), pp. 145-178.

10 P. Bourdieu, "Social space and symbolic power," *Sociological Theory* 7-1 (1989), pp. 14-25; A. Sayad, *The suffering of the immigrant* (Cambridge, UK: Polity Press, 2004); Hagan et al. (2008); 김정규, "외국인 이주자에 대한 상징적 폭력: 범죄와 처벌의 차별적 인식,"『한국범죄학』제7집 1호(2013b), pp. 153-194.

다문화주의와 인정의 정치학

외국인 이주자와 함께 살아가는 것은 이제 더 이상 피할 수 없는 현실이 되었다. 물론 국경을 넘는 이주는 역사적으로 지속되어 왔지만, 오늘날은 이주자의 수와 증가 속도 면에서 과거와는 비교할 수 없을 만큼 다르다. 대부분의 국가에서는 전통적으로 이주자를 수용하는 방식으로 동화주의 정책을 채택해 왔다. 동화는 소수자인 이주자 개인이나 집단이 지배집단의 특성을 받아들여 그 집단의 일원이 되는 과정을 말한다. 이 과정에서 이주자들의 인종, 민족, 출신 국가, 종교, 문화 등 고유한 속성은 지배집단에 완전히 흡수되어 사라지게 된다.

동화의 최종 단계에서는 이주자 집단과 지배집단이 동일한 문화적 가치를 공유하게 되며, 권력의 격차가 해소되어 갈등도 사라진다. 이처럼 동화가 완전히 이루어진 상태에서는 서로를 구분하기 어려울 정도로 하나의 집단이 되며, 집단 간의 편견과 차별도 사라지게 된다. 그러나 이러한 단계에 이르기까지는 수 세대에 걸친 시간이 필요할 뿐 아니라, 이주자들이 자신들만의 문화적 특성을 포기하고 지배집단의 문화를 일방적으로 수용해야 하기 때문에 상당한 고통과 희생을 감수해야 한다.

동화의 과정은 때로 이주자가 생존을 위해 자발적으로 지배집단의 문화를 받아들이는 방식으로 이루어지기도 한다. 그러나 대부분의 경우, 동화는 법과 정책 같은 공식적 경로뿐 아니라, 습관, 태도, 관습 등 생활세계의 비공식적 경로를 통해 이주자에게 강압적으로 요구된다. 더욱이 인종이나 민족적 배경과 같이 생물학적·신체적 특성은 쉽게 바꿀 수 있는 것이 아니기 때문에, 끝내 동화의 마지막 단계에 도달하지 못하는 이주자들도 많다. 이들에게는 편견과 차별이 끊이지 않는다. 이미 체화된 문화적 정체성을 벗고 지배집단의 문화를 새롭게 받아들이는 동화의 과정은 이주 소수자에게 결코 쉬운 일이 아니다. 또한 이주자들이 어려움을 감내하고 성공적으로 문화변용^{acculturation}을 하였다고 해서 자동적으로 지배집단 속으로 들어갈 수 있는 것도 아니다. 지배집단이 문화변용이된 이주자를 받아들이지 않고 배제시킬 수 있는데 그것을 '통합 없는 문화변용^{acculturation without intergration}'이라고 한다.[1]

예컨대 미국의 이민 역사에서, 백인들은 서로 다른 문화적 배경을 가진 유럽 여러 나라에서 이주해 왔지만 일정 시간이 지난 후에는 백인 지배집단으로 완전히 통합되었다. 반면 흑인들은 오랜 이주 역사를 지니고 있음에도 여전히 지배집단에 통합되지 못한 채 차별의 대상으로 남아 있다. 이는 동화의 과정이 단지 시간이 흐른다고 해서 자연스럽게 이루어지는 것이 아님을 보여준다.

지배집단은 이주 소수자들이 자신들의 문화에 적응하고 그것에 맞춰 살아가는 것이 당연하다고 여긴다. 그러나 이주자들은 동화의 과정에서 상당한 어려움과 고통을 감내해야 하며, 설령 이를 이겨낸다 하더라도 지배집단과 동등한 위치에 오를 수 없는 경우가 많다. 이러한 현실에서 이주자들은 편견과 차별의 대상이 되기 쉽고, 이로 인해 동화 중심의 이주자 정책은 인권적 측면에서 명확한 한계를 드러낸다.

다문화주의는 이러한 동화주의에 대한 대안적 시각이라고 할 수 있다. 지배집단과 이주자 집단의 관계에서, 동화주의가 일방적이고 강압적인 방식이라면, 다문화주의는 함께 살아가는 다양한 집단들의 정체성과 문화를 인정하고 자유롭게 표현할 수 있도록 존중하는 방식을 의미한다. 동화주의에서는 이주자 집단이 완전히 문화변용을 이루고, 이를 지배집단이 인정하여 수용했을 때 비로소 차별과 편견이 사라진다. 반면 다문화주의는 지배집단과 소수자 집단의 문화가 동등한 가치를 지닌 것으로 간주되며, 상호 인정을 통해 편견과 차별을 최소화하는 데 초점을 둔다. 그러나 완전한 동화가 현실적으로 어려운 것처럼, 다문화주의 역시 완전히 실현하기는 쉽지 않다. 그것은 타문화에 대한 관용을 바탕으로, 때로는 자신의 이익이나 우선권을 일정 부분 양보해야 하기 때문이다. 따라서 다문화주의는 상호 존중과 노력을 바탕으로 한 제도적이고 체계적인 접근을 필요로 한다.

다문화주의가 적용되는 영역은 크게 공공영역과 인권영역으로 나누어 볼 수 있다. 공공영역은 정치, 경제, 제도 등 각 분야에서 다양성을 확보하고 이를 효과적으로 관리하는 데 중점을 둔다. 반면 인권영역은 인종, 민족, 출신 국가, 계급, 성별 등에 기인한 차별을 제거하는 데 관심을 둔다.[2] 외국인 이주자들은 공공영역과 인권영역 모두에서 다문화주의 실천의 핵심 대상이 된다. 그리고 이러한 실천에서 지배집단 구성원들의 태도, 사고방식, 그리고 행위양식은 소수 이주자 집단의 그것보다 훨씬 더 큰 영향을 미친다.

이주자와 지배집단 국민들이 상호작용하는 과정에서는 권력의 문제가 발생한다. 지배집단은 구조적으로 우월한 권력을 가지기 때문에, 다문화주의 정책은 기존 토착 시민들의 생각, 태도, 여론을 무시한 채 일방적으로 추진될 수 없다. 그런데 다문화주의에 대한 지배집단의 시각은 소속된 국가와 공동체가 경험해온 역사와 사회적 맥락에 따라 다르게 형성된다.

캐나다, 호주, 미국과 같은 이민 국가들은 국가 형성 초기부터 이주가 지속되어 왔으며, 다양한 인종, 민족, 출신 국가의 사람들로 구성된 다원적 사회를 이루고 있다. 이로 인해 이주자를 포섭하거나 배제하는 정책과 전략 역시 이주의 시기와 맥락에 따라 다양하게 전개되어 왔다. 반면,

이주의 사회학: 국제이주와 이주자

하나의 민족이 지배집단의 지위를 차지하고 있는 독일이나 프랑스와 같은 국가는 근대국가 형성기 산업화 과정에서 외국인 이주자들이 대거 유입되었으며, 현재는 이주자 공동체와 문화가 일정 부분 정착되어 있는 상황이다.

한국, 북한, 덴마크, 아이슬란드 등처럼 '순혈주의'에 기반해 단일한 혈통을 강조하며 하나의 공동체임을 주장하는 나라들도 있다. 일본, 중국, 노르웨이처럼 실제로는 다민족으로 구성되어 있음에도 불구하고 심리적으로 단일 민족이라는 정체성을 공유하며 국민적 통합성을 강하게 유지하는 국가들도 존재한다. 결국 한 국가의 국민이 어떤 방식으로 구성되어 있는가는 다문화주의 실천의 방식과 범위를 크게 좌우하게 된다.

실제로 다문화주의를 가장 먼저 본격적으로 시행한 국가는 캐나다이다. 캐나다는 크게 영어권과 불어권으로 나뉘며, 영어권이 다수집단이긴 하지만 프랑스어권 역시 무시할 수 없을 만큼 큰 규모의 공동체를 형성하고 있다. 서로 다른 언어와 문화를 가진 이 두 공동체가 조화를 이루며 공존할 수 있도록, 캐나다 정부는 정책적 차원에서 다문화주의를 추진하기 시작했다.[3] 이후 다문화주의는 단순한 국가 정책을 넘어, 인종, 민족, 계급, 문화, 소수자, 성적 지향 등 다양한 정체성을 가진 사회적 소수자들의 인권을 보장하고 그들의 목소리를 반영하려는 학술적 시도로까지 발전해 왔다.

다문화주의는 상호주관적인 이해와 인정을 바탕으로 한 공존의 가능성을 추구한다. 이는 평등의 원칙에 근거하여, 지배집단이든 소수자 집단이든 모두가 법과 제도 안에서 동일한 권리를 누릴 수 있는 사회를 지향한다. 그러나 현실적으로 지배집단이 더 많은 권력을 보유하고 있기 때문에, 소수자 집단이 그에 상응하는 권력을 확보하기에는 스스로의 노력만으로는 한계가 있다.

따라서 다문화주의는 소수자 집단의 시민권 문제나 경제적 불평등을 해소하기 위해, 이들을 대상으로 한 우대정책을 통해 지위 향상과 권력 확보를 가능하게 하는 실천 전략을 포함한다. 이러한 실천이 가능하려면, 지배집단과 소수자 집단 사이에 문화의 동등한 가치를 인정하고, 상호인정의 규범이 사회 전반에 확고히 자리 잡고 있어야 한다. 하지만 지배집단이 소수자의 존재나 문화를 인정하지 않을 경우, 소수자 집단은 자신의 정체성과 문화를 인정받기 위해 지속적으로 사회적 저항을 펼치게 되며, 이를 '인정투쟁Struggle for Recognition'이라 부른다.[4]

소수자 집단의 문화를 인정하는 것뿐만 아니라, 그들의 불평등한 지위를 개선하기 위해서는 지배집단이 정치, 사회, 문화 등 각 영역에서 자신이 가진 독점적 지배 권한을 일정 부분 내려놓아야 한다. 또한 소수자 집단의 문화를 수용해야 하므로, 지배집단에게는 깊은 이해와 관용이 요구된다. 그러나 지배집단이 실제로 무한한 관용을 베풀 수는 없으며, 자신의 주도권을 상당히 희생하면서까지 내어주는 데는 현실적 한계가 있다. 이로 인해 다수집단의 관용과 소수집단의 인정 요구는 항상 긴장 관계에 놓이게 된다. 이러한 긴장이 고조되면 사회 통합에 부정적인 영향을 미칠 수밖에 없다. 따라서 구조적으로 이러한 긴장 관계가 덜 발생하는 사회일수록 다문화주의 정책을 보다 원활하게 실천할 수 있는 여건을 갖추고 있다고 볼 수 있다.

그렇다면, 집단 간 긴장이 줄어드는 조건을 몇 가지 살펴보자.[5] 첫째, 해당 지역에서 다수집단이 오랜 기간 정착해 거주해온 역사가 길지 않아야 한다. 둘째, 소수집단이라 하더라도 그 규모가 다수집단과 크게 차이 나지 않거나, 다수집단에 영향을 미칠 만큼 충분히 커야 한다. 셋째, 소수집단의 거주 역사가 다수집단과 차이가 없거나 오히려 더 길어야 한다. 넷째, 소수집단과 다수집단이 서로 인접해 오랜 기간 함께 살아온 역사가 있어야 한다. 이러한 조건들은 국가 내에서 다수집단이 권력을 독점하는 경우 다문화주의 실천이 어렵다는 점을 시사한다. 실제로 다문화주의 정책이 활발히 시행되는 국가들은 이 조건들에 부합하는 경우가 많다.

예를 들어, 캐나다는 다양한 인종과 민족이 공존하지만, 다수집단인 영국계 캐나다인과 소수집단인 프랑스계 캐나다인이 이주의 역사와 시기가 거의 비슷하며, 소수집단의 규모도 상당하여 관용과 인정이 원활하게 이루어질 수 있는 환경을 갖추고 있다. 싱가포르 역시 중국계 화교가 다수집단이고 말레이계와 인도계가 소수집단으로 구성되어 있지만, 말레이계가 더 오래전부터 이 지역에 터를 잡아 왔다. 이 때문에 말레이어, 영어, 북경어, 타밀어 등이 공식 언어로 지정되는 등 상호 인정과 관용을 바탕으로 한 통합 정책이 추진되고 있다.

결국 소수자에 대한 인정의 정치학 실현은 다문화주의 정책에서 가장 핵심적인 부분이다. 그러나 지배집단이 소수집단을 인정하는 정치학이 쉽게 구현되지 않는 이유는 사회 구조 내에 경쟁이 구조화되어 있기 때문이다. 집단이나 개인 간 경쟁이 심화되거나 지속되면, 지배집단이 자신의 기득권을 내려놓고 소수집단을 이해하려는 관용은 줄어들 수밖에 없다. 상호인정이란 다른 사람이나 집단의 정체성을 통해 나의 정체성이 형성될 수 있다는 전제에서 출발한다.[6] 그러나 경쟁 상황에서는 이러한 상호인정이 원활하게 작동하기 어렵다. 경쟁적 상황은 일자리 경쟁과 같은 현실적 경쟁일 수도 있지만, 실체가 없는 심리적 경쟁 상태일 수도 있다. 심리적 경쟁 상태는 현실적으로 소수집단의 힘이 미약하여 지배집단과 경쟁이 되지 못할 지라도, 소수집단이 미래에 경쟁자로 들어설 것을 미리 우려해서 나타나는 것이다. 그러므로 다문화주의의 실천은 실제적이든 심리적이든 경쟁이 구조화된 사회에서는 현실적으로 실현되기가 어렵다.

그러나 이러한 구조적 조건이 다문화주의와 연결되어 법칙처럼 인정의 정치학이 실현되는 것은 아니다. 예를 들어 미국은 이주의 역사가 오래되었고 다양한 인종과 민족이 국가의 구성원을 이루고 있다. 다양성의 가치는 사회 전반에서 중요하게 다뤄지며, 법과 제도상으로는 인종, 민족, 출신 국가에 따른 차별이 공식적으로 금지되어 있다. 미국 건국 당시 다수 지배집단은 영국계 이주자였으나, 오랜 이주 역사를 거치면서 현재는 백인 집단이 그 지위를 차지하고 있다. 가장 큰 소수집단은 히스패닉계이지만, 역사적으로 가장 오래도록 구조적 차별을 겪은 집단은 흑인이다. 흑인들은 이주의 역사로 따지면 웬만한 유럽계 백인들보다 더 이른 시기에 미국에 들어왔다. 2023년 기준 미국 인구의 약 14%를 차지해 상당한 규모를 가지고 있으며, 정치적인 영향력도 무시하지 못한다. 대부분의 흑인들은 백인 중심의 자본주의 문화에 동화되었으며, 아프리카 고유의 문화를 정체성으로 유지하는 경우는 거의 없다. 그럼에도 불구하고, 미국 사회에서는 인정의 정치학이 제대로 구현되어 흑인과 백인이 동등한 지위와 가치를 갖고 있다고 보지 않으며, 깊은 갈등이 지속되고 빈번하게 발생하고 있다.

　　한편, 단일민족의 문화 정체성이 뚜렷한 국가에 외국인 이주자가 유입되어 다문화적 상황이 형성될 경우, 이러한 나라들에서 인정의 정치학 실현이 어려울까? 이주자는 낯선 존재로서 '우리'와 구분되는 '타인'으로 인식된다. 타인은 종종 열등한 존재로 취급되며, 이주자의 이질적인 문화는 지배 문화에 대한 도전으로 간주되어 배제 대상이 되기 쉽다. 그러나 이와 같은 상황도 지배집단이 이주자들의 영향력을 어떻게 평가하느냐에 따라 달라질 수 있다. 지배집단이 이주자들을 경쟁 상대가 되지 않는 영향력이 작은 집단으로 판단하면, 굳이 적대시할 필요성을 느끼지 않는다. 또한 이주자 문화가 지배문화에 위협이 되지 않는다면, 문화적 다양성으로 흥미롭게 받아들일 여지도 크다. 더불어 이주자들이 경제적으로 여러 산업에 필요한 노동력으로 기여하고 있다면, 지배집단은 우호적인 태도를 보일 가능성이 높다. 이주자들이 지배집단과 물리적으로 분리된 독립적인 공동체에 거주하여 접촉이 제한적이라면, 갈등 발생 가능성도 상대적으로 낮아진다. 따라서 경쟁의 긴장감에서 벗어난 이러한 정서적 온정주의를 기반으로, 이주자들의 인권과 문화에 대한 인정의 정치학이 보다 용이하게 실현될 수도 있다.

 주

1 M. M. Gordon, *Assimilation in American life: The role of race, religion, and national origins* (Oxford: Oxford University Press, 1964).

2 M. M. Raihanah, "Multiculturalism and the politics of expression: An appraisal," *European Journal of Social Sciences* 7-3 (2009), pp. 62-70.

3 W. Kymlicka, *Finding our way: Rethinking ethnocultural relations in Canada* (Oxford: Oxford University Press, 1998).

4 악셀 호네트, 『인정투쟁: 사회적 갈등의 도덕적 형식론』, 문성훈·이현재 옮김, (파주: 사월의 책, 2011).

5 김정규, 『미국의 인종과 민족: 갈등과 변화』 (서울: 에듀컨텐츠휴피아, 2016), p. 80.

6 C. Taylor, "The politics of recognition," In A. Gutmann (Ed.), *Multiculturalism* (Princeton, NJ: Princeton University Press, 1994).

한국인에게 이주자란? – 인정과 환대의 정치학

환대의 정치학은 이주자와 같은 낯선 이방인을 대하는 데 있어 권력, 제도, 그리고 도덕적 문제를 살펴보는 것이다.[1] 데리다Jacques Derrida는 '조건 없는 환대'와 '조건 있는 환대'라는 두 가지 개념을 제시한다. 이방인을 아무런 조건 없이 받아들이는 것이야말로 진정한 환대이며, 윤리적으로 이상적인 태도다. 그러나 현실에서는 이러한 환대가 거의 이루어지지 않는다. 실제로 이방인을 수용할 때에는 다양한 조건이 따르는데, 예를 들어 적절한 신분을 갖추고 합법적인 서류를 소지해야 하며, 언어와 문화에 적응할 수 있는 사람이어야 환대의 대상이 된다. 어떤 이주자는 수용하고, 또 다른 이주자는 배제하는 이러한 포섭과 배제의 전략은 바로 조건적 환대의 구체적인 형태라 할 수 있다.

모든 환대에는 내적 긴장과 모순이 내재되어 있다. 윤리적이고 이상적인 환대는 조건 없는 환대이지만, 이는 현실 세계에서 실현되기 어렵다. 데리다는 이러한 불가능성이 오히려 우리가 지향해야 할 과제가 되며, 정치적·윤리적 실천의 근거가 될 수 있다고 본다. 그리고 이를 '환대의 역설'이라 주장한다. 이 지점에서 환대의 정치학은 그 의미를 갖는다. 인정의 정치학도 마찬가지이다. 소수자인 이주자를 온전히 인정하고 동등한 지위를 부여하는 일은 현실적으로 실현 불가능할 수 있다. 그러나 그 목표를 향해 나아가는 실천의 과정 자체가 인정의 정치학이 의미를 갖는 지점이다.

이주자들에 대한 인정의 정치학은 환대의 정치학과 밀접하게 맞물려 있다. 이주자에 대한 환대는 그들이 국가에 어느 정도 기여할 수 있는지, 그리고 지배집단과 얼마나 유사한지에 따라 달라진다. 환대의 정도가 클수록 이주자에 대한 인정 역시 관대하게 이루어질 가능성이 높다. 난민, 무국적자, 불법체류자 등은 환대의 대상에서 배제되기 쉽지만, 국가에 필요한 기술이나 재능을 지닌 사람, 또는 필수 노동력으로 간주되는 이주자는 환대의 대상이 될 수 있다. 또한 지배집단과 민족적·문화적 배경을 공유하는 이주자는 수용되기 쉬운 반면, 이질성이 큰 이주자는 환대받기 어렵다. 이주자에 대한 정서적 온정주의 역시 환대의 대상으로 선택된 이들에게만 적용된다.

결국, 누구를 환대할 것인가의 문제는 지배집단의 정치적 판단에 따라 결정되므로, 환대는 단순히 정서적이거나 도덕적인 차원의 문제가 아니다. 그 이면에는 권력을 통한 동화의 요구가 작동하며, 공동체의 경계 설정, 법과 시민권의 부여, 타자에 대한 규정 등 복합적인 정치적 요소들이 얽혀 있다. 따라서 환대의 조건에 따라 이주자를 수용하게 되면 구조적 차별이 발생하고, 이로 인해 이주자에 대한 인정의 정치학 실현은 더욱 어려워진다.

인정의 정치학이 이주자의 정체성과 동등한 상호존중의 인정을 요구한다면, 환대의 정치학은 타자를 수용함에 있어 제기되는 윤리적·정치적 문제에 주목한다. 인정의 정치학이 공동체 내부에서 소수자의 인정 문제에 집중하는 반면, 환대의 정치학은 공동체에 진입할 수 있는 사람을 결정하는 기준과 조건에 관여한다. 외국인 이주자는 초기에는 '낯선 타자'로 인식되며, 이 단계에서 환대의 정치학이 작동하여 수용 여부를 판단한다. 이때는 이주자의 신분, 출신, 법적 자격 등 다양한 조건이 고려된다. 이주자가 이러한 '환대의 조건'을 충족하여 공동체 내부로 진입하면, 그 이후부터는 인정의 정치학이 작용하기 시작한다. 이 단계에서는 문화적 차이, 상호존중, 동등한 권리 보장 등의 문제가 본격적으로 다뤄진다.

따라서 이주자가 국경을 넘어 다른 국가에 들어오기 위해서는 먼저 환대의 조건을 충족해야 하며, 그렇지 못할 경우 공동체 진입 자체가 제한되어 인정의 정치학이 작동할 여지조차 사라진다. 그런데 설령 무조건적 환대가 실현되어 이주자가 공동체에 우호적으로 수용되었다 하더라도, 이후 인정의 정치학이 작동하지 않으면 이주자의 정체성과 권리는 존중받지 못한 채, 지배와 감시, 통제의 대상으로 전락하게 된다. 그 결과 이주자는 강압적인 동화의 요구를 받으며 자율적 주체로서의 지위를 상실할 수 있다.

환대의 정치학은 주로 지배집단이 전적인 권력을 바탕으로 포섭과 배제의 전략을 실행하는 데 초점을 둔다. 반면, 인정의 정치학은 지배집단과 이주자 집단 간의 상호 인정에 기반하고 있으므로, 지배집단의 권력과 이주자들의 저항 사이에는 인정 요구를 둘러싼 갈등, 즉 '인정투쟁'이 발생한다. 이러한 점에서 환대의 정치학이 실현되어야 이주자들이 원하는 국가로 이동할 수 있으며, 인정의 정치학이 실현되어야 그 국가 내에서 평등하고 동등한 삶을 영위할 수 있게 된다. 그러나 현실에서는 이주자에 대한 환대의 조건이 매우 엄격하며, 설령 그 조건을 통과해 입국하더라도, 이후의 인정은 지연되거나 아예 실현되지 않는 경우가 많다. 그 결과, 이주자들은 공동체 내에서 지속적으로 '이방인'으로 남게 되며, 사회적·경제적 구조 속에서 피지배 계층으로 고착되고, 구조적 차별의 영속적인 대상으로 전락하는 현실에 직면하게 된다.

한국은 국가 정체성이 뚜렷하고, 동질적인 문화가 우세하며, 혈통 중심의 단일민족 의식을 강하게 유지하고 있는 사회다. 이러한 특성은 외부 이주자에 대해 엄격한 환대의 조건을 부과할 가능성을 높인다. 그러나 동시에, 이 동질성과 자민족 중심주의적 정체성은 국가 발전에 유리한 경우, 일정한 이질성에 대해 관대한 태도를 보일 가능성도 내포하고 있다.

한국에 유입되는 이주자들 가운데 가장 큰 비중을 차지하는 집단은 조선족을 비롯한 중국 동포와 '북한 이탈주민(새터민)'이다. 이들은 '같은 민족'이라는 민족적 동질성을 근거로 지배집단의 정체성과 연결점을 형성할 수 있으며, 그로 인해 환대의 조건을 비교적 쉽게 충족할 수 있다. 또한 결혼이주자의 경우, 혼인을 통해 한국인 가족의 일원이 되며, 혈연 기반의 민족 공동체에 흡수될 가능성이 높다. 이로 인해 이들에 대해서는 비교적 온정적인 정서가 나타날 수 있으며, 공동체 내부로 수용된 이후에는 문화적·민족적 동질성을 토대로 인정의 정치학 역시 보다 수월하게 실현될 수 있다.

그러나 최근 한국으로 유입되는 이주자들은 출신 국가와 민족이 점점 더 다양해지고 있으며, 그 수 또한 증가하고 있다. 이들은 기존 한국 사회와 문화적 이질성이 크기 때문에, 민족 공동체에 쉽게 포함되기 어려우며, 내국인들과 일자리 경쟁을 유발할 수 있다는 점에서 견제와 감시의 대상으로 인식되기 쉽다. 이와 같은 인식은 이러한 이주자들에게 인정의 정치학이 실질적으로 작동하기 어려운 구조를 형성한다.

한국인의 외국인 이주자 수용 태도를 33개 주요 국가들과 비교한 연구에 따르면, 한국은 국민 정체성에서 '혈통의 중요성'을 중시하는 국가 중 10위에 위치했다. 이는 혈통을 고려하긴 하되 절대적인 기준으로 삼지는 않는다는 것을 보여준다.[2] 또한 이주 소수자의 동화에 대한 찬반 의견에서는 52.5%가 동화주의를 지지하여 과반을 조금 넘는 수준을 보였고, 이주자의 고유문화를 유지하는 것에 대한 태도는 18위로, 17위를 차지한 미국과 큰 차이를 보이지 않았다. 이는 한국 사회가 시민권과 동화주의에 대해 절대적으로 폐쇄적인 태도는 지니고 있지는 않음을 시사한다. 한편, 불법체류자에 대한 강경 대응에 대한 태도에서는 29위를 기록하여 27위인 미국보다 다소 관대한 입장을 보였다. 이는 한국 사회가 일부 외국인 집단에 대해 배타적 정서를 드러내기도 하지만, 전체적으로는 절충적이고 중간 수준의 수용성을 갖고 있는 복합적 태도를 보여주는 것으로 해석할 수 있다.

또 다른 조사 결과에 따르면, 한국인들은 외국인 이주자가 한국 경제 발전에 긍정적인 역할을 한다고 응답한 비율이 39%에 달했으며, 이에 대해 부정적으로 인식하는 비율은 15%에 그쳤다.[3] 외국인 이주자와 한국인 간의 일자리 경쟁을 우려하는 응답자는 8%에 불과했으며, 사회복지 체계에 부담을 줄 것이라는 우려에 동의한 사람은 19%였지만, 이에 동의하지 않는 비율은 41%로 더 높았다.

특히 주목할 점은, 외국인 이주자로 인해 다양한 문화가 공존하는 것이 한국 사회에 유익하다고 응답한 비율이 58%에 이르렀으며, 이에 반대하는 비율은 단 6%에 불과했다. 또한, 이주자의 수를 일정 비율로 제한해야 한다고 생각하는 사람은 12%에 그친 반면, 이에 반대하는 응답자는 61%로 나타났다. 더 나아가, 외국인 이주자를 적극적으로 지원해야 한다는 응답이 60%를 초과한 점은 특히 주목할 만하다. 이러한 결과는 한국 사회가 외국인 이주자에 대해 상대적으로 높은 수준의 관용과 수용성을 보이고 있음을 시사한다. 이는 기존의 단일민족 중심주의적 정체성과는 상반된 인식의 전환 가능성을 보여주는 지표로 해석될 수 있다.

한국인의 다문화주의 수용 정도를 살펴본 연구에서도 유사한 결과가 나타났다.[4] 전체 응답자의 56%가 이주자들은 한국 사회에 동화되어야 한다고 응답하여, 동화주의 인식이 상대적으로 우세한 경향을 보였다. 외국인 이주자에 대한 전반적인 우호적 태도는 중간 수준이었으며, 다문

이주의 사회학: 국제이주와 이주자

화 정책의 시행에 대해서는 비교적 관대한 입장을 나타냈다.

세부적으로 살펴보면, 고령층이 젊은 층보다 외국인 이주자에 대해 더 호의적인 태도를 보였고, 교육수준이 높을수록 외국인 이주자의 필요성에 대한 인식도 높았다. 또한, 고소득층이 저소득층보다 이주자에게 더 우호적인 태도를 보이는 경향이 확인되었다. 이러한 결과는 한국 사회 내에서도 연령, 교육, 소득 수준에 따라 이주자 수용 태도의 차이가 존재함을 시사하며, 다문화주의에 대한 인식이 단일한 방향으로 수렴되기보다는 복합적이고 계층화된 구조를 이루고 있음을 보여준다.

2024년에 실시된 최근 조사에 따르면, 한국 사회의 이민자 수용 역량은 과거와 비교해 일부 변화가 있었지만, 외국인 이주자에 대한 전반적인 인식은 큰 차이를 보이지 않았다.[5] 조사 결과, 응답자의 48%가 일상에서 외국인을 자주 본다고 답했으며, 지인 중 외국인 이주자가 있다는 응답자도 30%에 달했다. 이는 최근까지 외국인 이주자의 지속적인 증가에 따른 사회접촉의 확대를 보여준다.

또한 응답자의 절반 이상은 외국인 이주자와 일상생활을 함께 하는 것에 불편함을 느끼지 않는다고 답해, 공적 영역에서의 수용 태도가 비교적 높은 수준임을 확인할 수 있다. 예를 들어, 외국인 이주자와 친구나 직장동료가 되는 것에 대해 86%가 불편하지 않다고 응답하였다. 반면, 사적 영역으로 들어갈수록 수용 태도는 다소 감소하였다. 외국인 이주자와 자신의 자녀가 연애하거나 결혼하는 것에 대해 각각 63%와 64%가 불편하지 않다고 응답했으나, 이는 공적 영역에 비해 낮은 수치이다. 그렇다고 수용 역량이 그렇게 낮은 것은 아니다.

아울러, 한국 사회가 외국인 이주자에게 경제적 기회가 풍부하다(66%), 다양한 인종과 배경의 사람들이 함께 살아갈 수 있다(61%), 외국인 노동자의 인권 보호 제도가 마련되어 있어 일하기에 적절하다(53%),

그리고 전반적으로 외국인 이주자에게 우호적이다(52%)라는 인식도 과반수를 상회하였다. 이러한 결과는 한국 사회가 과거에 비해 외국인 이주자에 대한 수용성과 접촉 경험이 증가하고 있으며, 특히 공적 영역에서는 높은 수용 태도를 보이고 있지만, 사적 영역에서는 아직까지 일정 수준의 거리감이 존재함을 시사한다.

한편, 외국인 이주자가 한국 발전에 긍정적인 영향을 미친다고 생각하는 사람은 37%였으며, 부정적인 영향을 미친다고 응답한 사람은 10%에 그쳤다. 이는 외국인 이주자의 사회적 기여에 대한 전반적인 인식이 우호적임을 나타낸다. 그러나 "어느 쪽도 아니다"라고 응답한 비율이 39%에 달해, 이주자의 사회적 영향에 대해 아직 입장을 유보하거나 관망하는 태도도 적지 않음을 보여준다. 향후 외국인 이민자의 증가가 경제 활성화에 기여할 것이라는 응답(43%)은, 국가 재정에 부담을 줄 것이라는 응답(34%)보다 높게 나타나 경제적 효과에 대한 기대가 우세함을 확인할 수 있다.

그러나 외국인의 유입이 인구감소 문제를 해결할 수 있다는 응답은 32%에 불과했으며, 해결할 수 없다는 응답은 47%에 달해, 외국인 유입을 인구문제의 해결책으로 인식하는 비율은 상대적으로 낮은 수준이었다. 문화적 측면에서는, 외국인의 증가로 한국의 고유한 문화가 훼손되고 사회 갈등이 심화될 것이라고 응답한 사람이 46%였으며, 반면에 문화가 더 풍부해질 것이라는 응답은 31%에 머물렀다. 이는 다문화 수용 과정에 있어 한국 문화 보존에 대한 우려가 상대적으로 크다는 점을 시사한다. 외국인 이주자의 증가가 범죄 등 사회문제를 초래할 것이라는 응답은 63%에 달했으며, 그렇지 않다고 답한 비율은 16%에 불과했다. 이는 외국인 이주자에 대한 잠재적 범죄자라는 편견이 여전히 광범위하게 퍼져 있음을 보여주는 결과이다.

또한 외국인 이주자가 투표권을 비롯한 한국인과 동등한 권리를 누리기 위해서는 한국 국적을 취득해야 한다고 응답한 비율이 52%로, 과반을 넘었다. 한편, 한국 국적을 취득한 이주자가 정치 후보로 출마하는 것에 대해 받아들일 수 있다는 응답(49%)이 받아들일 수 없다는 응답(43%)보다 다소 높게 나타났으나, 양측의 의견 차이는 크지 않아 사회적 인식이 팽팽하게 맞서는 양상을 보였다.

주목할 점은, 한국인으로 인정받기 위한 가장 중요한 조건으로 '한국의 정치 제도와 법을 존중하고, 사회적 의무를 다하는 것'을 꼽은 비율이 90%를 초과했다는 것이다. 이는 한국인 부모나 혈통(68%), 한국 출생(68%)보다 훨씬 높은 수치로, 혈통이나 출생보다 법과 제도의 준수, 책임 있는 사회 구성원으로서의 역할을 더 중요하게 인식하고 있음을 시사한다. 결국 한국인으로 인정받기 위해서는 혈통이나 출생지보다 국적 취득, 전통과 관습의 존중, 언어 습득 등을 통해 한국 사회의 핵심 가치에 공감하고, 이를 바탕으로 사회적 융화와 연대를 이루는 것이 중요하다는 인식이 주류를 이루고 있다.

이러한 조사 결과를 종합해 보면, 한국인들은 혈연을 국민 정체성의 중요한 요소로 인식하고는 있으나, 그것이 절대적인 기준은 아닌 것으로 나타난다. 외국인 이주자에 대해서는 상대적으로 관용적인 태도를 보이며, 이주자를 위한 정책과 제도 시행에 대해서도 긍정적인 입장을 가지고 있다. 대체로 이주자들이 한국 사회의 문화와 제도에 어느 정도 동화되어야 한다는 생각이 지배적이지만, 외국인 이주자에 대한 전반적인 수용 태도는 비교적 관대한 편이다. 특히, 이주자들이 한국 사회에 기여할 수 있다고 여기는 응답자가 그렇지 않다고 생각하는 이들보다 많다는 점은, 이주자에 대한 우호적 인식을 뒷받침하는 근거 중 하나로 해석될 수 있다.

그러나 동시에, 이주자가 사회 안전에 위협이 될 수 있다고 보는 응답 비율이 과반을 훨씬 초과한다는 점은, 이주자 수용에 대한 관대함과는 모순된 인식을 보여주는 대목이다. 이러한 결과는, 한국 사회가 '환대의 정치학'의 관점에서는 일정 수준의 개방성과 관용을 보여주고 있으나, '인정의 정치학'의 실현에 있어서는 여전히 인색하고 제한적인 태도를 보이고 있음을 시사한다.

외국인 이주자에 대한 한국인들의 이러한 인식은 다소 독특한 면모를 지닌다. 단일민족 국가로서의 정체성이 강하게 자리 잡고 있음에도 불구하고, 이주자 수용에 있어 비교적 관대한 태도를 보인다는 점은 주목할 만하다. 이는 한국인의 민족주의가 단일하지 않고 복합적인 양상으로 작용하고 있음을 시사한다. 한국 사회에서 이주자에 대한 수용도가 높은 이유 중 하나는, 한국으로 유입되는 외국인 이주자들 중 상당수가 조선족(중국 동포), 북한이탈주민, 그리고 결혼이주자 등 민족적으로 한국인과 유사하거나 동일한 배경을 가진 이들이기 때문이다. 이들은 외형적으로나 문화적으로 뚜렷한 이질감을 유발하지 않기 때문에 한국인들로부터 비교적 우호적인 반응을 이끌어내는 경향이 있다. 특히 결혼이주자의 경우, 대다수가 동남아 출신 여성임에도 불구하고, 결혼을 통해 한국인의 가족으로 편입된다는 점에서 사회적으로 포섭되는 경향이 강하다. 이로 인해 문화적 차이를 크게 부각시키지 않고, '가족'이라는 틀 안에서 수용되는 경우가 많다. 결과적으로, 같은 민족이라는 인식과 가족 중심적 정서가 결합되어 이들 이주자에 대해 적대적 태도보다는 온정주의적 환대가 작동하고 있음을 알 수 있다.

최근 급증한 이주노동자들에 대해 한국인들이 비교적 긍정적인 태도를 보이는 이유는, 이들이 한국인들이 기피하는 3D 업종이나 산업체, 농업, 건설 현장 등에서 한국 사회를 유지하는 데 필수적인 노동력을 제공하고 있다는 점을 인식하고 있기 때문이다. 한국 사회의 민족공동체는 자민족 중심주의를 기반으로 하므로 자신이 속한 공동체와 국가에 기여하는 사람들에 대해 긍정적으로 바라보는 것은 자연스러운 반응이라고 볼 수도 있다. 그러나 이주노동자의 수가 급격히 증가하여 한국인들과의 일자리 경쟁이 심화되거나, 복지 자원의 소진, 범죄 증가와 같은 사회적 문제를 유발한다고 인식되면, 위협에 대한 인식 정도에 따라 이주자들에 대한 태도가 크게 달라질 가능성이 있다.

또한 한편으로는 탈민족주의적인 정책과 캠페인도 일정한 역할을 했다. 결혼이주자들의 유입으로 다문화가족이 형성되고, 그 자녀들이 성장하여 학교에 입학하고 사회에 진출함에 따라, 이들을 '완전한 한국인'으로 인정해야 한다는 사회적 요구가 커졌다. 이에 따라, 혈통에 기반한 민족주의는 더 이상 사회통합의 적절한 기제가 될 수 없었다. 이러한 변화 속에서 국가는 민족주의가 아닌 민주 시민적 연대와 통합을 중심에 둔 정책 기조로 전환했다.

예컨대, 민족중흥을 강조하던 '국민교육헌장'은 폐기되었고, '국기에 대한 맹세'에서도 '조국과 민족'이라는 표현이 삭제되고 '자유롭고 정의로운 대한민국'으로 대체되었다. 이는 혈통 중심의 정체성 대신, 체제의 우월성과 민주 시민의식을 국민 통합의 기반으로 삼겠다는 국가의 분명한 의지를 보여주는 변화였다. 이러한 정책 기조는 민족 정체성에 근거한 이주자 배제를 줄이고, 보다 포용적인 사회로 나아가는 데 기여했다고 볼 수 있다.

그럼에도 불구하고 외국인 이주자에 대한 내국인의 인식과 태도는 사회적 상황과 사안에 따라 급변할 수 있다. 최근 청년층의 취업난은 한국 사회의 핵심적인 사회문제로 부상하였다. 이는 일자리의 절대적 부족이라기보다는, 고학력 청년들이 만족할 만한 '좋은 일자리'의 부족에서 비롯된 현상이다. 제한된 일자리 수와 고학력자의 증가가 맞물리며, 청년 실업 문제는 더욱 심화되었다. 이와 대조적으로, 이주노동자들이 주로 종사하는 일자리는 내국인들이 기피하는 3D 업종으로, 사실상 직접적인 경쟁이 발생하지 않는 경우가 많다. 이러한 분리된 노동시장 구조는 이주노동자에 대한 전반적인 국민 인식을 우호적으로 유지하는 데 일정 부분 기여했다.

그러나 일자리를 놓고 경쟁하고 있는 청년층의 입장에서는 외국인 이주자의 유입이 잠재적 경쟁자로 인식될 수 있다. 현재는 직무 영역이 다르다 하더라도, 향후 내국인 청년들이 기존에 기피하던 직종에 진입하게 될 가능성도 있으며, 외국인 이주자들 또한 숙련과 적응을 통해 더 나은 일자리를 획득할 수 있는 잠재력을 지니고 있다. 따라서 현재의 고립된 노동시장 구조가 지속되지 않을 경우, 직접적인 고용 경쟁으로 인한 불안감이나 반감이 증폭될 수 있다. 실제로 경쟁 상황이 발생하게 된다면, 이주자들에 대한 혐오나 배척의 감정이 촉발될 가능성도 존재한다.

한편, 이주자에 대한 수용도가 높다고 하더라도, 동화주의 태도가 강하다면 이는 오히려 사회통합에 장애가 될 수 있다. 동화주의 시각을 가진 사람들도 이주자 수용에는 관대할 수 있으나, 그 전제는 이주자가 주류 문화에 동화될 것이라는 기대에 기반한다. 그러나 이주자가 한국 사회에 정착한 이후에는, 그들의 차이를 인정하고 포용하는 '인정의 정치학'이 실현되어야 한다. 만약 지배문화에 완전히 동화되지 않으면 공동체의 구성원으로 받아들일 수 없다는 입장이 유지된다면, 이주자들이 겪는 소외와 어려움은 더욱 심화될 수밖에 없다. 이러한 조건부 수용은 결국 이주자를 '완전한 구성원'이 아닌 '영원한 타자'로 남게 하고, 배제와 차별의 구조를 고착화시켜 사회적 갈등과 비용을 초래할 수 있다.

한국인들이 이주자들에게 비교적 관대한 또 다른 이유는 생활공간의 분리 때문이다. 외국인 이주노동자들은 주로 산업단지, 농촌 지역, 대도시 외곽 등 일자리 근처에 거주하며, 내국인들과의 일상적 접촉이 적은 공간에 머무는 경향이 있다. 예컨대, 경기도 안산시 원곡동처럼 다양한 국적의 이주노동자들이 함께 거주하는 지역은 '다문화 특구'로 지정되기도 하였다. 물론 이주자의 수가 증가함에 따라 지하철, 거리, 상점 등 내국인의 일상공간에서도 그들의 존재가 점차 눈에 띄게 되었지만, 여전히 내국인과 이주자가 직접적인 관계를 맺으며 살아가는 경우는 드물다. 이처럼 제한된 접촉은 갈등 발생 가능성을 낮추는 요인이 된다. 그러나 이주자들이 살아가는 공간이 열린 다문화 공간이 아니라, 그들만의 문화가 고립적으로 형성되는 폐쇄적 공간, 즉 게토^{ghetto}화된다면 상황은 달라질 수 있다. 이러한 공간은 내국인들에게 이질감을 줄 수 있고, 그로 인한 불안과 두려움이 이주자에 대한 부정적 감정으로 이어질 수 있다.

종합해 보면, 한국인들의 외국인 이주자에 대한 태도는 온정주의에 바탕을 두고 있다. 온정주의는 이주자들이 한국 또는 한국인 민족공동체에 유익할 것이라는 믿음에서 나온다. 이러한 믿음은 단순한 감정이 아니라, 경험과 현실에 대한 인식을 바탕으로 형성된 것이다. 예를 들어, 결혼이주자는 결혼하지 못한 남성을 돕는 동시에 가족을 구성하고, 자녀를 낳아 인구감소 문제를 겪고 있는 지역사회에 기여한다고 여겨진다. 이주노동자 없이는 농사도 제대로 짓지 못하며, 산업체도 운영이 불가능하고, 건설현장도 마비될 수 있다는 것도 더 이상 비밀이 아니다. 이로 인해 많은 한국인들은 이주노동자들이 필요한 존재임을 인식하고 있다. 일부는 그들을 긍정적으로 평가하지만, 또 다른 일부는 '어쩔 수 없이 받아들여야 할 필요악'으로 여긴다. 그 태도의 결은 다르지만, 이주자들이 필요하다는 점에서는 공통된 인식이 존재한다.

이와 더불어, 한국이 이제 명실상부한 선진국의 지위에 올랐고, 세계 여러 나라 사람들이 찾아오는 국가가 되었다는 국가적 자부심과 자존감도 외국인 이주자에 대한 관대한 태도로 이어진다. 바로 이러한 배경 속에서 온정주의는 나타나게 된다. 그러나 온정주의적 태도는 궁극적으로 지배와 종속의 위계를 고착화시킬 수 있다. '온정'은 권력을 가진 이가 약자에게 베푸는 시혜적 행위이기 때문이다. 이는 외견상 관대함처럼 보일 수 있으나, 이주자들을 동등한 시민이나 공동체 구성원이 아닌 '도움이 필요한 타자'로 위치 짓는 방식으로 작동하며, 인정의 정치학 실현에 장애가 될 수 있다.

지배집단과 종속집단 간의 권력 격차와 경제적 불평등은 온정주의에 기반한 정책만으로는 쉽게 해소되지 않는다. 온정주의적 다문화 정책은 이주민을 수혜자로 간주하여 엄격한 제도와 법규를 통해 이들을 통제하며, 권리를 제한하고 최소한의 지원만 제공하는 경향이 있다. 그 결과, 한국 사회에서는 '다문화'라는 용어가 더 이상 중립적 의미를 갖지 않고, 오히려 '불쌍하고 바람직하지 않으며 도와주어야 하는 필요악'으로 인식되는 부정적 의미로 전환되었다. '다문화가족 출신'이라는 표현은 곧 비정상적인 가족이라는 인식과 연결되는데, 이는 다문화가 '정상'이 아닌 '비정상'의 상태로 받아들여지고 있음을 반영한다.

이처럼 다문화주의가 추구하는 상호인정의 가치는 현실에서 구현되기 어렵고, 그 실현을 위해서는 정치적 의지와 저항, 노력이 반드시 필요하다. 그러나 사회 전반에 상호인정 자체를 비정상적인 것으로 보는 인식이 널리 퍼져 있다면, 인정의 정치학이 발휘될 공간은 크게 축소될 수밖에 없다. 환대는 이루어지지만 인정이 결여된 사회는 결국 심각한 갈등에 직면할 수밖에 없다. 보편적 인권과 윤리에 바탕을 둔 제도적 틀을 구축하기 위해 국민 모두가 함께 적극적으로 노력하지 않는다면, 한국 사회에서 이주자와 더불어 삶의 진정한 실천은 큰 난관에 부딪힐 것이다.

이주의 사회학: 국제이주와 이주자

💡 주

1 자크 데리다·안 뒤푸르망텔, 『환대에 대하여』, 이보경 옮김, (파주: 필로소픽, 2023).
2 김정규, "경쟁과 위협: 이주자와 다문화주의 수용도," 『사회이론』 제43호 (봄/여름) (2013a), pp. 199−237.
3 원숙연, 『외국인 및 외국인정책에 대한 인식조사』 (서울: 한국사회과학자료원, 2010) (자료번호: A1-2010-0134).
4 김정규 (2013a).
5 "여론 속의 여론, 한국 사회의 이민자 수용역량," 한국리서치 (2024) https://hrcopinion.co.kr/archives/30333

보다 현실적인 함께 함

평등의 원리와 문화상대주의에 기반한 다문화주의는 모든 사회 집단이 지닌 삶의 방식과 문화 체계를 동등하게 인정하고, 이들의 기본적 권리를 보호하자는 이상을 제시한다. 이는 모든 집단의 문화에 대해 합리성과 고유한 가치를 인정하자는 주장으로 이어진다. 그러나 이러한 이상은 현실에서 실현되기 매우 어렵다.

물론 다문화주의의 이상을 향해 나아가는 과정에서 다수집단의 문화적 관용, 소수집단의 저항과 인정투쟁이 맞물려 상호인정의 가능성을 확대하려는 시도는 인정의 정치학이 작동하는 역사적 과정으로서 의미를 지닌다. 하지만 진정한 평등을 실현하기 위해서는 다수집단의 의도적이고 지속적인 관용, 심지어는 낯선 것에 대한 무관심조차 요구된다. 다시 말해, 다수집단의 일방적인 희생과 자기절제가 담보되지 않는 한, 다문화주의의 실현은 구조적으로 어려울 수밖에 없다. 이러한 배경 속에서 다문화 정책이 사회적 지지를 얻기 어려운 이유는, 달성하기 어려운 이상을 추구한다는 인식 때문이다. 그 결과 '다문화'라는 용어는 다수 사회 구성원들 사이에서 점차 부정적인 의미를 띠게 되었으며, 바람직하지 않거나 부담스러운 개념으로 낙인찍히는 경향이 강해지고 있다.

특히 단일민족이 지배집단인 국가에서는 기계적 평등의 가치가 집단 사이에 실현되기는 어렵다. 그러나 집단의 문화가 가진 가치의 차이는 서로 인정하며, 상호주관적 이해를 바탕으로 서로 다른 문화 집단들 사이에 개방적이고 열린 태도를 가지는 것은 노력에 따른 정도의 문제이므로 추구해 볼 수 있는 것이다. 어떤 국가든 구성원의 통합을 추구하지 않는 경우는 없다. 문제는 집단 간의 관계를 어떤 방식으로 연결하고 조율할 것인가이다. 통합의 강도를 느슨하게 설정할지, 아니면 강하게 추진할지는 국가의 정치적·사회적 맥락에 따라 결정될 수밖에 없다.

그러나 한국과 같이 강력한 지배집단이 존재하는 국가에서는 모든 집단의 문화적 가치를 동일하게 하면서 통합하려는 시도는 현실적으로 불가능하다. 따라서 하나의 국가 안에 지배집단과 소수집단이 함께 존재한다면, 각 집단의 문화적 가치를 상호 인정하되, 문화적 지위의 차이를 부정하지 않는 현실 인식이 필요하다. 소수집단의 문화는 지배집단의 핵심 문화적 틀 속에서 일정 부분 수용되고 인정되어야 하며, 이러한 현실을 고려할 때 다원주의적 접근이 보다 실현 가능하고 효과적인 정책 방향이 될 수 있다.

다문화주의를 단순화하여 기호로 표현하면 다음과 같다. A가 지배집단이라 할 때, 다문화주의는 A+B+C->A'+B'+C'의 형태로 나타낼 수 있다.[1] 이는 지배집단과 소수집단 모두가 각자의 문화적 특성을 유지하면서 공존하는 것을 의미한다. 다만, 이 공존은 상호주관적 이해와 인정에 기초하기 때문에, 각 문화는 고정된 상태로 존재하는 것이 아니라 서로 영향을 주고받으며 변화된 형태, 즉 작은따옴표(')가 붙은 모습으로 나타난다.

반면, 지배집단의 문화적 지위를 인정하는 다원주의 모델은 A+B+C->A'+AB+AC와 같은 기호로 표현할 수 있다. 이 역시 상호주관적 이해를 전제로 한다는 점에서는 다문화주의와 공통점을 지닌다. 그러나 핵심적인 차이는 지배집단(A)의 중심적 문화가 소수집단(B, C)에게 일정한 영향을 미치며, 그 틀 안에서 소수집단의 문화가 인정되고 유지된다는 점이다. 여기서 A'는 지배집단 문화가 소수자들과의 접촉 속에서 일부 변화했음을, AB와 AC는 각각 B와 C가 지배집단의 문화적 요소를 받아들인 상태에서 자신의 고유문화를 유지하는 모습을 나타낸다.

이는 소수집단이 지배집단의 가치에 완전히 흡수·통합되는 '동화$^{as-}$ ^{similation}'와는 전혀 다른 개념이다. 여기서 지배집단의 가치를 "큰 틀 안에서 인정해야 한다"는 말은, 법과 도덕, 제도 등을 포함한 사회질서의 중심을 이루는 핵심 가치들을 소수집단이 수용해야 한다는 의미다. 만약 지배집단의 핵심 가치와 소수집단의 문화적 가치가 충돌하는 지점이 있다면, 소수집단은 그 일부를 포기해야 할 수도 있으며, 그렇게 함으로써 오히려 나머지 문화와 정체성은 존중되고 인정받을 수 있다. 이와 같은 방식의 다원주의적 모델은, 특히 한국처럼 강한 민족 정체성을 기반으로 한 지배집단이 국가 전반에 걸쳐 지배적인 권력을 행사하고, 사회 전 영역에서 실질적 주도권을 쥐고 있는 상황에서 보다 현실적이고 실행 가능하다.

지배집단의 핵심적 가치란, 해당 사회를 유지하고 작동시키는 기본적인 규범과 질서를 의미한다. 예를 들어, 일부일처제에 기반한 가족 제도, 자본주의 경제체제, 남녀평등, 양심의 자유, 민주주의, 공용어의 사용, 공동체 의식, 성실성과 근면함 등은 지배집단 구성원들이 당연하게 받아들이고 따르는 필수적인 사회규범으로 볼 수 있다. 이러한 가치들은 제도와 법률을 통해 제도화되기도 했지만, 많은 경우 명문화되지 않은 상태로도 사회 전반에 깊이 뿌리내리고 있으며, 일종의 '보이지 않는 약속'처럼 작동한다. 이 때문에 외국인 이주자들에게는 처음에 이러한 가치들이 낯설고 어색하게 느껴질 수 있다.

그러나 일반적으로 이주자는 새로운 사회에 정착할 때, 다수집단의 문화와 가치를 어느 정도 수용하려는 태도를 가지고 들어오기 때문에, 핵심 가치와의 직접적인 충돌은 상대적으로 드문 편이다. 예컨대, 일부다

처제를 시행하는 문화권에서 온 이주자는 일부일처제를 따르는 지배집단의 가족 제도를 수용해야 하며, 개고기 섭취가 문화의 일부인 이주자라 하더라도 해당 문화가 금기시된다면 이를 존중해야 한다. 또한 다수집단의 언어를 배우고 사용하는 것은 기본적인 사회 참여의 조건이며, 자신의 언어 사용을 다수집단에게 강요할 수는 없다.

이처럼 소수자집단이 지배집단의 핵심 가치를 수용하는 한, 그 외 자신의 문화적 정체성과 관습은 비교적 자유롭게 유지되고 인정받을 수 있다. 이러한 조건 아래에서 지배집단은 소수집단의 문화와 정체성을 인정하고 존중하는 태도를 가질 수 있으며, 그것이 바로 다원주의적 공존의 기반이 된다. 결국 다수집단의 관용은 소수집단의 일정한 문화적 동화 가능성을 전제로 하며, 반대로 소수집단의 문화적 자유는 지배집단의 핵심 가치를 수용하는 범위 내에서만 보장된다.

그럼에도 불구하고 다원주의의 추구를 위해서는 다수집단의 관용이 더 중요하다. 다수집단의 관용은 공공 영역은 물론이고, 이주자 공동체의 일상생활 영역에서 부터 먼저 실현되어야 한다. 예를 들어, 이주자들이 밀집하여 거주하는 지역에서 자신의 언어를 사용하는 권리가 보장되어야 하며, 음식, 복장, 문화를 자유롭게 누릴 수 있어야 한다. 이러한 생활세계의 다양성에 대한 관용은 이주자들이 불편을 겪는 상황을 이해하고, 이를 개선하려는 다수집단의 실천을 통해 구체화될 수 있다.

예컨대, 이주자들이 자주 접하게 되는 각종 행정 서류, 대중교통 안내, 운전면허 시험 등에 대한 다국어 지원은 기본적인 생활 편의 보장을 위한 조치라 할 수 있다. 또한 이주자들이 자신의 종교를 자유롭게 실천할 수 있도록 교회, 사원 등 종교 시설의 설립을 허용하고, 이에 대한 사회적 관용을 제공하는 것 역시 다수집단의 책무이다. 이러한 실질적인 관용은 이주자들이 사회의 일원으로 존중받고 안정적으로 정착하는 데 핵심적인 요소로 작용한다.

또한 이주자들이 자신들의 공동체 내에서 네트워크를 형성하고, 고유 언어를 사용하며, 전통문화를 향유하면서 경제활동을 영위할 수 있도록 지원하는 것도 매우 중요하다. 이러한 생활 기반은 단지 자족적인 공간이 아니라, 다양한 국가 출신의 소수 집단과 다수집단 구성원들이 그 안에서 함께 상품과 서비스를 소비할 수 있도록 열린 구조로 형성될 필요가 있다. 나아가, 이주자 공동체에서 출발한 사업체가 다수집단의 시장으로 진출할 수 있도록 정책적 지원을 마련하는 것 역시 관용의 실천 영역이라 할 수 있다. 이러한 공동체의 확장은 단순히 물리적 공간의 확장을 의미하지 않는다. 오히려 다수집단이 주도하는 사회 내에 이주자 공동체가 '문화의 섬'처럼 자리 잡는 과정을 말한다. 이 섬이 고립되지 않기 위해서는 이주자들이 자신의 문화와 지속적으로 연대할 수 있는 문화적 기반이 필요하며, 이주자 공동체는 바로 그 연결의 중심이 되어야 한다.

예컨대, 베트남 출신 이주자가 자신의 공동체 안에 베트남 음식점을 개업했다고 가정해 보자. 초기에는 해당 공동체의 베트남 이주자들이 주요 고객이 될 것이고, 점차 다른 국가 출신 이주자들과 내국인들이 방문하며 고객층이 확장될 수 있다. 이 과정에서 음식점이 베트남의 문화 정체성을 더욱 분명하게 드러낼수록, 그 고유성이 소비자에게 매력적으로 작용할 가능성도 커진다. 이는 주류 문화와 타협하거나 동화되지 않아도 사업이 성공할 수 있음을 보여준다. 나아가, 이러한 음식점이 내국인들이 거주하는 도시 공간에 입점한다면, 해당 공간은 베트남 문화가 하나의 문화적 섬으로 자리 잡은 예가 될 수 있다. 그러나 이 공간은 단절된 고립지가 아니라, 여전히 베트남 이주공동체와 긴밀히 연결되어 있다는 점에서 의미가 있다. 오히려 문화적 변용 없이도, 즉 한국 문화에 융합되지 않은 채로도 존재 가능하다는 점이 그러한 공간의 정체성을 더욱 매력적으로 만든다.

　다수집단인 한국인 공동체의 역할이 중요한 만큼, 한국사회에 거주하는 다양한 배경의 이주자 집단들 간의 상호인정 노력 또한 중요하다. 현재 한국에는 하나의 특정 국가 출신 이주자들이 대규모로 밀집하여 독자적인 민족 공동체를 형성하고, 자율적으로 그들의 문화적 정체성을 적극적으로 실현하고 있는 경우는 드물다. 일부 이주자 밀집 거주 지역이 존재하지만, 대부분 다양한 국가 출신의 이주자들이 혼재되어 거주하고 있으며, 그 내부에는 출신 국가별로 소규모 공동체가 구성되어 있을 뿐이다. 따라서 특정 국가 출신 이주자 집단이 자신의 문화적 정체성을 아무런 제약 없이 그대로 드러내는 것도 현실적으로는 쉽지 않다. 그러나 이러한 상황에서도 다양한 이주자 집단 간에 상호 인정과 존중의 가치를 실현하기 위한 세심한 관심과 노력이 요구된다. 사회가 질서 있게 유지되기 위해서는 사회 구성원들 간에 일정 수준의 공통된 이상, 가치, 신뢰 체계에 대한 암묵적 동의가 필요하다. 그리고 이러한 공통 기반 위에서, 각 집단이 지닌 문화적 다양성이 상호 인정될 수 있는 토대를 마련하는 것이 다원주의 사회로의 건강한 진전을 위한 핵심적 과제라 할 수 있다.

　한편, 한국사회에서 외국인 이주자들의 삶은 매우 넓은 스펙트럼을 가진다. 한국사회의 지배적인 문화에 깊이 동화되어 살아가는 결혼이주자의 삶과, 정해진 계약 기간 동안 일하고 귀국해야 하는 외국인 노동자의 삶은 본질적으로 다르다. 최근에는 외국인 유학생의 수 또한 급증하고 있으며, 이들은 수개월에서 수년 동안 한국에 머물며 단순히 '존재'하는 수준을 넘어 일상 속에서 활동하고, 소비하며, 사회적 접촉을 통해 영향을 주고받는다. 이처럼 외국인 이주자와 함께 살아가는 현실은 더 이상 회피할 수 없는 시대적 과제가 되었다.

　물론 "모든 사람은 평등하다"는 이상은 인류가 끊임없이 추구해야 할 목표이지만, 현실 속에서 완전히 실현되기는 어렵다. 이는 한국인들 사이에서도 마찬가지다. 한국사회 내부에서도 여전히 출신, 계급, 성별, 지역 등에 따라 불평등은 존재한다. 하물며 한국인과 외국인 이주자 간에는 그 간극이 훨씬 크며, 편견과 차별은 훨씬 더 구조적이고 뿌리 깊다. 실제로 한국인들 사이에서 나타나는 편견이나 차별보다, 외국인 이주자들을 향한 사회적 배제와 부정적 인식은 더 노골적이고 광범위하다. 이러한 불평등 구조는 단지 제도적 문제나 문화적 낙인에서 비롯되는 것이 아니라, 이주자의 존재 자체를 '잠재적인 위험'으로 간주하는 인식의 토대 위에 놓여 있다. 결국 평등하지 않기 때문에 편견과 차별이 발생하고, 그 편견과 차별이 다시금 평등을 더욱 불가능하게 만드는 악순환이 반복된다.

외국인 이주자들은 자신들에게 편견이나 차별이 가해지더라도 쉽게 저항하거나 범죄를 저지르지 않는다. 이는 자신이 활동하는 새로운 사회적 장이 구조적으로 불평등하다는 사실을 인식하고 있으며, 그 속에서 자신이 약자라는 위치에 놓여 있다는 점을 자각하고 있기 때문이다. 그러나 편견과 차별이 지속적으로 반복되고, 실제로 직접적인 차별을 경험하며, 피해자로서의 상황이 반복되거나 쉽게 회복되지 않는다고 판단하게 되면, 이주자 내부에서 형성된 억눌린 감정은 분노와 저항으로 표출될 수 있다.

특히 이주자들은 피해를 당했을 때 느끼는 분노와 고통의 강도가 일반 국민보다 클 가능성이 높다. 그들은 자신들이 사회적·제도적으로 피지배적 위치에 놓여 있다는 사실을 인식하고 있으며, 피해를 입더라도 이를 법적으로 구제받을 수 있는 가능성이 제한적이라고 믿고 있기 때문이다. 이처럼 구조적인 무력감은 외국인 이주자들로 하여금 점차 사회 전반에 대한 불만과 분노를 축적하게 만들며, 때로는 그것이 폭력적 대응이나 복수의 형태로 표출되기도 한다.

억압과 차별을 받은 이주자들은 저항한다. 문제는 이러한 저항이 차별을 가한 특정 개인에게만 향하는 것이 아니라, 사회 전체를 대상으로 표출될 때이다. 그럴 경우 저항은 사회 질서를 위협하는 범죄 행위로 나타날 수 있으며, 그 피해는 차별의 가해자가 아닌, 아무런 관련이 없는 불특정 다수의 시민에게 돌아가게 된다. 그러나 다수집단 구성원들의 개인적 차별 행위를 일일이 통제하기란 현실적으로 불가능하다. 따라서 이주자들이 지배집단 구성원들과의 관계에서 오는 긴장과 갈등을 해소할 수 있는 공간이 필요하다. 그 공간은 이주자들이 서로 유사한 출신 배경, 문화, 언어, 관습을 공유하며 정서적 지지를 받을 수 있는 공동체가 되어야 한다. 그것은 물리적인 거주 공동체일 수도 있고, 온라인 또는 오프라인 상의 인적 네트워크처럼 공감과 경험의 공유를 중심으로 한 심리적 공동체일 수도 있다. 이러한 공동체는 이주자들이 느끼는 소외감과 긴장을 완화시키고, 사회 전체에 대한 반감이 폭력적 방식으로 표출되는 것을 예방하는 데 중요한 역할을 할 수 있다.

이주자 공동체는 또한 구성원 간의 응집력과 신뢰, 그리고 비공식적인 사회 통제가 형성될 수 있도록 만들어져야 한다. 그러한 환경 속에서 이주자들이 공동의 목표를 위해 힘을 합쳐 행동할 수 있다는 공유된 믿음이 생겨날 수 있으며, 이는 자신들을 지킬 수 있는 일종의 방어기제로 기능할 수 있다. 이러한 개념을 집합효능감$^{collective\ efficacy}$이라 한다.[2] 집합효능이란 공동체 구성원들이 자신들이 보유한 인적, 사회적, 정치적 자원을 바탕으로 연대하여 문제를 해결할 수 있는 능력을 의미한다. 이주자들이 서로를 신뢰하고 협력할 수 있다는 공유된 기대는, 구성원 개개인의 일탈 행동을 억제하는 중요한 기제로 작동할 수 있다. 집합효능은 평상시에는 뚜렷하게 드러나지 않지만, 공동체가 위기 상황에 직면했을 때

그 기능이 가시화된다.

　과거에는 이러한 집합효능이 친구, 친족 등과의 밀접한 관계와 지속적인 사회화 과정을 통해 형성된 물리적 공동체 안에서 주로 나타났지만, 이제는 그 범위가 훨씬 넓어졌다. 오늘날 이주자들은 인터넷과 SNS를 통해 지리적 경계를 넘어, 본국의 익명적 구성원들이나 제3국에 이주한 사람들과도 연결되어 있다. 이러한 연결망은 단순한 이웃 간의 네트워크를 넘어서며, 보다 유연하고 확장된 집합효능이 형성될 수 있는 기반이 된다. 따라서 이주자들이 이러한 다양한 형태의 공동체에서 집합효능을 발휘할 수 있다면, 자신들의 삶의 조건을 주체적으로 개선할 수 있는 가능성 또한 커질 것이다.

　따라서 이러한 현실들을 직시하고, 이주자의 존재를 사회 구성원으로 인정하며, 상호인정을 바탕으로 공존의 기반을 마련하는 것은 다수집단 구성원들의 책임이자 몫이다. 외국인 이주자들은 단순히 국경을 넘어 들어오는 존재가 아니다. 그들은 각기 고유한 문화, 관습, 행동양식 등 자신들의 아비투스habitus를 지닌 채 새로운 사회적 장field으로 진입한다. 문제는 한국사회가 이러한 문화적 이질성을 어떻게 수용하고 조율할 수 있는가에 있다. 토착 시민인 다수집단은 지배적 지위에 놓이며, 이주자는 '타자' 혹은 '이방인'으로 위치 지워진다. 이러한 권력의 비대칭적 관계 속에서 다수집단이 이주자에게 일방적인 동화를 요구하게 되면, 이는 곧 편견과 차별을 낳고, 나아가 사회 전반에 갈등과 긴장을 초래할 수 있다.

　그러나 그렇다고 해서 다문화주의에 기반한 무제한적인 인정의 정치가 곧바로 해답이 되는 것도 아니다. 다문화주의는 종종 정체성의 경계를 고착화시키거나, 실질적 통합을 저해할 위험도 내포하고 있기 때문이다. 따라서 현실적인 대안은 지배집단의 상대적 위계를 인정하되, 이주자들이 일정 수준의 사회문화적 동화를 수용하는 조건 아래, 그들의 정체성과 존재 가치를 인정하는 다원주의적 시스템을 구축하는 데에 있다. 이는 단순한 동화나 병렬적 공존을 넘어, 상호 존중에 기반한 통합을 모색하는 방식이다. 그리고 이러한 시스템은 법적 제도적 보완을 통해 우선적으로 이루어져야 한다. 무엇보다 이러한 전환의 열쇠는 결국 관용의 정치를 실현할 수 있는 다수집단, 즉 '우리'의 태도와 실천에 달려 있다.

☀ 주

1 김정규, 『미국의 인종과 민족: 갈등과 변화』 (서울: 에듀컨텐츠휴피아, 2016), pp. 78–83.

2 R. J. Sampson, "Transcending tradition: New directions in community research," *Criminology* 40–2 (2002), p. 220; B. D. Warner & R. J. Sampson, "Social disorganization, collective efficacy, and macro-level theories of social control," In F. T. Cullen, P. Wilcox, R. J. Sampson, & B. D. Doodley (Eds.), *Challenging criminological theory: The legacy of Ruth Rosner Kornhauser*, Advances in Criminological Theory Vol. 19 (2015), pp. 215–234 Transaction.

새로운 소수자 – 부유한 이주자들

전형적인 이주자들은 대개 별다른 자산 없이 새로운 사회에 진입하여, 물질적 성공을 위해 고군분투한다. 이들은 열악한 사회경제적 조건 속에서 편견과 차별에 직면하며, 종종 지배집단의 문화에 대한 억압적인 동화를 요구받는다. 이러한 환경 속에서 이주자들은 자신의 정체성과 권리를 지키기 위한 인정투쟁을 전개하며, 이는 그들의 삶의 궤적에 뚜렷한 흔적으로 남는다.

그러나 이와 같은 전형에서 벗어나는 이주자들도 존재한다. 이들은 상당한 경제적 자산이나 뛰어난 개인적 능력을 갖춘 채 새로운 사회로 이주한 경우로, 초기 정착 단계부터 경제적 어려움을 겪지 않으며, 대개 폐쇄적 이주자 공동체가 아닌 지배집단의 주거지에 정착한다. 또한 그들의 생활방식은 기존의 외국인 이주자들과는 다른 양상을 보이며, 사회 전반에 보다 능동적으로 통합된다.

이러한 부유한 이주자들은 대체로 시민권, 인권, 복지 혜택, 노동시장 내 불공정한 경쟁 등의 문제로부터 비교적 자유롭다. 이들은 전형적인 이주자들이 경험하는 구조적 차별과 사회적 배제의 대상이 되기보다는, 지배집단과 더 밀접하게 접촉하며 새로운 정체성을 구성해 나간다. 이와 같은 점에서 부유한 이주자들은 기존의 이주자들과는 구별되는, '새로운 소수자new minority'로 개념화할 수 있을 것이다.

이들은 이주의 동기에서도 뚜렷한 차이를 보인다. 일반적인 이주자들은 주로 생계유지나 경제적 빈곤을 이유로 노동이주를 선택하거나, 정치적 억압과 박해로 인해 난민으로 들어오거나, 혹은 가족 재결합을 목적으로 이주하는 경우가 많다. 다시 말해, 이들의 이주는 경제적·정치적 생존을 위한 불가피한 선택인 경우가 대부분이다.

반면, 부유한 이주자들은 본국에서의 삶에 큰 어려움이 없음에도 불구하고, 더 나은 삶의 질을 추구하거나 자녀의 교육 기회를 넓히기 위해, 혹은 투자 수익 확대를 목적으로 이주를 결정한다. 또한, 본국의 정치적 불안정이나 사회적 불확실성에 대비해 보다 안정적인 국가로 이동하는 경우도 이에 포함된다.

이들은 정착지 선택에서도 일반적인 이주자들과 뚜렷한 차이를 보인다. 부유한 이주자들은 사회기반시설이 잘 갖추어진 지역, 즉 지배집단이 주로 거주하는 고급 주거지나 계획된 주택단지를 선호하며, 이로 인해 공간적 분리나 배제를 경험하지 않는다. 이는 일반적인 이주자들이 대개 저소득층 밀집 지역이나 이주자 공동체 내에서 제한된 생활환경을 공유하는 것과 대조된다.

이들은 일자리의 성격에서도 일반적인 이주자들과 뚜렷한 차이를 보인다. 부유한 이주자들은 주로 자영업이나 사업체를 운영하거나, 전문직 종사자로서 지배집단 구성원들과 동일한 수준의 노동시장에 진입하는 경우가 많다. 따라서 불안정한 고용, 저임금, 열악한 노동환경으로 대표되는 3D 업종에 종사하면서 겪게 되는 구조적 노동착취의 문제에서는 상대적으로 자유롭다.

또한 이들은 비자, 영주권, 시민권 취득 절차에서도 우대받는 경우가 많고, 법률 전문가나 이민 컨설턴트를 고용할 수 있는 자원을 보유하고 있어 각종 제도적 장벽을 수월하게 넘을 수 있다. 이러한 조건들은 이주 초기부터 비교적 안정적인 삶을 가능하게 만든다. 무엇보다 이들에게는 부정적 낙인보다는 '글로벌 시민' 또는 '유능한 인재'와 같은 긍정적인 이미지가 부여된다. 이로 인해 이들은 국가로부터 환영받는 이주자로 간주되며, 일반적인 이주자들이 겪는 사회적 차별보다는 오히려 환대와 선망의 대상이 되기도 한다.

부유한 이주자들은 자신이 보유한 자산을 안전하게 보호받고, 개인의 능력을 최대한 발휘할 수 있는 국가를 선호한다. 이들이 선택하는 국가는 일반적으로 정치적으로 안정되어 있으며, 교육수준이 높고, 세금 부담은 낮은 반면 투자 기회는 풍부하다. 또한 시민권이나 영주권을 비교적 쉽게 취득할 수 있고, 쾌적한 환경 속에서 높은 생활수준을 유지할 수 있는 조건을 갖추고 있어야 한다.

이러한 조건을 충족하는 국가는 대체로 선진국일 수밖에 없다. 예를 들어, 캐나다, 호주, 뉴질랜드, 미국 등은 이주의 역사도 깊고 이주자에 대해 비교적 개방적인 태도를 보여준다. 아랍에미리트, 싱가포르, 이탈리아, 스위스와 같은 국가들 역시 투자자나 고소득층 이주자에게 우호적인 정책을 펼치며, 아름다운 자연환경과 휴양지까지 갖추고 있어 부유한 이주자들에게 매력적인 목적지가 된다.[1]

한편, 전 세계적으로 부유한 이주자들이 가장 많이 출국하는 나라는 중국이 압도적이다.[2] 그 뒤를 영국과 인도가 잇고 있으며, 흥미롭게도 한국은 부유층 이주 순위에서 네 번째를 차지한다. 그 다음으로는 러시아와 브라질이 뒤따른다. 중국의 자산가들은 주로 중국계가 다수집단을 형성하고 있는 싱가포르, 그리고 차이나타운을 중심으로 거대한 민족 공동체가 형성되어 있는 미국과 캐나다 등 선진국으로 이주한다. 이들 국가는 이미 오래전부터 중국인 이주자들이 터전을 마련해 온 곳이기도 하다. 한편, 영국의 부유층은 중국과 달리 파리, 암스테르담, 모나코, 제네바 등 유럽 내 도시들로 주로 이주한다.

인도는 대표적인 디아스포라 국가로, 국민들의 해외 유출이 상당히 많

이주의 사회학: 국제이주와 이주자

은 편이다. 인도의 부유한 자산가들은 아랍에미리트의 두바이나 미국, 캐나다 등 영어권 선진국으로 주로 이주한다. 한국의 경우에도 부유층의 주요 이주 국가는 미국, 호주, 캐나다 등 영어권 선진국이다. 이들 국가에는 이미 많은 한국인 이주자들이 정착해 있어 비교적 안정된 민족 공동체가 형성되어 있다. 부유한 한국인들의 주요 이주 동기로는 자녀 교육, 자산 보호 및 절세 전략, 그리고 사업 투자 등을 들 수 있다. 이처럼 부유한 자산가들은 다양한 조건이 충족될 경우, 자신들의 민족 공동체가 이미 형성되어 있는 국가를 이주지로 선택하는 경향이 강하다. 문화적 안온감, 적응의 용이성, 그리고 생활의 편리함이 주요 고려 요소로 작용한다.

부유한 자산가들의 이주 규모도 상당하지만, 그보다 더 많은 수는 고학력의 전문직 종사자나 숙련된 기술·재능을 보유한 이주자들이다. 새로운 이주자인 부유한 이주자는 이 두 부류를 합쳐서 일컫는다. 이러한 고숙련 이주자들이 주로 선택하는 국가는 영어권 선진국인 미국, 영국, 캐나다, 호주로, 이 네 국가가 OECD 내 전체 고학력 전문직 이주자의 약 70%를 유치하고 있다.[3] 영어권 외 국가 중에서는 독일이 가장 많은 고숙련 이주자를 유입하며, OECD 국가들 가운데 두 번째로 높은 비중을 차지한다.

특히 미국은 고학력 전문직 이주자의 최우선 목적지로, OECD 전체 고학력 이주자의 절반가량이 미국으로 집중되고 있다. 중국이나 인도 출신의 이주자들 역시 미국을 선호하며, 주로 IT 산업, 의료, 학계, 연구개발, 금융 등 기술 기반 전문 분야에 종사한다. 이들은 현지의 다수 집단 구성원보다 더 높은 소득을 올리는 경우도 많으며, 경제적으로 성공한 이주자의 대표적 유형으로 인식된다.

이러한 고숙련 이주자들은 일반적인 저임금 이주 노동자와는 전혀 다른 삶을 살아간다. 그들은 이주 사회 내에서 '성공한 이주자'의 상징처럼 여겨지며, 다른 이주자들이 선망하는 대상이 되기도 한다. 그렇다면 이처럼 경제적, 사회적으로 성공한 이주자들은 새로운 터전에서 어떤 공간을 기반으로 삶을 영위하고 있을까? 다음으로는 이들의 구체적인 생활공간과 삶의 조건을 중심으로 살펴보고자 한다.

 ## 주

1 Top 10 Country Inflows, The Henley Private Wealth Migration Report 2024 https://www.henleyglobal.com/publications/henley-private-wealth-migration-report-2024/top-10-country-inflows
2 Top 10 Country Outflows, The Henley Private Wealth Migration Report 2024 https://www.henleyglobal.com/publications/henley-private-wealth-migration-report-2024/top-10-country-outflows
3 C. Ozden, S. Kerr, W. err & C. Parsons, "Global talent flows: Causes and consequences of high-skilled migration," World Bank Blogs (2017) https://blogs.worldbank.org/en/developmenttalk/global-talent-flows-causes-and-consequences-high-skilled-migration

27

부유한 이주자들의 새 영토,
얼바인, 희망의 땅인가?

전형적인 외국인 이주자들은 새로운 영토에서 다수 집단에 비해 현저히 부족한 사회적 자본social capital을 지닌 채 경제적 성공을 위해 노력한다. 이 과정에서 그들은 편견과 차별을 경험하고, 지배 집단의 문화에 동화될 것을 지속적으로 요구받으며, 일종의 '인정투쟁'을 수행하게 된다. 이러한 경험은 그들의 삶의 궤적을 규정짓는 핵심 요소로 작용한다.

그러나 부유한 새로운 이주자들의 정착 과정은 이와는 본질적으로 다르다. 그들은 기존의 전형적인 외국인 이주자들과 달리 더 큰 자본, 높은 교육수준, 유리한 제도적 접근성을 바탕으로, 이주한 국가 내에서 자신들만의 공간을 상대적으로 수월하게 확보하고, 이를 확장해 나간다. 일반적인 이주자 공동체는 다수 집단의 공동체와 뚜렷하게 경계 지어지며, 폐쇄적 공간 속에서 위계적 질서에 따라 지배와 종속의 관계가 형성되는 것이 일반적이다. 그러나 부유한 새로운 이주자들이 형성하는 공동체와 생활공간은 이러한 전통적인 이주자 공동체의 특성과는 구별되는 양상을 보인다. 물론 이들이 주로 유입되는 국가들에서 나타나는 현상은 각 국가의 사회·정치·경제적 조건에 따라 상이하게 나타날 수 있다. 그럼에도 불구하고 공통적인 일반성과 유사성은 분명 존재한다.

미국의 캘리포니아 주는 자산이 많은 부자 이주자뿐 아니라 고학력 전문직 이주자들이 집중적으로 정착하는 대표적인 지역이다. 나는 캘리포니아대학교 얼바인UC Irvine에서 방문학자로 지내면서 '새로운 이주자'가

주축이 되어 최근 30년 동안 급성장한 도시인 얼바인^{Irvine}의 이주자를 중심으로 연구할 기회를 가졌다.[1] 이를 바탕으로 부유한 이주자들이 어떻게 새로운 소수자의 공간을 구성하고 재영토화^{reterritorialization}하는지를 살펴보고자 한다.

얼바인은 미국 캘리포니아주 오렌지카운티에 위치한 도시로, 2024년 기준으로 인구는 약 32만 명에 이른다. 지난 30년간 인구가 약 2.5배 증가할 정도로 대규모 인구 유입이 이루어진 지역이며, 전체 도시의 역사는 약 60년으로 비교적 짧지만, 계획적으로 조성된 신도시이다. 주택 가격과 주민들의 평균 소득은 캘리포니아 주 평균을 크게 상회하며, 대표적인 고소득층 거주지로 꼽힌다.

2023년 기준 인종 구성은 아시아계가 48%로 가장 높은 비율을 차지하고 있으며, 백인 32%, 히스패닉 10%, 흑인 2% 순으로 나타난다. 이는 아시아계가 인구 구성상 사실상 지배적인 위치를 점하고 있음을 보여준다.[2] 아시아계 중에서는 중국계가 가장 많고, 그 다음으로 한국계, 인도계, 베트남계의 순으로 분포하고 있다. 이들은 백인과 더불어 지역사회의 중심적인 인구 집단으로 기능하고 있다.

언어 및 출신국 데이터를 보면, 전체 주민 중 집에서 영어를 사용하는 비율은 48%에 불과하며, 41%가 외국 출생자이다. 특히 아시아 지역에서 태어난 인구가 전체의 31%를 차지하고 있다. 이 지역이 이민 1세대가 상당수를 이루고 있음을 알 수 있다. 이는 미국 전체 외국 출생자 비율(약 27%)과 비교해도 높은 수치로, 얼바인이 최근까지 아시아계 부유층 이주자들이 대거 유입된 도시임을 보여주는 지표라 할 수 있다.

얼바인은 처음부터 계획도시로 조성된 곳으로, 도시의 대부분의 토지를 소유하고 있던 얼바인 컴퍼니^{Irvine Company}가 도시 개발의 중심적인 역할을 수행하였다. 이 회사는 비즈니스 중심지, 상업시설, 주택단지, 공원, 위락시설 등을 포함한 도시 전반의 구조를 계획하고 실행하는 데 주도적인 역할을 하였다. 따라서 얼바인은 미국의 많은 도시들처럼 개척자가 등장하고 이주민들이 점진적으로 유입되어 정착하면서 형성된 도시라기보다는, 거대한 자본이 선제적으로 도시의 터전을 마련하고, 그에 부합하는 이주자들을 끌어들여 만들어진 사례라고 할 수 있다.

이처럼 도시 기반시설이 체계적으로 구축된 가운데, 얼바인은 우수한 교육 환경을 갖춘 대학과 교육시스템을 바탕으로, IT를 비롯한 첨단 산업과 주요 기업의 본사들이 입지한 지역으로 성장하였다. 또한 글로벌 기업들이 미국 시장에 진출할 때의 전략적 거점으로 기능하는 등 국제적 허브 도시의 역할도 수행하고 있다. 이러한 특성으로 인해 이 도시에 정착하여 거주할 수 있는 사람들은 주로 첨단 산업 분야나 글로벌 기업에 취업할 수 있는 능력을 갖춘 인재이거나, 높은 주거비와 생활비를 감당할 수 있을 만큼 경제적으로 여유가 있는 부유층에 해당한다.

특히 얼바인에 정착한 아시아계 이주자들의 높은 교육열과 지역의 풍부한 재정은 공립학교의 질을 한층 끌어올려, 얼바인을 미국 내에서도 손꼽히는 우수 학군지역으로 만들었다. 범죄율이 낮고 치안이 안정되어 있어, 자녀를 양육하기에 적합한 도시로 널리 알려지면서, 이러한 환경은 더 많은 부유한 아시아계 이주자들을 끌어들이는 요인이 되었다. 얼바인은 한국에서도 조기유학의 중심지로 오랫동안 알려져 왔으며, 특히 중국인 부유층 사이에서는 고급 주택 매입지로 높은 인기를 얻고 있다. 실제로 얼바인의 고급 주택 시장에서는 중국인의 주거 문화를 고려한 설계가 적용된 주택들이 높은 수요를 보이고 있다.

이주자들이 대거 유입되었음에도 불구하고, 얼바인에서는 특정 민족이나 출신 국가가 주도하는 상권이 뚜렷하게 형성되어 있지 않다. 물론 다양한 인종과 민족이 공존하는 도시 특성상 다국적 상점과 식당이 즐비

이주의 사회학: 국제이주와 이주자

하지만, 이는 타 지역에서 흔히 볼 수 있는 민족 중심 공동체의 상권과는 뚜렷이 구분되는 모습이다. 얼바인의 경우, 다문화적 다양성이 민족 간 구획이나 분리를 초래하기보다는 상호 공존과 융합의 형태로 나타나는 경향이 강하다.

얼바인 인근 도시들에는 규모가 큰 민족공동체들이 여럿 형성되어 있다. 그 중 산타아나^{Santa Ana}는 히스패닉 인구가 약 80%에 달하는 대표적인 지역이다. 캘리포니아 주 전반적으로 히스패닉 인구 비율이 높은 편이지만, 산타아나는 그 평균보다 약 두 배 가까운 밀집도를 보인다. 이 지역 거주자의 대부분은 멕시코 출신이며, 도시에 들어서면 영어보다 스페인어가 더 자주 들릴 정도다. 거리의 상점과 식당들도 대부분 멕시코식으로 꾸며져 있으며, 스페인어가 주요한 일상 언어로 자연스럽게 사용된다.

산타아나 곳곳에는 멕시코계 미국인의 정체성을 상징하는 벽화나 예술 작품들이 설치되어 있어, 도시 전체가 하나의 거대한 민족공동체로 기능하고 있다고 볼 수 있다. 멕시코 출신 이주자들에게 이곳은 해방감과 소속감을 주는 공간이지만, 멕시코계가 아닌 외부인에게는 문화적으로 고립되고 단절된 느낌을 줄 수 있다. 실제로 이 지역은 공동체 밖의 사람들에게는 다가가기 쉽지 않은, 일종의 폐쇄적인 문화적 경계를 가진 공간으로 인식되기도 한다.

또 다른 인근 도시인 웨스트민스터^{Westminster}를 중심으로 가든 그로브 ^{Garden Grove}와 파운틴 밸리^{Fountain Valley}에 이르는 광범위한 지역에는 베트남계 공동체가 형성되어 있다. 흔히 '리틀 사이공^{Little Saigon}'이라 불리는 이 지역은, 베트남 전쟁 이후 미국으로 탈출한 난민들이 정착하면서 형성된 공간으로, 오늘날에는 미국 전역에 흩어져 사는 베트남계 사람들에게 '정신적 고향'과도 같은 상징성을 지닌다.

베트남으로의 귀환이 불가능해진 난민들에게 리틀 사이공은 단순한 생활공간을 넘어, 디아스포라의 정치적·문화적 중심지 역할을 하는 중요한 장소이다. 산타아나처럼 도시 전체가 하나의 민족공동체로 구성된 것은 아니지만, 이 지역의 주요 도로를 따라 형성된 베트남 상권은 그 규모와 영향력 면에서 매우 크다. 리틀 사이공은 전형적인 민족공동체가 형성되는 과정과 유사하게 발전해 왔다. 원래 백인이 운영하던 쇼핑센터, 상가, 마켓 등을 베트남계가 인수하여 점차 자신들의 방식으로 개조했고, 베트남 상품, 식당, 병원, 변호사 사무실 등이 밀집된 경제 중심지로 자리 잡았다. 간판에는 영어도 함께 쓰이지만, 주로 베트남어가 사용되어 이국적인 분위기를 고스란히 간직하고 있다. 이러한 문화적 독자성은 외부 방문객에게는 독특한 체험을 제공하지만, 동시에 공동체 바깥사람들에게는 진입 장벽으로 작용하여 상대적인 폐쇄성과 고립감을 유발하기도 한다.

한편, 또 다른 민족공동체로는 한국계 이주자들이 형성한 코리아타운이 있다. 오렌지카운티 내 전통적인 코리아타운은 가든 그로브에 자리 잡고 있었으나, 최근에는 베트남계 공동체인 리틀 사이공의 영향력이 확대되면서 해당 지역은 점차 베트남계 중심으로 재편되고 있다. 과거의 가든 그로브 코리아타운은 전형적인 민족공동체의 특성을 갖추고 있었다. 한국식 상점과 식당, 마켓이 밀집되어 있었으며, 외관상으로도 LA의 코리아타운과 유사한 모습이었다. 특히 한국어 간판이 영어보다 더 눈에 띄고, 일상생활에서도 한국어가 더 편안하게 사용되는 공간으로, 오랜 시간 동안 오렌지카운티 내 한국계 이주자들의 문화적 영토 역할을 수행해 왔다.

그러나 베트남계의 진출이 확대되면서, 가든 그로브 일대를 중심으로 형성되었던 한국계 이주자들은 점차 그 지역을 떠나, 풀러턴^{Fullerton}과 부에나 팍^{Buena Park} 일대로 거주지를 옮기게 되었다. 이에 따라 상점과 식당, 문화적 공동체 역시 함께 이동하였고, 최근에는 부에나 팍이 오렌지 카운티 내 최대 한인 상권을 이루는 지역으로 자리매김하게 되었다. 이 지역에는 새롭게 단장된 한국식 상점과 쇼핑센터들이 들어서며, 보다 현대적이고 세련된 모습으로 재구성되었다. 한류 열풍의 영향으로 한국의 유명 브랜드와 기업들도 이 지역에 진출하면서 상권의 규모와 영향력은 더욱 커지고 있다. 외관상으로는 전형적인 백인 중산층 거주지와 크게 다르지 않으며, 한국 문화를 상징하는 특별한 구조물이나 건축 양식은 눈에 띄지 않는다.

그럼에도 불구하고, 한국어 간판이 상점마다 걸려 있고, 한국어가 일상적으로 통용되는 등 한국식 문화는 이 지역 곳곳에 자연스럽게 배어 있다. 한인 주민들의 언어, 문화적 관습, 인간관계, 생활 방식 등이 그대로 유지되고 있다는 점에서, 이 지역은 여전히 한인 공동체로서의 기능을 충실히 수행하고 있다. 즉, 문화적 영토로서의 본질적인 역할은 변함이 없으나, 공간적으로는 과거의 전통적인 민족공동체 형태에서 벗어나 보다 현대적이고 세련된 모습으로 탈바꿈한 사례라 할 수 있다.

다시 얼바인으로 돌아가 보자. 이곳에는 중국계, 한국계, 인도계를 비롯한 다양한 아시아계 인구가 상당수 거주하고 있지만, 특정 민족이 독점적으로 형성한 민족 공동체 공간은 존재하지 않는다. 물론 중국계나 한국계 인구가 많아 각자의 상권을 어느 정도 형성하고는 있지만, 출신 국가별로 구획된 분명한 경계는 없다.

예를 들어, 대표적인 한인 상권으로 알려진 헤리티지 플라자^{Heritage Plaza} 몰에는 약 70여 개의 업소가 입점해 있으나, 이 중 한인 관련 업소는 10개 정도에 불과하다. 미국 대형 식료품 마켓과 일본계 마켓을 포함해, 중국계, 베트남계를 비롯한 다양한 소수계 이주자들의 업소와 민족적 배경과 무관한 일반 업소들이 혼재되어 있다. 얼바인에 특정 민족이 독점하는 상권이 형성되지 않는 데에는 몇 가지 주요한 이유가 있다.

첫째, 특정 소수민족이나 인종이 밀집해 사는 주거지역이 존재하지 않는다. 따라서 주택가 인근에 형성된 상권도 특정 민족 집단만을 대상으로 하지 않게 된다. 둘째, 얼바인 시가 다양성 정책을 적극적으로 추진하고 있다. 대표적인 계획도시인 얼바인은 처음부터 공간적인 다양성을 추구하였기 때문에 특정 소수집단 출신이 지역을 독점하거나 과도하게 차지하지 못하도록 정책을 추진한다. 셋째, 소수민족 출신이 소유한 몰의 비중이 적다. 미국은 주로 큰 대형 몰을 중심으로 상권이 형성되는데 얼바인의 대형 몰은 대부분 얼바인 컴퍼니Irvine Company 소유이다. 기업은 수익 극대화를 목표로 하기에, 특정 민족이 아닌 지역 내 다양한 소비자를 타겟으로 하는 것이 이익 면에서 유리하다. 만약 중국계나 한국계 이주자들이 몰을 소유했다면, 보다 뚜렷한 민족 중심의 상권이 형성되었을 가능성도 있다. 넷째, 얼바인은 고소득층이 거주하는 부유한 도시로, 부동산 가격과 몰 임대료가 매우 높다. 이러한 경제적 진입 장벽 때문에, 전통적으로 민족 공동체 내에서 운영되는 영세하고 가족 중심의 소규모 민족 사업체들은 이 지역 몰에 입점하기 어렵다. 대신, 세련되고 최신 트렌드를 반영하며 대중에게 널리 알려진 브랜드가 입점해야 성공 가능성이 높다. 이처럼 다양한 요인들이 복합적으로 작용한 결과, 얼바인의 상권은 뚜렷한 민족적 경계를 형성하지 않고, 다양한 국가 출신과 문화가 혼합된 다문화적 공간으로 기능하고 있다.

얼바인은 다국적 자본과 거대 자본이 집중적으로 유입된 도시이다. 새롭게 문을 여는 식당과 상점들 역시 아시아계 자본가들의 투자를 받아 대형화되고 고급화되는 추세다. 특히 중국과 한국을 포함한 아시아계 자본과 인적 자원이 얼바인에 집중되고 있으며, 이곳에 자리 잡은 여러 기업과 사업체에서 아시아계 이주자들은 핵심적인 역할을 수행하고 있다. 이러한 모습은 물질적 자산과 기술이 부족했던 기존의 소수민족 기업가들이 민족공동체로부터의 재정적, 정서적 지원에 의존해 사업을 운영하던 방식과는 뚜렷하게 구분된다.

거대한 자본을 무기로 민족적 특성을 상업화하여 소비하는 공간, 그렇지만 그것의 뿌리도 밝힐 이유도, 어느 소수 민족의 문화에 속한 것인지 말할 필요도 없는 모호한 전략이 적절하게 적용되는 곳이 바로 얼바인이다. 단지 '아시아계 문화'에 속해 있다는 식의 모호한 상징성만이 작동할 뿐이다. 이처럼 얼바인은 민족성을 전략적으로 활용하되, 그 정체성은 흐릿하게 남겨 두는 방식이 자연스럽게 적용되는 곳이다.

예컨대, 얼바인의 아시안 레스토랑들은 대개 미국식 고급 레스토랑처럼 세련되고 청결한 인테리어를 갖추고 있으며, 중국, 일본, 한국, 동남아시아 등 다양한 지역의 음식이 한 메뉴판에 함께 구성되어 있다. 일본식 초밥과 한국식 비빔밥을 함께 파는 식이다. 이러한 공간에서는 '아시안 레스토랑'이라는 정체성만으로 충분하며, 가게 주인이 어느 나라 출신인지에 대해 손님들은 별다른 관심을 갖지 않는다. 그저 어디선가 본 듯한, 세련되고 아시아적인 익숙함이 있으면 그만이다. 얼바인의 다민족·다문화적 현상은 언뜻 보기에 하나의 범아시아Pan-Asia 문화로 수렴되어 가는 양상을 띠고 있다.

소수자 집단들의 민족적 경계가 점차 희미해지고 있음을 입증하는 대표적 사례로는 얼바인 앨튼 파크웨이Alton Pkwy에 위치한 다이아몬드 잼보리Diamond Jamboree 몰을 들 수 있다. 이 공간은 일반적인 몰처럼 대형 식료품점, 은행, 다양한 상점과 음식점들이 공존하고 있지만, 근본적으로는 처음부터 다문화적 소비 공간을 지향하며 기획되고 개발된 점에서 본질적인 차이를 보인다.[3] 몰 안에 위치한 한국계 대형 식료품점은 주로 한국산 제품을 중심으로 구성되어 있으나, 중국, 일본, 베트남 등 아시아 여러 국가의 상품들을 함께 취급함으로써 단일 민족 중심의 상업공간이라기보다는 다민족적 감수성을 반영한 공간으로 기능하고 있다. 인테리어와 상품 진열 방식은 미국의 대형 식료품점의 체계와 거의 동일하여 민족적 특수성을 전면에 내세우기보다는 보편적 소비 공간으로서의 정체성을 강조하고 있다.

몰에는 한국계 은행이 인접해 있고, 하층에는 아시아 여러 국가의 유명 프랜차이즈 음식점과 카페, 상층에는 미용실, 병원, 치과 등 다양한 생활서비스 업종이 입점해 있다. 특히 주목할 점은, 대부분의 간판이 영어로 표기되어 있다는 점으로, 이는 중국어나 한국어 등 민족어가 전면에 드러나는 기존 이민자 커뮤니티와는 확연히 구분되는 방식이다. 이러한 언어 전략은 특정 민족 집단의 정체성을 표방하기보다, 다민족적 소비자층을 포괄하려는 상업적 실용성과 문화적 전략의 산물이라 할 수 있다.

이러한 다문화 상업공간의 특성은 외형적 구성뿐만 아니라 언어 사용의 양상에서도 분명하게 드러난다. 다이아몬드 잼보리에 입점한 한국, 중국, 일본, 베트남 음식점 및 업소들은 각각 자국의 문화를 표방하는 메뉴와 인테리어를 갖추고 있지만, 내부에서 실제로 통용되는 기본 언어는 영어이다. 즉, 특정 민족의 음식문화를 전시하고 소비하는 공간임에도 불구하고, 그 일상적 운영과 의사소통의 매개는 영어를 중심으로 이루어진다. 예를 들어, 한국 음식점에서 한국어로 주문이 가능하긴 하지만, 종업원 간의 대화나 고객 응대의 기본 언어는 영어이며, 고객 구성 또한 한인에 한정되지 않고 다양한 민족 집단으로 구성되어 있다. 이는 중국계, 일본계, 베트남계 음식점에서도 마찬가지로 나타나는 보편적 경향이다.

이러한 현상은 얼바인이라는 지역적 특수성과 밀접한 관련이 있다. 구체적으로, 영어 구사에 어려움을 느끼는 이민자 비율이 주변 도시들에 비해 현저히 낮기 때문이다.[4] 한인을 예로 들면, 얼바인 거주 한인 중 영어에 불편을 겪는 비율은 46%로, 오렌지카운티 전체 평균인 58%보다 낮으며, 한인 밀집 지역으로 급부상한 부에나 팍의 70%에 비해서는 더욱 두드러진 차이를 보인다. 중국계 역시 유사한 양상을 보이며, 얼바인 내 중국계의 영어 불편 응답 비율은 40%로, 오렌지카운티 전체 중국계 평균인 46%보다 낮다. 베트남계의 경우 이 차이는 더욱 명확해진다. 얼바인 거주 베트남계 중 영어 구사에 어려움을 호소한 비율은 30%에 불과한 반면, 리틀 사이공을 중심으로 한 오렌지카운티의 베트남계는 무려 60%가 영어 사용에 제약을 느낀다고 응답했다. 이러한 데이터는 얼바인의 다문화 공간들이 단순히 민족별 상권의 공존이 아니라, 영어를 중심 언어로 삼는 상호문화적 소비 공간으로 기능하고 있음을 강하게 시사한다.

얼바인에 거주하는 소수자 집단, 특히 아시아계 이딘자들은 미국 내에서도 이례적으로 높은 교육 수준을 보유하고 있다. 전체 인구의 약 65%가 학사 학위 이상을 소지하고 있으며, 이는 오렌지카운티 전체 평균의 두 배에 달하는 수치이다. 아시아계 집단의 경우, 여성의 70%, 남성의 81%가 학사 학위 이상의 학력을 갖고 있어, 이민자 집단 내에서도 교육 수준의 상향 평준화를 보여준다. 이러한 높은 교육 수준이 곧장 경제적 지위와 연결된다.

이들은 대체로 영어에 능통하고 전문직에 종사하며, 중산층 이상의 안정된 소득 기반을 유지하고 있다. 특히 본국에서 이주해 오는 경우에도 일정 수준 이상의 자산과 교육을 갖추지 않으면 얼바인이라는 고소득 도시 내 정착이 쉽지 않은 구조이기 때문에, 자연스럽게 선택적 이민의 양상이 나타난다. 이러한 조건은 일반적인 이주자들이 직면하는 주요 장애 요인인 언어, 자본, 교육의 결핍으로부터 얼바인의 소수자들이 상당 부분 자유로움을 갖고 있음을 시사한다. 오히려 이들은 많은 경우 지역

내 백인 중산층보다도 높은 교육 수준과 자산을 보유하고 있으며, 이는 얼바인의 소수자 집단이 전통적인 소수자 개념에 부합하지 않는 '모범적 소수자^{model minority}'로 작동하고 있음을 보여준다.

결과적으로 얼바인에 정착한 아시아계 소수자들은 미국 자본주의 문화가 요구하는 핵심 조건 — 고학력, 고소득, 영어 능력 — 을 대부분 갖추고 있으며, 제도적·문화적 동화 수준 또한 매우 높다. 이들은 미국 사회의 주류적 가치와 생활양식을 적극적으로 수용하면서도, 동시에 출신 민족의 문화적 정체성을 완전히 포기하지는 않는다. 일상생활에서는 자국어를 사용하고, 전통 음식을 소비하며, 특정한 가족문화와 의례적 관습을 지속하는 등, 민족적 유산을 유지하는 경향이 여전히 강하게 나타난다.

그러나 이들이 형성하는 도시 공간은 전통적인 민족별 경계가 선명한 공동체 모델과는 다르다. 얼바인은 단일 민족 중심의 문화적 동질성에 기반한 폐쇄적 거주지가 아니라, 다양한 민족이 상호 교류할 수 있는 개방적 공간으로 구성되고 있다. 이러한 공간 구조는 민족 간 경계를 절대화하기보다 상호작용과 융합의 가능성을 내포하며, 소수자 집단 간은 물론 다수자와의 관계에서도 보다 수평적이고 유연한 공동체 형성을 가능하게 한다.

하지만 얼바인에 거주하는 소수자들이 이방인의 정체성을 완전히 벗어난 것은 아니다. 이들에게도 여전히 '이방인의 사회학'은 유효하게 작동한다. 짐멜^{Georg Simmel}이 말한 이방인은 새로운 영토에 온전히 뿌리내리지 못한 채, 그곳을 떠날 수도 없고 돌아갈 고향도, 나아갈 미래의 방향도 상실한 존재를 의미한다.[5] 한편 슈츠^{Alfred Schutz}는 이방인을, 자신이 소속되기를 원하는 집단이 자신을 받아들이고 관용을 베풀어주기를 기대하는 존재로 보았다.[6] 이러한 관점에서 보면, 얼바인의 소수자들은 태생적으로 이방인의 위치에서 완전히 벗어나 있다고 보기는 어렵다.

이들이 경험하는 '이방인 됨'은, 미국의 다수집단 사회에 온전히 동화되지 못한 채 고유한 문화적 정체성을 지속적으로 유지하고자 하는 한편, 동시에 새로운 영토인 미국 사회의 중심부로 포섭되기를 바라는 이중적 지향에서 비롯된다. 백인 지배집단과 공존하면서도 그들과 동일시되지 못하는 이유는, 한편으로는 지배집단이 이들을 완전하며 동등한 구성원으로 받아들이지 않기 때문이며, 다른 한편으로는 이들 스스로 지배문화에 완전히 편입되기를 거부하는 태도에서도 기인한다.

이들은 일터와 일상의 삶 속에서 민족적 경계를 유연하게 넘나들며, 때로는 자유인으로, 때로는 다른 소수자 집단이나 지배집단과 부딪히며 복잡하고 다층적인 현실 속에서 살아간다. 그러나 그들이 겪는 스트레스와 긴장은 이곳이 '본향의 영토'가 아니기 때문에 발생하는 것이다. 결국 새로운 소수자들은 이방인으로 살아갈 수밖에 없는 존재론적 결핍을 안고 있다. 이 결핍을 치유할 수 있는 하나의 공간이 바로 교회다.

얼바인에 거주하는 중국인들은 중국어로 예배를 드리는 중국인 교회를, 한국인들은 한국어 예배를 드리는 한인 교회를 중심으로 모인다. 자녀 세대를 위한 영어 예배도 병행되지만, 동시에 동일한 교회 안에서 중국어와 한국어 교육이 지속된다. 이처럼 교회는 단순한 종교 활동의 공간을 넘어, 이주자들에게 문화적 중심지이자 민족 공동체를 재구성하는 거점 역할을 한다. 즉, 교회는 그들이 살아가는 낯선 영토에서 문화적 상실감을 극복하고 정체성을 회복할 수 있는 상징적 공간이다. 교회는 필요할 때 언제든 돌아갈 수 있는 마음속의 민족공동체이자, 이방인의 굴레를 잠시 벗고 자신의 삶의 터전을 자율적으로 재구성할 수 있는 장소이기도 하다. 얼바인에는 규모와 성격이 다양한 이주자 교회들이 분포해 있으며, 천 명 이상의 교인을 가진 대형 교회들도 적지 않다.

얼바인의 새로운 이주자들이 시도하는 재영토화의 실천은 일반적인 외국인 이주자들과 비교해서 훨씬 더 정교하고 세련되며 효율적인 방식으로 이루어진다. 이들은 일상의 삶 속에서 자신의 문화적 정체성을 과도하게 드러내지 않으면서도, 민족의 경계를 유연하게 넘나들며 지배집단의 기존 사회에 자연스럽게 녹아들고, 다른 소수 집단 속으로도 거리낌 없이 진입하는 개방적 문화 공동체를 지향한다. 공간적으로도 과거 이주자들처럼 뚜렷한 집단 주거지나 독립적인 상업 지구를 형성하지 않으며, 그런 시도조차 하지 않는다. 물리적 공간만 보면 이들의 문화 공동체는 파편화되어 있는 듯하지만, 실제로는 가족 안에서, 교회와 인적 네트워크 안에서, 그리고 사이버 공간을 통해 편재^{omnipresent}하는 독특한 방식으로 작동한다.

이들은 이러한 공동체 안에서 자신의 음식을 즐기고, 고유한 언어를 사용하며, 종교를 실천하는 문화적 권리를 자연스럽게 행사한다. 겉으로 보기에는 잘 드러나지 않지만, 그 이면을 들여다보면 다양한 문화가 중층적으로 펼쳐지는 파노라마가 존재한다. 이것이 바로 새로운 이주자들이 실천하는 재영토화 전략이다. 그 결과 얼바인은 특정 민족이나 정체성에 고정되지 않고, 다양한 민족과 문화가 어우러지며, 소수자와 또 다른 소수자, 이주자와 토착민이 상호작용하는 누구에게도 속하지 않은 탈영토화 된 공간이 될 수 있다.

이러한 맥락에서 얼바인의 재영토화 실천은 기존 민족공동체가 가질 수 있는 한계를 여러 측면에서 극복할 수 있는 가능성을 보여준다. 그러나 동시에, 얼바인의 새로운 소수자들은 일반적인 이주소수자들과는 구별되는 특수한 집단임을 유의해야 한다. 이들은 시민권의 부재, 불공정한 경쟁, 차별과 같은 이주자들이 흔히 겪는 구조적 고통으로부터 일정 부분 자유로운 위치에 있다. 일반적인 외국인 이주자들이 물질적 성취를 목표로 새로운 영토에 진입하는 반면, 얼바인의 새로운 소수자들은 이미 상당한 자산과 역량을 갖춘 상태에서 이주해 온 이들이다. 이들은 다수 집단의 아비투스와 경쟁할 수 있는 문화적·사회적 자본을 보유하고 있으며, 기존 질서에 종속되거나 일방적으로 동화될 필요가 없는 위치에 있다. 따라서 이들은 자신들만의 방식으로 새로운 영토를 구성하고, 자율적인 재영토화 전략을 실행할 수 있는 주체로 기능할 수 있다.

하지만 새로운 소수자들의 공간은 기대만큼 단순하거나 이상적이지 않다. 민족 공동체의 경계는 희미해졌지만, 그 자리를 계급의 경계가 분명하게 차지하고 있기 때문이다. 아시아계 이주자들은 경제력과 교육수준에 따라 뚜렷하게 양극화되어 있다. 예컨대 동일한 출신국에서 왔더라도, 일부는 충분한 경제적 자산을 바탕으로 자녀의 교육을 위해 이주한 중상류층이며, 다른 일부는 낮은 사회경제적 지위에도 불구하고 자녀 교육을 위해 물질적 희생을 감수하며 이주한 노동계층이다. 같은 지역에 거주하고 있음에도, 이들은 서로 다른 사회적 위치에서 일상을 살아간다.

식당, 네일숍, 미용실 등에서 저숙련·저임금 노동에 종사하는 이들 역시 아시아계 이주자이며, 그들의 서비스를 이용하는 고객들 또한 같은 아시아계 부유층이다. 이렇게 볼 때, 민족이라는 경계가 옅어진 자리에 새로운 계급적 경계가 형성되고 있으며, 이는 공동체 내부의 연대보다는 계급 간 긴장을 불러일으킬 수 있다. 결국, 새로운 소수자들의 공간은 민족적 유대보다 계급적 불균형이 더욱 두드러지는 복합적이고 이질적인 공간으로 재편될 가능성을 내포하고 있다.

그럼에도 불구하고, 경제적 자원과 보장된 인권, 차별로부터의 상대적 자유, 그리고 친밀한 문화 공동체를 기반으로 한 얼바인의 아시아계 소수자들은 많은 이주자들이 이상으로 삼는 삶의 조건을 실현한 이들이라 할 수 있다. 그러나 이들은 여전히 '태생적 이방인'이라는 지울 수 없는 정체성을 지닌 존재이기도 하다. 고프만^{Erving Goffman}의 지적처럼, 이들은 사회라는 무대 위에서 '황색 백인'으로 불리는 성공한 소수자의 정체성을 능숙하게 연기하지만, 무대 뒤 그 내면에서는 여전히 벗어날 수 없는 소수자의 모습과 씨름하고 있는지도 모른다.[7] 그래서 경제적 자본과 인적 자본을 확보한 이들이 과연 새로운 문화자본과 사회자본을 어떻게 연결하여 의미 있는 공동체를 형성해 나갈 수 있을 것인가는 여전히 풀리지 않은 과제로 남아 있다.[8]

따라서 새로운 소수자들의 재영토화 실천, 인정의 정치학 추구, 자본주의 사회 내에서의 경쟁과 성공을 위한 전략, 그리고 소수자 집단과 지배집단 간의 공적·사적 영역에서의 상호작용을 심층적으로 분석하는 작업이 필요하다. 이를 위해서는 그들의 일상세계와 삶의 공간에 대한 구체적이고 경험적인 탐구가 선행되어야 한다. 새로운 소수자들은 단지 또 다른 이주자가 아니라, 낯선 공간에서 억압을 견뎌온 수많은 이주소수자들의 축적된 열망과 기대를 현실로 구현하고 있는 존재들이기 때문이다.

💡 주

1 얼바인과 주변지역 그리고 새로운 소수자에 대한 상세한 연구 내용은 김정규, "오렌지카운티의 새로운 소수자들: 삶의 공간과 재영토화," 『미국학』 제40집 1호 (2017), pp. 91–138을 볼 것.
2 "Irvine, California," City-Data.com, https://www.city-data.com/city/Irvine-California.html
3 Jennifer Wang, "Diamond Jamboree gives shoppers a taste of Asia," *The Orange County Register* (8 Aug. 2013) http://www.ocregister.com/2013/08/08/diamond-jamboree-gives-shoppers-a-taste-of-asia/
4 김정규 (2017).
5 G. Simmel, "The stranger," in K. H. Wolff (Ed.), *The sociology of Georg*

Simmel (New York: Free Press, 1950), pp. 402–408 (Original work published 1908); 게오르그 짐멜, 『짐멜의 모더니티 읽기』 (서울: 새물결, 2005).

6 김광기, "'이방인'의 사회학을 위한 이론적 정초," 『한국사회학』 제38집 6호 (2004), pp. 1–29; A. Schutz, The stranger, In *Collected papers* Vol. II: Studies in social theory (1964), pp. 91–105, Martinus Nijhoff.

7 E. Goffman, *The presentation of self in everyday life* (New York: Doubleday, 1959).

8 P. Bourdieu, "The Forms of Capital," in J. G. Richardson (eds.), *Handbook of Theory and Research for the Sociology of Education* (New York: Greenwood, 1986).

참고문헌

김광기. "'이방인'의 사회학을 위한 이론적 정초." 『한국사회학』 제38집 6호 (2004), pp. 1-29.

김연수·장석헌. "범죄피해: 두려움의 패러독스에 관한 진화심리학적 분석." 『한국공안행정학회보』 제41호 (2010), pp. 53-98.

김용범. "중국내 조선족의 국적과 이중 정체성." 『북한』 10월호 (1992), pp. 168-173.

김정규. "경쟁과 위협: 이주자와 다문화주의 수용도." 『사회이론』 제43호 (봄/여름) (2013a), pp. 199-237.

_____. 『국경을 넘는 사람들: 이주와 범죄』. 서울: 에듀컨텐츠휴피아, 2018.

_____. 『미국의 인종과 민족: 갈등과 변화』. 서울: 에듀컨텐츠휴피아, 2016.

_____. "범죄피해와 단속에 대한 외국인 이주자의 두려움." 『사회이론』 제45집 봄/여름 통권 (2014), pp. 145-178.

_____. "오렌지카운티의 새로운 소수자들: 삶의 공간과 재영토화." 『미국학』 제40집 1호 (2017), pp. 91-138.

_____. "외국인 이주자와 범죄: 상징적 폭력과 차별." 『형사정책연구』 제26집 2호 (2015b) 305-333.

_____. "외국인 이주자에 대한 상징적 폭력: 범죄와 처벌의 차별적 인식." 『한국범죄학』 제7집 1호(2013b), pp. 153-194.

_____. "탈국가주의, 초국가주의, 이중시민권, 그리고 한국의 복수국적 허용에 대한 논의." 『대한정치학회보』 제20권 1호 (2012), pp. 47-75.

_____. "한국인 민족주의와 상징적 폭력의 의도하지 않은 결과: 외국인 이주자에 대한 편견과 차별." 『사회이론』 제47호 (봄/여름) (2015a), pp. 221-264.

김정규·신동준. "이민사회와 범죄: 쟁점과 전망." 『사회이론』 제39호 (봄/여름) (2011), pp. 113-158.

김태형 외. 『농촌 지역 외국인 노동자에 대한 주민 인식 조사』. 서울: 한국농촌사회학회, 2021.

데리다, 자크·뒤푸르망텔, 안. 『환대에 대하여』. 이보경 옮김. 파주: 필로소픽, 2023.

박진호. "한국 농촌의 외국인 노동자에 대한 적대성과 경제적 의존의 모순." 『한국사회학』 제50집 3호 (2016), pp. 1-32.

부르디외, 삐에르. 『언어와 상징권력』. 김현경 옮김. 파주: 나남, 2014.

_____. 『구별짓기: 문화와 취향의 사회학 上·下』. 최종철 옮김. 서울: 새물결출판사, 2006.

원숙연. 『외국인 및 외국인정책에 대한 인식조사』. 서울: 한국사회과학자료원, 2010 (자료번호: A1-2010-0134).

이철우. "주권의 탈영토화와 재영토화: 이중국적의 논리." 『한국사회학』 제42집 1호 (2008), pp. 27-61.

장안식. "범죄피해에 대한 대중의 두려움: 개인적 두려움과 대리 두려움의 비교." 『피해자학연구』 제20집 2호 (2012), pp. 87-119.

장안식·정혜원·박철현. "범죄두려움에 있어서 성과 연령의 상호작용효과: 범죄피해-두려움에 대한 새로운 접근." 『형사정책연구』 제22집 3호 (2011), pp. 291-326.

조영태. 『지방소멸과 이주민 사회의 재구성』. 서울: 서울대학교출판부, 2023.

지라르, 르네. 『폭력과 성스러움』. 김진식·박무호 옮김. 서울: 민음사, 2000.

짐멜, 게오르그. 『짐멜의 모더니티 읽기』. 서울: 새물결, 2005.

한상권. "지역주민의 다문화 수용성에 대한 도시-농촌 비교 연구." 『다문화사회연구』 제11집 1호 (2018), pp. 33-60.

호네트, 악셀. 『인정투쟁: 사회적 갈등의 도덕적 형식론』. 문성훈·이현재 옮김. 파주: 사월의 책, 2011.

Agnew, R. "Foundation for a general strain theory of crime and delinquency." *Criminology* 30-1 (1992), pp. 47-88.

Agnew, R., & White, H. R. "An empirical test of general strain theory." *Criminology* 30-4 (1992), pp. 75-500.

Balkin, S. "Victimization rates, safety and fear of crime." *Social Problems* 26-3 (1979), pp. 343-358.

Bamshad, M. J., & Olson, S. E. "Does race exist?" *Scientific American* 289-6 (2003), pp. 78-85.

Barry, B. *Culture and equality: An egalitarian critique of multiculturalism.* Cambridge, MA: Harvard University Press, 2001.

Batalova, J. "Frequently requested statistics on immigrants and immigration in the United States." *Migration Policy Institute* (March 2025).

Blakwell, J. W. "Ethnic inequality and the rate of homicide." *Social Forces* 69-1 (1990), pp. 53-70.

Blau, J. R., & Blau, P. M. "The cost of inequality: Metropolitan structure and violent crime." *American Sociological Review* 47-1 (1982), pp. 114-129.

Blauner, R. Racial oppression in America. New York: Harper & Row, 1972.

Blaut, J. M. "The theory of cultural racism." *Antipode* 24–4 (1992), pp. 289–299.

Bonacich, E. "A theory of ethnic antagonism: The split labor market." *American Sociological Review* 37–4 (1972), pp. 547–559.

Bonacich, E., & Modell, J., *The economic basis of ethnic solidarity: Small business in the Japanese American community*. Berkeley, CA: University of California Press, 1980.

Bonilla-Silva, E. *Racism without racists: Color-blind racism and the persistence of racial inequality in America*, 5th ed. New York: Rowman & Littlefield, 2018.

Bourdieu, P. Logic of practice. Cambridge, UK: Polity Press, 1990.

_____. *Practical reason: On the theory of action*. Cambridge, UK: Polity Press, 1998.

_____ "Social space and symbolic power." *Sociological Theory* 7–1 (1989), pp. 14–25.

_____. "The Forms of Capital," in J. G. Richardson (eds.), *Handbook of Theory and Research for the Sociology of Education*. New York: Greenwood, 1986.

Bourdieu, P., & Wacquant, L. *An invitation to reflexive sociology*. Cambridge, UK: Polity Press, 1992.

Brubaker, R. *Citizenship and nationhood in France and Germany*. Cambridge, MA: Harvard University Press, 1992.

Brysk, A., & Shafir, G. (Eds.). *People out of place: Globalization, human rights and the citizenship gap*. London: Routledge, 2004.

Clark, K. B., & Clark, M. P. "Emotional factors in racial identification and preference in Negro children." In T. M. Newcomb & E. L. Hartley (Eds.). *Readings in social psychology*. Holt, 1947.

Cloward, R., & Ohlin, L. *Delinquency and opportunity: A theory of delinquent gangs*. New York: Free Press, 1960.

Crutchfield, R. D., & Pitchford, S. R. "Work and crime: The effects of labor stratification." *Social Forces* 76–1 (1997), pp. 93–118.

Douglas, M. *Purity and danger: An analysis of concepts of pollution and taboo*. London: Routledge, 1966.

Faist, T. "Transnationalization in international migration: Implications for the study of citizenship and culture." *Ethnic and Racial Studies* 23–2 (2000), pp. 189–222.

Fanon, F. Black skin, *White masks* (R. Philcox, Trans.). New York: Grove Press, 2008 (Original work published 1952).

Farley, J. E. *Majority-minority relations*, 6th ed. NJ: Prentice Hall, 2009.

Feagin, J. R. *Systemic racism: A theory of oppression*. London: Routledge, 2006.

Feldmyer, B., & Steffensmeier, D. "Immigration effects on homicide offending for total and race/ethnicity-disaggregated populations (White, Black, and Latino)." *Homicide Studies* 13-3 (2009), pp. 211-226.

Forcese, C. "Shelter from the storm: Rethinking diplomatic protection of dual nationals in modern international law." *The George Washington International Law Review* 37-2 (2005), pp. 469-500.

Foucault, M. *The birth of the clinic: An archaeology of medical perception* (A. M. Sheridan Smith, Trans). New York: Pantheon Books, 1973 (Original work published 1963).

Fox, J. "Unpacking "transnational citizenship." Annual Review of *Political Science* 8 (2005), pp. 171-201.

Girard, R. *The scapegoat*. Baltimore, MD: Johns Hopkins University Press, 1986.

_____. *Violence and the Sacred* (P. Gregory, Trans). Baltimore, MD: Johns Hopkins University Press, 1977 (Original work published 1972).

Goffman, E. *The presentation of self in everyday life*. New York: Doubleday, 1959.

Good, B. J. *Medicine, rationality, and experience: An anthropological perspective*. New York: Cambridge University Press, 1994.

Gordon, M. M. *Assimilation in American life: The role of race, religion, and national origins*. Oxford: Oxford University Press, 1964.

Hagan, J., Levi, R., & Dinovitzer, R. "The symbolic violence of the crime-immigration nexus: Migrant mythologies in the Americas." *Criminology & Public Policy* 7-1 (2008), pp. 95-112.

Healey, Joseph F. *Race, Ethnicity, Gender and Class: The Sociology of Group Conflict and Change*, 6th Ed. London: Sage, 2012.

Heitgerd, J. L., & Bursik, R. J., Jr. "Extracommunity dynamics and the ecology of delinquency." *American Journal of Sociology* 92-4 (1987), pp. 775-787.

Hirschi, T. *Causes of delinquency*. Berkeley, CA: University of California Press, 1969.

Huntington, S. *Who are we? The challenges to America's national identity*. NY: Simon & Schuster, 2004.

Itzigsohn, J. "Migration and transnational citizenship in Latin America: The case of Mexico and the Dominican Republic." In T. Faist, & P. Kivisto (Eds.). *Dual citizenship in global perspective: From unitary to multiple citizenship*. London: Palgrave Macmillan, 2007.

Jackman, M. R. "General and applied tolerance: Does education increase commitment to racial integration?" *American Journal of Political Science* 22-2 (1978), pp. 302-324.

Jackson, J., & Gray, E. "Functional fear and public insecurities about crime." *British Journal of Criminology* 50-1 (2009), pp. 1-22.

Jankowski, M. S. *Islands in the street: Gangs and American urban society*. Berkeley, CA: University of California Press, 1991.

Jenkins. R. *Key sociologists: Pierre Bourdieu*. London: Routledge, 1992.

Jung, H. "Effects of foreign residents on crime: Evidence from South Korea." *International Journal of Law, Crime and Justice* 73 (2023). 100594. https://doi.org/10.1016/j.ijlcj.2023.100594

Kannof, A. U. "Duelling nationalities: Dual citizenship, dominant & effective nationality, and the case of Anwar Al-Aulaqi." *Emory International Law Review* 25-3 (2011), pp. 1371-1391.

Koopmans, R., Statham, P., Giugni, M., & Passy, F. *Contested citizenship: Immigration and cultural diversity in Europe*. Minnesota: University of Minnesota Press, 2005.

Kymlicka, W. *Finding our way: Rethinking ethnocultural relations in Canada*. Oxford: Oxford University Press, 1998.

Lee, M. T., & Martinez, R., Jr. "Social disorganization revisited: Mapping the recent immigration and Black homicide relationship in Northern Miami." *Sociological Focus* 35-3 (2002), pp. 365-382.

Lewis, D. A., & Salem, G. "Community crime prevention: An analysis of a developing strategy." *Crime and Delinquency* 27-4 (1981), pp. 405-421.

Lewontin, R. "The fallacy of racial medicine." *Genewatch* 18 (2005), pp. 5-7, 17.

Lipsky, S. *Internalized racism*. Washington: The Rational Island Publishers, 1987.

Marie, O., & Pinotti, P. "Immigration and crime: An international perspective." *Journal of Economic Perspectives* 38-1 (2024), pp. 81-200.

Martinez, R., Jr. *Latino homicide: Immigration, violence and community*. London: Routledge, 2002.

McIntosh, P. "White privilege: An account to spend." The Saint Paul Foundation (2009).

_____. "White privilege and male privilege: A personal account of coming to see correspondences through work in women's studies." *Independent School*, Winter, 1990 ed. (1988).

Merton, R. K. *Sociological ambivalence and other essays*. New York: Free

이주의 사회학: 국제이주와 이주자

Press, 1976.

Messner, S. F., & Golden, R. M. "Racial inequality and racially disaggregated homicide rates: An assessment of alternative theoretical explanations." *Criminology* 30−3 (1992), pp. 421−445.

Moslimany, M., & Passel, J. S. "What the data says about immigrants in the U.S." Pew Research Center (2024). https://www.pewresearch.org/short-reads/2024/09/27/key-findings-about-us-immigrants/

Nickerson, R. S. "Confirmation bias: A ubiquitous phenomenon in many guises." *Review of General Psychology* 2−2 (1998), pp. 175−220.

Noel, D. "A theory of the origin of ethnic stratification." *Social Problems* 16−2 (1968), pp. 157−172.

Omi, M., & Winant, H. *Racial formation in the United States*, 2nd ed. London: Routledge, 1994.

Ong, Aihwa. *Flexible Citizenship: The Cultural Logic of Transnationality.* Durham: Duke University Press, 1999.

Ozden, C., Kerr, S., Kerr, W., & Parsons, C. "Global talent flows: Causes and consequences of high-skilled migration." World Bank Blogs (2017) https://blogs.worldbank.org/en/developmenttalk/global-talent-flows-causes-and-consequences-high-skilled-migration

Perloff, R. M. "Perception of vulnerability to victimization." *Journal of Social Issues* 39−2 (1983), pp. 41−61.

Pettigrew, T. F. "Intergroup contact theory." *Annual Review of Psychology* 49 (1998), pp. 65−85.

Quillian, L. "New approaches to understanding racial prejudice and discrimination." *Annual Review of Sociology* 32 (2006), pp. 299−328.

Raihanah, M. M. "Multiculturalism and the politics of expression: An appraisal." *European Journal of Social Sciences* 7−3 (2009), pp. 62−70.

Reid, L. W., Weis, H. E., Adelman, R. M., & Jaret, C. "The immigration-crime relationship: Evidence across U.S. metropolitan areas." *Social Science Research* 34−4 (2005), pp. 757−780.

Rumbaut, R. G., & Ewing, W. A. The myth of immigrant criminality (2007) Retrieved from http://borderbattles.ssrc.org/Rumbault_Ewing/index.html

Ryan, W. *Blaming the victim*, rev. ed. New York: Random House, 1976.

Saad, L. "Anti-Muslim sentiments fairly commonplace." *The Gallup Poll* (10 August 2006).

Sampson, R. J. "Open doors don't invite criminals: Is increased immigration behind the drop in crime?" *The New York Times*. 11 March 2006.

_____. "Transcending tradition: New directions in community research."

Criminology 40−2 (2002).

Sampson, R. J., Morenoff, J. D., & Raudenbush, S. W. "Social anatomy of racial and ethnic disparities in violence." *American Journal of Public Health* 95−2 (2005), pp. 224−232.

Sayad, A. *The suffering of the immigrant*. Cambridge, UK: Polity Press, 2004.

Schaefer, R. T. *Race and ethnicity in the United States*, 7th ed. New York: Pearson, 2013.

Schuman, H., Steeh, C., Bobo, L., & Krysan, M. *Racial attitudes in America: Trends and interpretations*. Cambridge, MA: Harvard University Press, 1997.

Schutz, A. "The stranger." In *Collected papers* Vol. II: Studies in social theory (1964), pp. 91−105, Martinus Nijhoff.

Scott, M. *Think race and ethnicity*. New York: Pearson, 2012.

Sejersen, T. B. "'I vow to thee my countries' − The expansion of dual citizenship in the 21st century." *International Migration Review* 42−3 (2008), pp. 523−549.

Shaw, C. R., & McKay, H. D. *Juvenile delinquency and urban areas* (Original work published 1942). Chicago: University of Chicago Press, 1969.

Simmel, G. "The stranger." In K. H. Wolff (Ed.). *The sociology of Georg Simmel*. New York: Free Press, 1950, pp. 402−408 (Original work published 1908).

Skogan, W. "Fear of crime and neighborhood change." *Crime and Justice* 8 (1986), pp. 203−229.

Snedker, K. A. "Altruistic and vicarious fear of crime: Fear for others and gendered social roles." *Sociological Forum* 21−2 (2006), pp. 163−195.

Sniderman, P. M., & Carmines, E. G. *Reaching beyond race*. Cambridge, MA: Harvard University Press, 1997.

Solivetti, L. M. *Immigration, social integration and crime: A cross-national approach*. London: Routledge, 2010.

Soysal, Y. N. *Limits of citizenship: Migrants and postnational membership in Europe*. Chicago: University of Chicago Press, 1994.

Stowell, J. I. *Immigration and crime: The effects of immigration on criminal behavior*. New York: LFB Scholarly Publishing, 2007.

Stowell, J. I., Messner, S. F., McGeever, K. F., & Raffalovich, L. E. "Immigration and the recent violent crime drop in the United States: A pooled, cross-sectional time-series analysis of metropolitan areas." *Criminology* 47−3 (2009), pp. 889−928.

Sullivan, M. L. *"Getting paid"*: *Youth crime and work in the inner city*. Ithaca, NY: Cornell University Press, 1989.

Tappan, M. B. "Reframing internalized oppression and internalized domin-ation: From the psychological to the sociocultural." *Teachers College Record* 108−10 (2006), pp.2115−2144.

Taylor, C. "The politics of recognition." In A. Gutmann (Ed.). *Multiculturalism*. Princeton, NJ: Princeton University Press, 1994.

Ture, K., & Hamilton, C. *Black power: The politics of liberation*. New York: Vintage Books, 1992.

Vertovec, S. "Migrant transnationalism and modes of transformation." *International Migration Review* 38−3 (2004), pp. 970−1001.

Wadsworth, T., & Kublin, C. E. "Hispanic suicide in U.S. metropolitan areas: Examining the effects of economic disadvantage, immigration, and cul-tural assimilation." *American Journal of Sociology* 112−6 (2007), pp. 1848−1885.

Wang, Jennifer. "Diamond Jamboree gives shoppers a taste of Asia." *The Orange County Register* (8 Aug. 2013) http://www.ocregister.com/2013/08/08/diamond-jamboree-gives-shoppers-a-taste-of-asia/

Warner, B. D., & Sampson, R. J. "Social disorganization, collective efficacy, and macro-level theories of social control." In F. T. Cullen, P. Wilcox, R. J. Sampson, & B. D. Doodley (Eds.), *Challenging criminological theory: The legacy of Ruth Rosner Kornhauser*. Advances in Criminological Theory Vol. 19 (2015), pp. 215−234) Transaction.

Warr, M. "Altruistic fear of victimization in households." *Social Science Quarterly* 73−4 (1992), pp. 723−736.

Warr, M., & Ellison, C. G. "Rethinking social reactions to crime: Personal and altruistic fear in family households." *American Journal of Sociology* 106−3 (2000), pp. 551−578.

Wason, P. C. "On the failure to eliminate hypotheses in a conceptual task." *Quarterly Journal of Experimental Psychology* 12−3 (1960), pp. 129−140.

저자소개

김정규 (Kim, Jeong-Gyu)

연세대학교 사회학과에서 학사와 석사를 마치고, 미국 뉴욕주립대학교 버펄로대학(University at Buffalo, State University of New York)에서 사회학박사 학위를 취득하였다. 현재 계명대학교 사회학과 교수로 재직하고 있으면서, 계명대 국제학연구소장과 한국사회이론학회 회장을 맡고 있다. 미국 UC 얼바인 대학교(University of California, Irvine) 사회학과에서 방문학자로 연구하였다. 주된 연구관심은 일탈과 범죄, 이주자, 사회문제, 인종과 민족, 미국사회 등이다. (연락처 jkim@kmu.ac.kr)